昭君文化研究丛书

民国以来昭君文化研究论著索引

李莉　王前程　张厚知　编著

长江出版传媒
湖北人民出版社

图书在版编目（CIP）数据

民国以来昭君文化研究论著索引 / 李莉，王前程，张厚知编著. -- 武汉：湖北人民出版社，2025. 3.
ISBN 978-7-216-10909-3

Ⅰ. Z89：K828.5

中国国家版本馆CIP数据核字第2024R893H0号

责任编辑：高承秀
封面设计：董　昀
责任校对：范承勇
责任印制：蔡　琦

出版发行：湖北人民出版社	**地址：**武汉市雄楚大道268号
印刷：武汉市籍缘印刷厂	**邮编：**430070
开本：787毫米×1092毫米　1/16	**印张：**15.25
字数：247千字	**插页：**2
版次：2025年3月第1版	**印次：**2025年3月第1次印刷
书号：ISBN 978-7-216-10909-3	**定价：**66.00元

本社网址：http://www.hbpp.com.cn
本社旗舰店：http://hbrmcbs.tmall.com
读者服务部电话：027-87679656
投诉举报电话：027-87679757

昭君文化研究丛书编委会

千古佳话的时代传承

——“昭君文化研究丛书”总序

杜甫诗云：“群山万壑赴荆门，生长明妃尚有村。”一代诗圣杜甫笔下的村落就是位于长江三峡香溪河畔的兴山县王家湾村，又名宝坪村。约公元前53年，乳名皓月的王昭君在村中出生（一说陈家湾村）。公元前33年，昭君出塞，胡汉和亲，留下千古佳话。后人为了纪念王昭君，将此村改名为昭君村。

昭君村与屈原家乡乐平里相距20多公里，同属楚文化的发源地。这里山水秀丽，物产丰富，文化灿烂，人民勤劳，民风淳朴，良好的自然和人文环境，孕育了勇敢刚毅、聪慧贤淑、正直善良的绝代美人王昭君，她是中国历史上集容貌美、心灵美、行为美于一身的伟大女性。

习近平总书记说：“一部中国史，就是一部各民族交融汇聚成多元一体中华民族的历史，就是各民族共同缔造、发展、巩固统一的伟大祖国的历史。”王昭君所处的时代，正是汉王朝的上升期，也是中原民族与周边匈奴、乌桓等少数民族的磨合、冲突和融合期。王昭君之所以能青史留名，在于她为多元一体的中华民族融合做出了杰出贡献。昭君文化就是以昭君生平、昭君事迹、昭君品格、昭君评价为主要研究对象的一种源远流长、历久弥新的文化形态。

一

公元前33年，呼韩邪单于第三次来到长安谒见汉天子，提出“愿婿汉氏以自亲”。汉元帝以“后宫良家子王嫱字昭君赐单于”（《汉书·匈奴传》），改年号为“竟宁”,谓边境终得安宁。呼韩邪单于得王昭君为妻,而封以“宁胡阏氏”之号,“言胡得之,国以安宁也”(《汉书》卷九十四颜师古注)。从此,一个香溪河畔的女子走进了大漠深处,走上了胡汉和亲、汉匈友好的政治舞台。

昭君出塞后的30余年是汉匈关系最好的时期,北方边境“数世不见烟火之警,人民炽盛,牛马布野”,“三世无犬吠之警,黎庶亡干戈之役”(《汉书》卷九十四)。王莽主政期间,昭君的儿孙及娘家侄儿多达9人分别受汉匈派遣,6次互访汉匈两地,为汉匈关系奔走斡旋20余年,其中3人献出了生命。由此可见,昭君及其后人为近60年汉匈和平做出了巨大努力。

昭君出塞后两千余年来,围绕王昭君,历史学家们进行了无数次的考证、探讨和争论,历代正史方志、地理游记、文史笔记等涉及王昭君的史料和评价达数百种;文学艺术家们创作了大量昭君题材的作品,历代歌咏王昭君的诗词、说唱、戏曲、小说、散文、绘画、雕塑、书法作品、民间故事、影视剧等数以千计,歌咏王昭君的作家、艺术家达500余人,古代有焦延寿、蔡邕、石崇、鲍照、庾信、李白、杜甫、白居易、李商隐、张仲素、王安石、欧阳修、司马光、曾巩、梅尧臣、苏轼、陆游、耶律楚材、马致远、沈德潜、曹雪芹、袁枚等,近现代有郭沫若、邓拓、曹禺、田汉、翦伯赞、费孝通、老舍等。

自古关于王昭君的文化叙事,沿着“史实昭君”“文学昭君”“艺术昭君”的轨迹发展,“福德昭君”“悲怨昭君”成为对昭君评价的两种主要价值指向。唐代诗人张仲素有《王昭君》:“仙娥今下嫁,骄子自同和。剑戟归田尽,牛羊绕塞多。”这些作品塑造了一个“福德昭君”形象。东汉末年以来,《琴操》《王明君辞并序》《西京杂记》等作品出现,塑造了一个“悲怨昭君”形象。由此,昭君题材文学艺术创作主要沿着这两个不同的形象一直发展到今天。五四运动之后,研究王昭君的专题论文开始出现,大多是从民俗学、考据学、文学流变角度去研究昭君或昭君墓。

在两千多年的漫长历史长河中,王昭君的话题经久不衰,涌现出丰富的作品,形成了丰厚的文化积淀,这种文化现象,在古今中外文化发展史上也是罕见的。

二

新中国成立后，周恩来、董必武、陈毅、谢觉哉、乌兰夫等老一辈无产阶级革命家高瞻远瞩地对王昭君进行了科学评价。20世纪50年代，周恩来总理在第一次中央民族工作会议上赞扬“王昭君是对发展中华民族大家庭团结有贡献的人物”。1963年10月，国家副主席董必武在参观呼和浩特昭君墓后，特赋诗一首：“昭君自有千秋在，胡汉和亲识见高。词客各摅胸臆懑，舞文弄墨总徒劳。”高度评价和肯定了昭君出塞的历史功绩和伟大意义。

郭沫若、田汉、曹禺、翦伯赞、老舍等著名历史学家、文学家也陆续创作和发表了歌颂王昭君的戏剧、文章、诗词等。1959年1月21日《人民日报》发表田汉的《谈王昭君的塑造》，揭开文艺界讨论王昭君艺术形象的序幕；1961年2月5日《光明日报》发表翦伯赞的《从西汉的和亲政策说到昭君出塞》，全面分析昭君出塞的历史背景和昭君的贡献，指出“昭君出塞这个历史事件是标志着汉与匈奴之间友好关系的恢复，而王昭君在友好关系的恢复中起了很大的作用”。

当代老一辈革命家及专家学者对昭君出塞的肯定和颂扬，第一次在历史上确立了王昭君民族团结友好使者的光辉形象。

2019年，习近平总书记在全国民族团结进步表彰大会上的讲话中指出：“在历史长河中，农耕文明的勤劳质朴、崇礼亲仁，草原文明的热烈奔放、勇猛刚健，海洋文明的海纳百川、敢拼会赢，源源不断注入中华民族的特质和禀赋，共同熔铸了以爱国主义为核心的伟大民族精神。昭君出塞、文成公主进藏、凉州会盟、瓦氏夫人抗倭、土尔扈特万里东归、锡伯族万里戍边等就是这样的历史佳话。”习近平总书记的重要讲话，站在历史发展的高度，进一步充分肯定了王昭君为民族团结做出的贡献，为昭君文化的健康发展指明了前进方向。

三

内蒙古自治区呼和浩特市是全国开展昭君文化研究与传播的最早最重要的

地区之一。在20世纪60年代,内蒙古林幹、朱葆珊、余国钦、可永雪、舒振邦、侯广峰等一批学者纷纷在《内蒙古日报》《光明日报》《内蒙古师范学院学报》等报纸、杂志上发表文章,赞颂王昭君对汉匈之间和平友好做出的贡献。1979年,林幹、可永雪、余国钦等编著的《昭君与昭君墓》,是当代研究王昭君学术专著之发端。1982年,由内蒙古大学鲁歌、高峰、戴其芳、李世琦选注的《历代歌咏昭君诗词选注》,为王昭君题材诗词的研究提供了新的选本。1994年,林幹、马冀编著的《民族友好使者——王昭君》一书,作为林幹先生主编的"内蒙古历史文化丛书"之一,由内蒙古人民出版社出版,时任内蒙古自治区党委书记王群为丛书作序,推动了昭君文化的研究与传播。此后,内蒙古马冀、郝诚之、李世馨等一批学者加入对昭君文化的研究之中,昭君文化研究队伍不断壮大(参见王绍东《论昭君文化在呼和浩特首府文化建设中的地位》)。

20世纪90年代后期,昭君文化有了突破性发展。1997年,呼和浩特市委在众多专家提出的昭君文化现象的基础上,逐步形成了一个比较完整的理念——"昭君文化"。1998年,呼和浩特昭君文化研究会正式成立,时任呼和浩特市委副书记的郝存柱担任会长。作为全国第一家昭君文化研究会,它的成立,标志着昭君文化研究由学者自发性研究发展到有组织研究和推进的阶段。呼和浩特市委提出"以草原文化为底蕴,以昭君文化为特色,以先进文化为方向"的精神文明建设指导方针,大力弘扬昭君文化、增强民族团结、促进经济发展。此后,昭君文化研究呈现出蓬勃发展之势。从1999年至2022年,呼和浩特市连续举办23届昭君文化节,中国"呼和浩特昭君文化节"成为"中国十大节庆"品牌。而且,从1999年至今,呼和浩特每年组织昭君文化论坛,昭君文化研究产生了一批重要成果,编写和出版了"昭君文化丛书"(5册)、《历代吟咏昭君诗词曲》、《历代昭君文学作品集》、《昭君文化研究和传播大事记》、《王昭君及昭君文化》和长篇小说《东方和平天使王昭君》《宁胡阏氏王昭君》《王昭君的女儿》等,这些成果为昭君文化的研究和传播奠定了厚实的基础(参见马冀《近七十年昭君文化传播和研究的思考》)。2008年,中国民族学学会昭君文化研究分会在呼和浩特市成立。2009年,在联合国第21届"国际科学与和平周"会上,郝存柱被授予"国际科学与和平周和平使者"荣誉称号,昭君文化研究分会同时获得"国际科学与和平周特别贡献奖”。

呼和浩特市对昭君文化的重视，还体现在对“昭君青冢”的保护和建设上。1964年，青冢就被列入内蒙古自治区重点文物保护单位。2006年，王昭君墓成为国家重点文物保护单位。2008年，昭君博物院成为国家4A级旅游景区。几十年来，呼和浩特市委、市政府先后投入资金10亿元，对“昭君青冢”进行大规模的维修和扩建。到2017年，建成了具有丰富的文化内涵、健全的服务设施和优美的生态环境的昭君博物院，成为呼和浩特市名扬世界的昭君文化遗产胜地。昭君博物院院长武高明等专家为昭君文化建设做出了突出贡献。昭君博物院与土默特左旗的“朱堡昭君墓”、鄂尔多斯市的“达拉特旗昭君墓”以及山西青钟村，河南、河北、陕西等地十几处昭君墓或衣冠冢一道，成为研究与传播昭君文化的重要阵地、昭君文化的象征。

在昭君文化研究与传播中，呼和浩特市走出了一条学术奠基、政府推动、社会参与、辐射周边的路，昭君文化发展成效卓著。

四

千百年来，世世代代的兴山人民都对昭君怀有一种特殊的情感，不论昭君身在帝宫，还是远嫁大漠；无论昭君被人称颂，还是被人误读，家乡人民对昭君的热爱从未改变。在昭君故里，从昭君别乡沿途经过的香溪、珍珠潭、小礼溪、大礼溪等地名，到流传千年的昭君姑娘、桃花女、鸽子花、胭脂柚等民间故事传说，无不浸透着兴山人民对昭君的深深怀念。清乾隆《兴山县志》在人物志卷六《乡贤篇》中设“列女”传，首位记载的就是王昭君。我在兴山生活工作近50年，是听着昭君故事长大的，昭君文化的熏陶，使我特别推崇昭君文化的“和”，特别敬仰昭君的“美”。昭君出塞，使大山深处的兴山名扬天下，昭君永远是兴山人民的骄傲。

宜昌市兴山县对昭君文化的研究，始于20世纪70年代中后期。当时研究的重点和主要成果集中在对兴山县王昭君故里的论证和昭君民间传说故事的收集整理上。1979年5月，兴山一中谢源远老师在上海《文汇报》上发表文章《王昭君生籍地望辨析》和《关于王昭君的史实与传说》，奠定了兴山县是王昭君故里的学术基础。文章发表后，引来了内蒙古匈奴史专家林幹教授对昭君故里的考察研究。经过湖北省文化和旅游厅立项和专家争论辨析及遗迹遗址的实证，确定兴山县是王昭君故里，并得到国家权威部门的最终认可。这一时期的主要研究成果，比较有代表性的是兴山县文化馆收集整理的《王昭君及其故里》《王昭君传说》，周世安编著的《民间传说故事集》，吴一虹、吴碧云编著的《王昭君传说》，吴道周的《昭君故里》，刘世义编的《昭君出塞史料辑览》，以及冯骏祥编著的《王昭君传奇故事》、林永仁的《昭君和亲源流考》、郭自宝编著的《王昭君故事诗歌集》等。

在开展昭君文化研究的同时，兴山县委、县政府一并开展了对昭君文化相关遗迹景观的修复、修建。1979年2月，由县文化馆负责恢复了昭君遗址——楠木井。1980年9月，郭沫若夫人于立群为昭君遗址“昭君台”“楠木井”“昭君宅”题写匾额。1981年1月，兴山县在宝坪村兴建王昭君纪念馆。1994年6月，兴山县成立昭君村文化旅游公司。经过20多年不懈努力，王昭君纪念馆及昭君村文化旅游公司修复、修建了昭君村梳妆台、娘娘泉、王字崖、昭君古宅、昭君浣纱处、琵琶桥等旧址、遗迹，昭君村成为湖北省重点文物保护单位。2002年，兴山县委、县政府决定由兴发集团管理经营昭君村景区。20年来，兴发集团先后投资5亿多元，对昭君村景区进行了全面规划和建设，昭君村成为远近闻名的4A级旅游景区。2006年，国家民委授予王昭君纪念馆首批“全国民族团结进步教育基地”称号。几十年来，昭君村先后接待党和国家领导人及海内外游客近千万人次，为传播昭君文化做出了积极贡献。

从20世纪80年代末开始，兴山县开展了一系列昭君文化交流传播活动。1988年5月，兴山举办了第1届昭君艺术节。到2002年，兴山共举办了6届昭君艺术节和1届“昭君形象大使选拔赛”等活动。1992年5月，兴山第一次举办了昭君文化研讨会，呼和浩特昭君文物管理处、北京大学、内蒙古大学、昭君墓文物管理所及湖北省内27名专家参加研讨，我时任分管宣传工作的县委副书记，聆听马冀等专家发言，深受教育和启发。2005年，兴山县昭君文化研究会成立。2007年，“王昭君传说”“薅草锣鼓”“兴山围鼓”被列入湖北省非物质文化遗产名录，兴山县被省文化和旅游厅命名为“湖北省文化艺术之乡”。2008年，“王昭君传说”被列入国家第二批非物质文化遗产名录。到2015年,兴山先后举办了昭君文化高层论坛、昭君文化国际论坛、昭君文化论坛,结集出版了《昭君故里·典藏兴山》《世纪回眸·昭君文化研究与传播大事记》《昭君文化论文集》《昭君文化高层论坛论文集》等成果。这些活动,吸引了内蒙古、陕西、山西等地的数千名专家、学者和昭君文化爱好者及台湾苗栗县昭君文化研究会等代表来到兴山,参观昭君故里,交流昭君文化研究成果,有效地推动了昭君文化的发展。

2018年,在宜昌市委、市政府及三峡大学的重视和支持下,宜昌市昭君文化促进会正式成立,昭君文化研究传播工作进入宜昌市级层面,“屈原昭君故里”成为宜昌城市文化品牌。促进会以推进昭君文化学术研究、文学艺术创作、交流传播、文旅产业发展为己任,推动昭君文化走向大众、走向社会、走向市场,走向全国、走向世界,着力打造“和美昭君”文化品牌,让昭君文化在新时代绽放出新的光彩。促进会成立后,在兴山县委、县政府、县政协及兴发集团支持下,积极与兴山县昭君文化研究会、三峡大学昭君文化研究中心、市文化文艺有关社团合作,按照宜昌市委宣传部召开的昭君文化品牌建设座谈会要求,认真落实市委宣传部出台的《昭君文化品牌建设实施方案》,积极协助有关方面先后举办“中秋月圆忆昭君”、宜昌昭君文化旅游月、湖北昭君文化旅游活动月和宜昌市“昭君文化高层论坛”等活动;联合内蒙古、陕西、山西等5省10市,成立了“一路(昭君出塞路)三家(宜昌、西安、呼和浩特)多地(沿线城市)”昭君文化旅游联盟,合力打造全国昭君出塞路精品特色旅游线路;在全国开展了《昭君颂》歌词创作、谱曲大赛,在宜昌、荆州、荆门等地开展《昭君颂》广场舞大赛;与媒体广泛合作,建立宜昌昭君文化网站;开办了“昭君文化讲坛”,推动昭君文化进单位、进学校、进社区;加强与外地交流,积极参与呼和浩特、朔州、榆林等地昭君文化活动;开展香溪文化研究,推动以屈原文化、昭君文化为核心内容的百里香溪文化旅游长廊建设等。宜昌市昭君文化促进会不断探索创新,昭君文化呈现良好发展态势。

五

重视屈原文化、昭君文化等地域文化在立德树人、打造特色方面的作用是三峡大学的重要办学指向。三峡大学是水利部与湖北省共建高校，具有近百年办学历史，是国内“双一流”高校。学校以求索为校训，屈原文化、昭君文化已经嵌入大学文化之中，成为服务地方发展的特色校园文化品牌。

为助力宜昌市“屈原昭君故里”城市文化品牌创建，更好服务地方经济社会发展，在宜昌市昭君文化促进会的推动下，三峡大学于2018年6月成立昭君文化研究中心，挂靠文学与传媒学院，依托文学、历史学、艺术学、民族学、经济学等学科力量，深化昭君文化的传播与研究，聘请了30余位不同学科的专家学者为中心研究员。目前已经发布研究课题10余项，发表学术论文40余篇，即将出版学术著作6部，在文化传承与创新中日益发挥重要作用。

昭君文化是以民族团结、和平发展、共同繁荣为发展理念的文化，是与时俱进的优秀文化，是中华优秀传统文化的重要组成部分。编辑出版昭君文化系列图书很有必要。

2018年，由呼和浩特昭君文化研究会负责，内蒙古和宜昌专家学者共同参与的大型文库“昭君文库”启动编辑出版工作。“昭君文库”是自新中国成立以来第一套系统性的有关昭君文化、文学的系列图书，也是关于昭君文化最权威的资料库、信息库。它的出版为广大昭君文化的爱好者、研究者、传承者提供了全面的、系统的研究资料，也为昭君文化的传承提供了新的思路。

同年，三峡大学昭君文化研究中心策划编辑出版“昭君文化研究丛书”，成系列推出研究成果，为经济社会发展提供更多、更好的智力支持，使昭君文化的研究与传播更具有可持续性。它是继“昭君文库”之后的又一重要的大型文化工程，对进一步落实习近平总书记的重要讲话精神，共同铸牢中华民族共同体意识、推动地方文化繁荣有着非常重要的意义，必将有助于使昭君文化像屈原文化一样，成为宜昌永恒的文化地标。

“昭君文化研究丛书”首批进入出版计划的共有4部著作，即李敏昌的《香溪文化研究》、王前程的《历代昭君文化资料整理与研究》、张芹的《“昭君”媒介记忆研究》、李莉等的《民国以来昭君文化研究论著索引》。

李敏昌的《香溪文化研究》，以流域文化和地域文化基本理论为经，以香溪文化的构成要素为纬，全面梳理了香溪文化的历史地理特征，香溪文化与楚文化、巴文化、蜀文化的关系，香溪文化精神的四大支柱，以屈原、昭君为代表的香溪流域文化名人名宦，香溪的民俗风物、名山、名水、名景，以及香溪文化精神在现阶段发扬光大的脉络，提出了拓新香溪文化的思路与举措。专著打破行政区划壁垒，从全流域的视角首次提出香溪文化的概念，提出香溪文化符合流域文化和地域文化的一般特征，是长江母文化的一个有特色的分子。书中就“楚居丹阳”“夔城”、屈原出生地等众多学术问题提出了一家之言，认为香溪延续几千年文明不辍的根本是楚文化基因深厚，这里是楚人“筚路蓝缕、以启山林”的始发地，应正确区分“楚居”与“楚都”，动态理解早期楚人的迁徙。本书把香溪文化精神概括为“筚路蓝缕、以启山林的开拓精神”“上下求索、追求真理的天问精神”“九死未悔、受命不迁的爱国主义精神”“珍爱和平、敢于担当的昭君精神”，这四大精神构成了香溪文化精神的四柱。书中运用个案分析，把兴发精神归纳为艰苦创业的“猴子包精神”、永不止步的改革创新精神、协作共享的开放包容精神。全书对全流域文化旅游资源的一体化开发与利用、非物质文化遗产的保护、香溪文化在现代社会的传承做了有益的探讨。

王前程编著的《历代昭君文化资料整理与研究》搜集整理了从汉代到民国时期(1949年以前)记述、评点、评说昭君出塞及相关问题的文献资料。全书分为本事编、流变编、评论编、影响编四大单元。在历代深具影响的昭君文化文献资料下以“编者按”的形式加以考辨、分析，考察其真伪，评述其价值。该书以整理文献的全面性、研究资料的系统性见长，为学术界尤其是青年学者研究昭君文化提供了资料便利和研究路径。

张芹的《“昭君”媒介记忆研究》基于媒介记忆理论，以王昭君这个有着特殊意义的历史人物为研究对象，依据媒介技术发展阶段，围绕两个历史阶段的三个场景展开论述：一是传统媒体与“昭君”回溯记忆的生成与演进，二是现代媒体与“昭君”当下记忆的再生产，三是海外媒体对“昭君”记忆的形塑。全书通过关键节点的代表性媒介文本分析，再次全面梳理了昭君文化的传播历史，思考在新时代媒体弘扬传播昭君文化的新思路与新举措。

李莉等老师整理编辑的《民国以来昭君文化研究论著索引》，关注民国成立以来建立的现代学术研究范式，旨在全面搜集整理清末民国以来昭君文化研究论著，按年代、类型编纂目录索引，为读者呈现海内外昭君文化研究的全貌，为研究者提供丰富全面的研究资料索引。

丛书的出版得到兴山县委、县人大、县政府、县政协的大力支持，丛书是政协兴山县委员会倾力扶持的结果。中国企业500强之一的兴发集团在企业改革创新、发展壮大的同时，时刻以绿色发展回馈社会，以文化滋养山乡，对本丛书的出版亦给予了重要帮助。著名书法家吴绪久先生长期致力于昭君文化研究与传承，他的书法作品多次斩获国内外大奖。本丛书编辑出版前，他欣然为《香溪文化研究》《历代昭君文化资料整理与研究》《“昭君”媒介记忆研究》《民国以来昭君文化研究论著索引》题写书名。

“昭君文化研究丛书”是昭君故里、三峡大学和宜昌市昭君文化促进会及各界共同努力的阶段性成果，今后将不断推陈出新，扶持更多更优秀的系列研究成果面世，以推出更多学术精品，进一步弘扬昭君文化。

是为序。

湖北省宜昌市昭君文化促进会会长

2022年10月22日

索引编辑说明

本书收录了民国以来（1912—2023）在中国以及国外出版和发表的研究昭君文化的著作和论文。具体说明如下：

1.在收录范围上，兼收国内外相关文献，国外文献以日本、韩国为主体；主要收录研究性、议论性文献，教材、剧本、传记、小说、辅助读物等不收。除正式出版的文献外，对非正式出版的文献应收尽收，如《昭君出塞史料辑览》(1984)、《昭君故里的传说故事》(1994）等。

2.本书搜集并整理了国内民国时期昭君题材文艺资料及部分国外昭君题材文艺资料，具有相当学术价值，以附录形式详细呈现。

3.本书正文部分分为“中国昭君文化研究论著”“国外昭君文化研究论著”两大部分。各部分又分为“著作”“论文”两部分。

4.“著作”部分包括专著、编著、译著，按出版时间编入相应年份，不单独分别列出。

5.“论文”部分分为期刊论文、报纸文章、会议论文、资料汇编文章、论文集。论文集中的论文不列入“论文”部分。

6.索引条目格式如下：

（1） 著作

序号/责任者与责任方式/文献题名/出版地点/出版者/出版时间。

例如：黄德炎著：《香溪风情》，武汉：湖北人民出版社，1990年。

堀江キョウ子著：『王昭君：異郷に永眠る悲劇の美人』，東京：白帝社，2003年。

컬툰스토리：《중국 왕소군과 채문희 초원으로 간 여인들》，태믹스，2015年。

Wilson，Epiphanius.*Chinese Literature*.New York：P.F.Collier，1900.281—284.

（2） 期刊论文

序号/责任者/文献题名/期刊名/年期（或卷期）/起止页码。

例如：邹文良：汉匈和亲与昭君出塞，《上海集邮》2000年第3期，第14－14页。

根本誠：王昭君変文の成立年代考，『東洋文学研究』（通号9）1961年03月，第57－80页。

오세정：건국신화의 제의적 서사구조 연구，《한국고전연구》2003年第9卷。

Pollard， David. “A New Demanding Role for the Lady Zhaojun.” *The Contemporary Review*（1979）：35—42.

（3） 报纸文章

序号/责任者/篇名/报纸名称/出版年月日/版次。

例如：陈次三：游记王昭君墓，《时报》1927年3月6日第0008版。

（4） 学位论文

序号/责任者/文献题名/保存地/保存单位/论文性质/保存年份。

例如：孙义梅：王昭君形象演变体现的民族文化冲突与融合，太原：山西大学硕士学位论文，2003年。

三村晃功：中世類題集の研究，大阪：大阪大学博士学位論文 （文学）乙，1994年第6467号。

朴孝淑：곽말약의《三個叛逆的女性》연구，首爾：梨花女子大學碩士學位論文，1998年。

（5） 研讨会、资料汇编中的文章

序号/责任者/文献题名/编者书名/编者题目/出版年份/起止页码。

例如：孙利中：青冢考，《中国·内蒙古第二届草原文化研讨会论文集》，2005年，第176－186页。

宝音：鄂尔多斯市昭君坟考辩，《〈鄂尔多斯学研究成果丛书〉历史类·鄂尔多斯市鄂尔多斯学研究会专题资料汇编》，2012年，第211－216页。

（6）专题论文集

已出版：序号/责任者与责任方式/文献题名/出版地点/出版者/出版时间。

未出版：序号/责任者与责任方式/文献题名/文献年份。

例如：甘发根，韩兴浒主编：《2019昭君文化高层论坛论文集》，武汉：湖北科学技术出版社，2020年。

中国民族学学会昭君文化研究分会编：《昭君文化高层论坛暨昭君文化十年成就表彰大会论文集》，2010年。

7.其他

（1）同一篇文章如在多处（期刊/论文集）发表，本书只列一个出处。

（2）专著责任方式依原著照录，因此存在歧义之处，如“高阳著”，“高阳作”。

（3）有的期刊几易其名，索引条目依原著照录。

（4）部分文献未标明责任者，本书照原貌呈现，不用“佚名”标注。

（5）期刊论文卷期、报纸文章版次等未标明者，本书只能照期刊、报纸原貌呈现。

（6）日本、韩国文献中繁体字依原著照录。

在搜集整理资料过程中，得到了山西大学李奎教授、台湾成功大学张高评教授、韩国国立庆北大学安赞淳教授等专家学者的热心指导，以及武汉大学图书馆、华中师范大学图书馆的支持与帮助，在此深表感谢。

由于编者学术视野和能力有限，加之国外资料寻查的诸多不便，所收昭君文化研究的文献未尽全面，疏漏和不当之处，恳请读者批评指正！

编者

2024年7月26日

目　　录

一、中国昭君文化研究论著

（一） 著作

1912—1949年

1.《绘图昭君和番》（八十回），上海：尚古山房，1912年。

2.（明）陈与郊撰；（明）沈泰评：《盛明杂剧三十种·昭君出塞》（影印本），北京：中国书店，1925年。

3.（清）雪樵主人著：《昭君和番》，上海：启智书局，1934年。

4. 嵩山居士校阅：《昭君和番》，上海：鸿文书局，1938年。

5. 彭子仪编著：《王昭君》，上海：亚星书店，1940年。

6. 顾一樵著：《西施与昭君》，上海：三通书局，1940年。

7. 曹安和译：《昭君》，重庆：国立礼乐馆，1945年。

8. 胡协寅校勘：《绘图昭君和番》，上海：广益书局，1946年。

1950—1959年

1. 内蒙古师范学院中文系古典文学研究组编：《王昭君咏唱集》，内蒙古师范学院中文系古典文学研究组，1952－1999年。

2. 古本戏曲丛刊编刊委员会：《古本戏曲丛刊二集·王昭君出塞和戎记》，北京：商务印书馆，1955年。

3. 杨伯鲁编：《昭君出塞》（戏曲画册），上海：新艺术出版社，1956年。

4. 邵阳祁剧团整理：《昭君出塞》，长沙：湖南人民出版社，1956年。

5. 周宪，朱奇平整理：《昭君出塞》（祁剧高腔），长沙：湖南人民出版社，1956年。

6. 成都川剧剧目鉴定委员会整理：《王昭君》，成都：四川人民出版社，1956年。

7. 成都川剧剧目鉴定委员会整理：《王昭君》（川剧高腔），成都：四川人民出版社，1956年。

8. （明）陈与郊撰：《昭君出塞》，北京：北京古籍出版社，1957年。

9. （清）薛旦撰：《昭君梦》，北京：北京古籍出版社，1957年。

10. 邵阳祁剧团整理：《昭君出塞》（祁剧），北京：中国戏剧出版社，1959年。

11. 邵阳祁剧团整理：《昭君出塞》（祁剧高腔），长沙：湖南人民出版社，1959年。

12. 浙江婺剧团创作组集体整理；谭伟，王驯执笔：《昭君出塞》（婺剧），杭州：东海文艺出版社，1959年。

1960—1969年

1. 北方昆曲剧院创作研究室编：《昭君出塞 胖姑学舌》（昆剧曲谱），北京：音乐出版社，1960年。

2. 湖南省戏曲工作室编：《昭君出塞》（祁剧高腔曲谱），长沙：湖南人民出版社，1960年。

3. 苏州市戏曲研究室编：《苏剧曲调汇编》第十分册《昭君出塞》，苏州市戏曲研究室，1962年。

4. 《时调王昭君和番戏考》，台北：新文丰出版社，1969年。

1970—1979年

1. 胡凤丹辑：《王昭君哀情集》，台北：文政出版社，1971年。

2. 叶婉之评释：《昭君诗评》，台北：台湾“商务印书馆”，1976年。

3. 林幹等编著：《昭君与昭君墓》，呼和浩特：内蒙古人民出版社，1979年。

4. 兴山县文化馆编：《王昭君及其故里》，宜昌：兴山县新华印刷厂，1979年。

5. 曹禺著：《王昭君》（五幕历史剧），成都：四川人民出版社，1979年。

1980—1989年

1. 王克骏编著：《王昭君》，北京：中华书局，1980年。

2. 兴山县文化馆编：《王昭君的传说》，宜昌：兴山县新华印刷厂，1980年。

3. 本书编辑委员会编辑：《曹禺、王昭君及其他》，上海：良有图书公司，1980年。

4. 郑道贞撰；乔竹君主编；台湾省地方戏剧协进会编剧委员会编：《王昭君》，台湾省地方戏剧协进会，1981年。

5. 鲁歌等选注：《历代歌咏昭君诗词选注》，武汉：长江文艺出版社，1982年。

6. 吴一虹，吴碧云编：《王昭君传说》，兰州：甘肃人民出版社，1983年。

7. 吴道周编著：《昭君故里》，武汉：湖北人民出版社，1984年。

8. 刘世义编著：《昭君出塞史料辑览》，兴山县地方志办公室，1984年。

9. 冯骏祥编：《兴山名胜题咏选》，王昭君纪念馆，1984年。

10. 侯广峰著：《昭君史略》，呼和浩特市文物事业管理处，1984年。

11. 兴山县文化局，兴山县民间文学工作者协会合编：《民间传说故事集》，[出版者不详]，1984年。

12. 《王昭君变文》，台北：新文丰出版社，1986年。

1990—1999年

1. 李冰梅著：《芳名千秋：王昭君》，沈阳：辽宁民族出版社，1992年。

2. 刘海荣，李光天主编：《中国历代女名人传》，沈阳：辽宁民族出版社，1992年。

3. 郭自宝，许代乾编著：《昭君故事诗歌集》，北京：北京燕山出版社，1993年。

4. 林幹，马冀编著：《民族友好使者——王昭君》，呼和浩特：内蒙古人民出版社，1994年。

5. 冯骏祥主编：《王昭君传奇故事》，北京：中国三峡出版社，1994年。

6. 冯绪旋著：《昭君故里的传说故事》，湖北省民间文艺家协会，1994年。

7. 刘勇编：《昭君故里地名传说故事》，长春：吉林人民出版社，1995年。

8. 黄德炎主编：《昭君故里民歌精选》，北京：北京燕山出版社，1998年。

9. [日] 藤水名子著；李毓昭译：《王昭君：匈奴王后》，台北：实学社出版公司，1999年。

2000—2009年

2001年

1. 侯广峰著：《昭君文化》，呼和浩特：内蒙古大学出版社，2001年。

2. 于在照著：《越南文学史》，北京：军事谊文出版社，2001年。

3. 陈爱国编著：《西汉才女王昭君》，北京：九州出版社，2001年。

2002年

1. 张茂霖主编：《昭君文化是这样“响”起来的》，北京：民族出版社，2002年。

2. 张忠民顾问；林永仁著：《昭君和亲源流考》，重庆：鄂西地质测绘制印有限公司，2002年。

3 . 刘春银，王小盾，陈义主编：《越南汉喃文献目录提要》，台北：“中央研究院”中国文哲研究所，2002年。

2003年

1. 闵泽平著：《文化视野中的昭君形象与意义生成》，武汉：武汉出版社，2003年。

2004年

1. 马冀，杨笑寒著：《昭君文化研究》，呼和浩特：内蒙古人民出版社，2004年。

2. 巴特尔编选：《昭君论文选》，呼和浩特：内蒙古人民出版社，2004年。

3. 李世馨编选：《昭君图册》，呼和浩特：内蒙古人民出版社，2004年。

4. 郝诚之编著：《昭君文化与民族经济》，呼和浩特：内蒙古人民出版社，2004年。

5. 可永雪，余国钦编纂：《历代昭君文学作品集》，呼和浩特：内蒙古人民出版社，2004年。

6. 郭自宝选著：《昭君自有千秋在》，北京：群言出版社，2004年。

7. 郝明知著：《兴山文化探源》，北京：中国文联出版社，2004年。

8. 林幹主编：《昭君论文选》，呼和浩特：内蒙古人民出版社，2004年。

2005年

1. 黄德炎著：《昭君诗话》，北京：大众文艺出版社，2005年。

2. 郭自宝著：《昭君出塞及故里行》，北京：中国文史出版社，2005年。

2006年

1. 蔡长明收集整理：《昭君故里五句子歌谣选》，北京：大众文艺出版社，2006年。

2. 可永雪，余国钦著：《王昭君——献身民族友好事业的奇女子》，西安：三秦出版社，2006年。

3. 郝明知，韩兴浒著：《兴山百家姓寻根》，北京：大众文艺出版社，2006年。

4. 郝明知著：《兴山礼仪概说》，北京：大众文艺出版社，2006年。

5. 可永雪，余国钦著：《王昭君》，西安：陕西数字出版传媒有限公司，2006年。

2007年

1. 蔡长明编：《中国民间故事全书——湖北兴山卷》，北京：知识产权出版社，2007年。

2. 刘玉珺著：《越南汉喃古籍的文献学研究》，北京：中华书局，2007年，第126页。

2008年

1. 张文德著：《王昭君故事的传承与嬗变》，上海：学林出版社，2008年。

2009年

1. 可咏雪等编注：《历代吟咏昭君诗词曲》，呼和浩特：内蒙古人民出版社，2009年。

2. 刘冰清，蔡长明著：《香溪毓秀——昭君传说的历史与现实》，北京：中国书籍出版社，2009年。

3. 邹志斌，蔡长明主编：《昭君文化丛书·论文卷》，成都：四川美术出版社，2009年。

4. 邹志斌，蔡长明主编：《昭君文化丛书·图册卷》，成都：四川美术出版社，2009年。

5. 邹志斌，蔡长明主编：《昭君文化丛书·传说卷》，成都：四川美术出版社，2009年。

2010—2019年

2010年

1. 邹志斌，蔡长明主编：《昭君文化丛书·小说卷》，成都：四川美术出版社，2010年。

2. 邹志斌，蔡长明主编：《昭君文化丛书·民间故事卷》，成都：四川美术出版社，2010年。

3. 邹志斌，蔡长明主编：《昭君文化丛书·散文卷》，成都：四川美术出版社，2010年。

4. 王世昌主编；兴山县民族宗教事务局编：《民族团结使者——王昭君》，北京：大众文艺出版社，2010年。

2011年

1. 林永仁著：《昭君和亲源流考》，北京：大众文艺出版社，2011年。

2. 甘发根编著：《昭君风物·国香兰草》，鄂宜内图字［2011］第38号，2011年。

3. 郝存柱编：《昭君文化研究和传播大事记》，呼和浩特：内蒙古人民出版社，2011年。

4. 金开诚主编；王荣珍编著：《千古留名——王昭君》，长春：吉林文史出版社；吉林出版集团有限责任公司，2011年。

5. 张高评著：《王昭君形象之转化与创新：史传、小说、诗歌、杂剧之流变》，台北：里仁书局，2011年。

6. 谢源远著：《从王昭君到李来亨：一位大陆教师对鄂西史实的三十年探寻》，台北：秀威资讯科技股份有限公司，2011年。

2012年

1. 宋超著：《和亲史话》，北京：社会科学文献出版社，2012年。

2. 徐永才主编：《昭君故里 典藏兴山》，北京：中国旅游出版社，2012年。

2013年

1. 吴柏森编著：《古代昭君戏曲注评》，武汉：湖北人民出版社，2013年。

2. 陈盈妃著：《王昭君戏曲研究：以杂剧、传奇为范围》，新北：花木兰文化出版社，2013年。

2014年

1. 于淼著：《王昭君传说》，长春：吉林出版集团有限责任公司，2014年。

2015年

1. 蒋方著：《汉月边关万古情——昭君与昭君文化》，北京：商务印书馆，2015年。

2. 甘发根，蔡长明，饶晓敏搜集整理：《昭君和番（又名双凤奇缘）民间唱本》，兴山：政协兴山县文史资料委员会，2015年。

3. 马春芳撰：《宋代咏昭君诗中的华夷观念》，北京：中国社会科学出版，2015年。

4. 刘洁， 石迅撰：《唐宋咏昭君诗之比较》，北京：中国社会科学出版，2015年。

2016年

1. 万一方著：《明清女性诗词中的昭君形象》，上海：华东师范大学出版社，2016年。

2019年

1. 王克骏著：《王昭君》，北京：北京人民出版社，2019年。

2020—2023年

2020年

1. 蒋方著：《王昭君与汉匈和亲》，武汉：长江文艺出版社，2020年。

2021年

1. 马冀著：《王昭君及昭君文化》，桂林：广西师范大学出版社，2021年。

2. 张久和，刘国祥主编；胡玉春著：《中国古代北方民族史·匈奴卷》，北京：科学出版社，2021年。

3. 刘继林，刘娟编：《曹禺剧作演出研究资料》，上海：上海科学技术文献出版社；武汉：长江出版社，2021年。

4. 余迎胜编：《曹禺剧作改编研究资料》，上海：上海科学技术文献出版社；武汉：长江出版社，2021年。

5. 甘发根，武高明，赵文兆，黄妮丽编著：《历代昭君题材散文作品集》，呼和浩特：内蒙古大学出版社，2021。

2022年

1. 王前程，王雄贵编著：《历代昭君戏剧作品集（1949年以前）》，呼和浩特：内蒙古大学出版社，2022。

2. 中国艺术研究院戏曲研究所《戏曲研究》编辑部编辑：《戏曲研究》（第一一六辑），北京：文化艺术出版社，2021年。

3. 赵维健，窦永刚编著：《话说内蒙古巴彦淖尔乌拉特后旗》，呼和浩特：内蒙古人民出版社，2021。

4. 张传玺编著：《翦伯赞画传》，北京：华文出版社，2021年。

5. 王勇编：《大漠昭君京剧》，北京：中国戏剧出版社，2022年。

（二） 论文

1. 期刊论文

1912—1949年

1. 大年：昭君和番及其家人子女考，《春秋》1919年第521期，第28—29页。

2. 顾颉刚：元曲选叙录，《文学旬刊》1923年第73期，第1—2页。

3. 容肇祖：唐写本明妃传残卷跋：弹词一类作品的新发现 王昭君故事的歧异，《民俗》1928年第27/28期，第1—12页。

4. 刘万章：关于王昭君的传说，《民俗》1928年第35期，第26—29页。

5. 陈子展："昭君变"考，《南国周刊（上海）》1929年第9/10/11/12期，第426—431页。

6. 魏应麒："关于王昭君传说"的答案，《民俗》1929年第44期，第27—31页。

7. 念空：汉昭君青冢考，《大亚画报》1930年第253期，第2页。

8. 霍世休：王昭君的故事在中国文学上的演变，《清华中国文学会月刊》1931年第1卷第4期，第13—29页。

9. 张寿林：王昭君故事演变之点点滴滴，《文学年报》1932年第1期，第1—25页。

10. 黄鸿翔：昭君故事及关于昭君之文学，《厦门大学学报》1932年第1卷第2期，第1—26页。

11. 黄綮琇：王昭君故事的演变，《民俗》1933年第121期，第1—27页。

12. 郭沫若近著昭君出塞曲，《法治周报》1934年第2卷第10期，第20页。

13. 姜亮夫：自昭君和番以往从满蒙问题而来，《青年界》1934年第5卷第4期，第48—54+57页。

14. 郭云奇：王昭君在中国文学中的演变（附表），《文哲月刊》1935年第1卷第2期，第79—90页。

15. 郭云奇：王昭君在中国文学中的演变（续二期），《文哲月刊》1935年第1卷第3期，第85—99页。

16. 唐圭璋：宋词互见考 完颜亮与韩驹 昭君怨，《词学季刊》1935年第2卷第4期，第63页。

17. 昭君考，《天津商报画刊》1935年第13卷第41期，第1页。

18. 李汉怡：昭君出塞辩证，《文哲（上海1939）》1940年第2卷第3期，第18—19页。

19. 张翼：文学中的王昭君与其传说，《新民报半月刊》1941年第3卷第4期，第39页。

20. 刘宝山：从北京到包头：昭君没有准坟地，《中华周报（北京）》1945年第2卷第9期，第10页。

21. 麦友云：昭君和番本事，《上海粤乐社团第六次联欢大会特刊》1947年特刊，第36—41页。

22. 朱守一：诗人眼中之王昭君，《京沪周刊》1947年第1卷第22期，第16—17页。

23. 王昭君本事，《沪剧周刊》1948年第96期，第3页。

24. 刘厚民：历代诗人眼光中的王昭君，《昌中校刊》1948年第3期，第47—48页。

1950—1959年

1. 梁容若：关于王昭君之历史与文学，《大陆杂志》1950第1卷第9期，第5—8页。

2. 周宪，朱奇平：昭君出塞，《剧本》1956年第9期，第91—94页。

3. 徐沙：评祁剧高腔“昭君出塞”，《戏剧报》1956年第12期，第30—31页。

4. 宋玉柱：试谈“汉宫秋”的主题思想，《文史哲》1957年第4期，第55—60页。

5. 阴法鲁：南宋作曲家兼词人姜白石，《人民音乐》1957年第4期，第32—33页。

6. 伍郢：马致远的《汉宫秋》，《语文学习》1957年第11期，第27—29页。

7. 唐育寿，刘献彪：评王淑明“论郭沫若的历史剧”，《山东师范学院学报（现代文学版）》1959年第3期，第9—15页。

8. 屠岸：两出动人的湖南戏——谈《昭君出塞》和《生死牌》，《戏剧报》1959年第1期，第22—24页。

9. 陈长龄：龙朔操（昭君怨），《人民音乐》1959年第3期，第77—79页。

10. 陈长龄：谈谈古琴曲龙翔操和龙朔操，《人民音乐》1959年第3期，第71—76页。

11. 李振华：王昭君的悲剧，《畅流》1959第19卷第3期，第22—23页。

1960—1969年

1. 李廷先：也谈昭君出塞，《扬州师范学院学报（社会科学版）》1961年第11期。

2. 吴新雷：《汉宫秋》杂剧的思想与艺术，《戏剧报》1961年第4期，第33—35页。

3. 王廷玉：昭君怨，《畅流》1961年第23卷第6期，第7—8页。

4. 周建人：闲话《昭君出塞》，《戏剧报》1962年第2期，第9—10页。

5. 宗江，战勇：评无伴奏合唱《昭君出塞》，《人民音乐》1962年第3期，第15—17页。

6. 姚雪垠：试谈《昭君出塞》，《戏剧报》1962年第4期，第39—40页。

7. 尚达祥：读马致远的剧作，《郑州大学学报（哲学社会科学版）》1962年第1期，第80—95页。

8. 王尔龄：略论郭沫若的历史剧，《上海戏剧》1962年第3期，第2—7页。

9. 高熙会：马致远《破幽梦孤雁汉宫秋》杂剧校识，《河北大学学报》（哲学社会科学版），1963年第1期，第57—75页。

10. 周畅：论华彦钧的创作，《人民音乐》1963年第12期，第34—35页。

11. 苏兴钧：记金人《文姬归汉图卷》，《文物》1964年第3期，34—35+3—5页。

12. 黎锦辉：从历史与文学上看王昭君，《联合校刊》1964年第9期，第34—40页。

13. 李春祥：《汉宫秋》评价中的几个问题，《开封师院学报》1965年第0期，第79—85页。

14. 易持恒：卓文君与王昭君，《建设》1965年第14卷第2期，第32—35页。

15. 余我：中国历代文人笔下的王昭君，《畅流》1967年第35卷第10期，第13页。

1970—1979年

1. 门罗：王昭君故事之演变，《崇基学报》1970年第9卷第2期，第202—209页。

2. 陈玉台：诗人笔下的王昭君，《中国诗季刊》1971年第2卷第3期，第（6）1—（6）9页。

3. 贾秀：卓文君与王昭君，《古今谈》1973年第99卷，第37—39页。

4. 苏兆元：昭君墓纪实，《畅流》1974年第49卷第3期，第37页。

5. 绿山：献身为国一美人——王昭君，《湖北文献》1975年第34卷，第19—25页。

6. 李则芬：王昭君与毛延寿，《东方杂志》1976第10卷第2期，第68—74页。

7. 雪茵：洛神赋与昭君怨，《畅流》1976年第54卷第6期，第19—21页。

8. 黎夫："昭君出塞"何悲之有?，《镜报》1978年第9期，第67—69页。

9. 刘先照，韦世明：昭君自有千秋在——从董必武同志的吟昭君诗谈到王昭君的艺术形象，《社会科学战线》1978年第1期，第274—277页。

10. 刘先照，韦世明：论汉朝与匈奴的和亲政策，《中央民族学院学报（哲学社会科学版）》1978年第1期，第14—20页。

11. 曹禺：王昭君（五幕历史剧），《人民文学》1978年第11期，第37—111页。

12. 曹禺：关于话剧《王昭君》的创作，《人民戏剧》1978年第12期，第40—

41页。

13. 黄侯兴：论郭沫若同志的历史剧，《社会科学战线》1978年第4期，第312—325页。

14. 王季思，萧德明：从《昭君怨》到《汉宫秋》——王昭君的悲剧形象，《社会科学战线》1979年第1期，第267—273页。

15. 霍平：董老吟昭君诗是一九六三年写的，《社会科学战线》1979年第1期，第273页。

16. 郗玉喜：试评历史剧《王昭君》的昭君形象，《吉林师大学报》1979年第1期，第106—112页。

17. 周伟民：历史剧《王昭君》在批判继承方面的成就，《语文教学与研究》1979年第2期，第59—63页。

18. 曹禺：昭君自有千秋在——我为什么写《王昭君》，《中国民族》1979年第2期，第10—11页。

19. 梅阡：游"青塚"——《王昭君》导演札记，《中国民族》1979年第2期，第12—14页。

20. 狄辛：昭君形象的艺术再现，《中国民族》1979年第2期，第15页。

21. 金一木：刘先照、韦世明：《论汉朝与匈奴的和亲政策》，《历史教学》1979年第2期，第27页。

22. 张春吉：历史真实与艺术真实的统一——评历史剧《王昭君》，《厦门大学学报（哲学社会科学版）》1979年第2期，第31—39页。

23. 杨世明：浅谈历史剧《王昭君》的历史真实与艺术虚构，《南充师院学报（哲学社会科学版）》1979年第2期，第71—75页。

24. 孔盈：曹禺新著史剧《王昭君》献疑，《延边大学学报（哲学社会科学版）》1979年第2期，第26—28+8页。

25. 龚义江：一幅颂扬民族和睦的壮丽画卷——读曹禺新作历史剧《王昭君》，《剧本》1979年第3期，第86页。

26. 唐宁：浅谈孙美人，《戏剧艺术》1979年第2期，第119页。

27. 陆铁军：王昭君的内心美，《戏剧艺术》1979年第2期，第115—117页。

28. 郭汉城：一曲民族团结的颂歌，《中国民族》1979年第4期，第54—55页。

29. 邓小秋：两家"昭君"不妨并存，《上海戏剧》1979年第3期，第51—

52页。

30. 李廷先：曹禺同志《王昭君》剧本中的一些历史细节问题，《扬州师院学报（社会科学版）》1979年第4期，第96－100页。

31. 徐培均，王继权：琵琶千载颂相知——试论曹禺的历史剧《王昭君》，《社会科学》1979年第4期，第134－140页。

32. 王育生：文苑春浓话昭君——记《王昭君》座谈会，《人民戏剧》1979年第9期，第30－31页。

33. 郭汉城：曹禺戏剧创作的新发展——喜看话剧《王昭君》，《人民戏剧》1979年第10期，第28－30页。

34. 唐玉书：杨延辉和王昭君不能相提并论，《上海戏剧》1979年第5期，第25页。

35. 易山：座谈曹禺同志新作《王昭君》，《剧本》1979年第9期，第37页。

36. 闵抗生：谈孙美人形象的创造，《剧本》1979年第9期，第63－67页。

37. 杨振昆：历史真实和艺术真实的高度统一——试论《王昭君》的艺术处理和形象塑造，《思想战线》1979年第6期，第72－78页。

38. 赵浩生：曹禺从“雷雨”谈到“王昭君”，《七十年代》1979年第109卷，第21－26页。

1980—1989年

1980年

1. 敬东：西汉时期三种不同性质的和亲，《社会科学》1980年第2期，第74－79＋85页。

2. 刘先照：巾帼英雄赞——且谈古代诗歌中的王昭君，《晋阳学刊》1980年第1期，第94－96页。

3. 周凝华：王昭君故里考，《江汉论坛》1980年第2期，第84页。

4. 邴玉喜：颛渠阏氏，《中国民族》1980年第3期，第45－45页。

5. 杨春霖：琥珀考略，《西北大学学报（哲学社会科学版）》1980年第1期，第103－106＋112页。

6. 王如青：力戒批评的片面性——读《王昭君》的评论文章有感，《文学评论》1980年第2期，第142－143页。

7. 钟婴：历史剧中历史人物形象的塑造与发展——从《汉宫秋》中的王昭君形象谈起，《杭州师范大学学报（社会科学版）》1980年第2期，第16—21页。

8. 任崇岳：汉代和亲政策的几个问题，《历史教学（下半月）》1980年第5期，第14—17页。

9. 余尚，洁芒：一曲民族友好的赞歌——曹禺同志新作《王昭君》漫论，《内蒙古师院学报（哲学社会科学版）》1980年第2期，第32—37页。

10. 史黎：《明妃曲》艺术谈，《社会科学辑刊》1980年第4期，第158页。

11. 王锡臣："恨别"与"省识"——读杜小札，《天津师院学报》1980年第5期，第44—45页。

12. 李含英：昭君出塞，《美术》1980年11期，第20页。

13. 刘永济：默识录（十二则），《文学遗产》1980年第3期，第129—133页。

14. 陈祖美：从《王昭君》看历史剧的倾向性和真实性的关系，《文学评论》1980年第6期，第98—103页。

15. 余秋雨：历史剧简论，《文艺研究》1980年第6期，第43—55页。

16. 黄佩玉：论曹禺新作《王昭君》——王昭君的新形象是否符合古代社会的历史真实，《明报月刊》1980年第15卷第9期，第28—32页。

17. 何文汇：我看曹禺的《王昭君》，《明报月刊》1980年第15卷第10期，第107—108页。

18. 霍汉姬：历史真实和艺术真实——评黄佩玉《论曹禺新作〈王昭君〉》，《开卷月刊》1980年第23期，第50—53页。

19. 林锋雄：中国古典剧场的再生——谈时迁偷鸡、贵妃醉酒与昭君出塞，《中国戏剧集刊》1980年第2卷，第50—51页。

1981年

1. 张国举：王翰《凉州词》补议，《文学遗产》1981年第2期，第90页。

2. 夏竹：创作的回顾——曹禺谈自己的剧作，《语文学习》1981年第5期，第12—15页。

3. 李西樵：敢从边塞争芳烈——谈三娘子致力于民族友好的功绩，《内蒙古社会科学》1981年第2期，第93—95+109页。

4. 刘蕙孙：我国"夫权"的出现与发展，《福建师大学报（哲学社会科学版）》1981年第1期，第125—131页。

5. 赵后起：变文源流初探，《南京艺术学院学报（音乐与表演版）》1981年第1期，第84—91页。

6. 廉之真：塞外青冢，《内蒙古林业》1981年第10期，第33页。

7. 拾风：点石生情——介绍女雕塑家李含美的新作，《今日中国（中文版）》1981年第6期，第16—17页。

8. 辛宪锡：曹禺笔下的“小人物”，《剧本》1981年第9期，第91—95页。

9. 傅骏：历史剧问题随感，《上海戏剧》1981年第4期，第7—8页。

10. 丁冰：抒发离愁别绪的绝妙曲词——元杂剧《汉宫秋·梅花酒》欣赏，《戏剧创作》1981年第2期，第102—103页。

11. 谢再兴：读郭老《王安石的〈明妃曲〉》，《辽宁师院学报（社会科学版）》1981年第1期，第65—67页。

12. 田久川：评唐人咏王昭君的诗兼论汉匈和战，《辽宁师院学报（社会科学版）》1981年第1期，第31—38页。

13. 刘益国：也谈历史剧《王昭君》的艺术真实和历史真实，《四川师院学报（社会科学版）》1981年第1期，第46—49+52页。

14. 宗和：珙桐花，《植物杂志》1981年第2期，第46页。

15. 张传玺：学习翦伯赞同志的治学精神，《晋阳学刊》1981年第1期，第94—99页。

16. 阿拉坦托娅：祝酒歌，《中国民族》1981年第5期，第35页。

17. 梁剑：曹禺《王昭君》的教训，《明报月刊》1981第33卷，第19—20页。

18. 褚问鹃：记王昭君墓，《畅流》第1981年第64卷第9期，第38—39页。

1982年

1. 林丽珠：论昭君艺术形象的产生及其历久不衰的奥秘，《厦门大学学报（哲学社会科学版）》1982年第2期，第75—86+124页。

2. 庄练：中国历史上名女人（10）——万里和亲王昭君，《畅流》1982年第65卷第8期，第22—26页。

3. 香谷：略谈王昭君，《春秋》1982年第597期，第24页。

4. 陈鼎环：紫台青冢怨昭君——杜诗析赏与商榷，《夏声月刊》1982年第

217卷，第11—13页。

5. 邝庆欢:《王昭君变文》校释，《中国古典小说研究专集》1982年第5卷，第145—184页。

1983年

1. 邬锡芬：昭君故事之衍变，《民俗曲艺》1983年第27卷，第105—167页。

1985年

1. 贾春光：青冢遐思，《民族文学》1985年第5期，第84页。

2. 祁和晖：王昭君籍贯族属异说，《西南民族学院学报（哲学社会科学版）》1985年第1期，第48—55页。

3. 王瑞来：昭君名嫱考辨，《江汉论坛》1985年第9期，第68页。

4. 肖文苑：千载琵琶幽怨多，《辽宁师范大学学报（社会科学版）》1985年第4期，第66—67页。

5. 徐涛："笑盈盈"与"哭泣泣"考辩——关于《王昭君》评价之我见，《社会科学》1985年第4期，第92—98页。

6. 薛正昌：民族团结的象征——兼谈昭君出塞的动机，《社会科学》1985年第4期，第99—103页。

7. 施伟青：关于西汉政府与匈奴和亲的若干问题，《厦门大学学报（哲学社会科学版）》1985年第4期，第21—29页。

8. 刘志云：漫话"青冢"，《人文杂志》1985年第5期，第126—128页。

9. 岳富荣：笔底出新意 言外见真情——读王安石《明妃曲》，《语文学刊》1985年第5期，第23—26+15页。

10. 李晓：从昭君戏看历史题材戏剧的创作，《上海师范大学学报（哲学社会科学版）》1985年第4期，第31—37页。

11. 芷茵：戏曲理论的可贵探索——读《玉轮轩曲论新编》，《宁波师院学报（社会科学版）》1985年第1期，第34—37页。

12. 刘克宁："好比斯"琴的传说，《中国民族》1985年第7期，第19+18页。

13. 王文山：王昭君歌剧，《艺文志》1985年第236卷，第57—62页。

1986年

1. 金望：古代历史剧选材的特点，《黄梅戏艺术》1986年第4期，第42—48页。

2. 万萍：《五美吟》的命意和林黛玉的情怀，《红楼梦学刊》1986年第3期，第79—90页。

3. 支康鑫：四大美人与名点佳肴，《中国食品》1986年第7期，第44—45页。

4. 贾锡信，杨桂森：论诗人笔下的王昭君，《荆州师专学报》1986年第1期，第33—39页。

5. 林石城：论《大浪淘沙》与《昭君出塞》的练演艺术，《乐府新声（沈阳音乐学院学报）》1986年第1期，第22—27页。

6. 程应镠：书王荆公《明妃曲》后，《上海师范大学学报（哲学社会科学版）》1986年第1期，第71—74页。

7. 林幹：试论王昭君艺术形象的塑造，《内蒙古大学学报（哲学社会科学版）》1986年第3期，第15页。

8. 季水河：同一历史人物在不同艺术作品中的变形——兼论曹操、王昭君艺术形象的演化，《九江学院学报（社会科学版）》1986年第3期，第52—58+68页。

9. 吴天祥：活化石——珙桐，《化石》1986年第2期，第24+32页。

10. 宫粹英：古为今用 贵在创新——析王安石的《明妃曲》，《山西师大学报（社会科学版）》1986年第4期，第75—76页。

11. 林永仁，杨尚聘：赵总理来到昭君村——一次不寻常的采访，《新闻记者》1986年第10期，第8—10页。

12. 陈维昭：论历史剧创作中作家心理定势，《戏剧艺术》1986年第3期，第24—29页。

13. 郭汉城，章诒和：史剧关系新探，《戏剧艺术》1986年第4期，第103—109页。

14. 闵宏：马致远《汉宫秋》的主题与创作，《许昌学院学报》1986年第4期，第82—86页。

15. 刘维俊：一曲爱国主义悲歌——论《汉宫秋》，《殷都学刊》1986年第4期，第55—58页。

16. 江柳：千秋恩怨说昭君——王安石《明妃曲二首》评析，《中学语文（上旬）》1986年第6期，第33—35页。

17. 富寿荪：读唐诗札记，《贵州文史丛刊》1986年第1期，第82—87+118页。

18. 雷声普：清代云南女诗人李含章诗歌选注与赏析，《昆明师专学报（哲学社会科学版）》1986年第1期，第60—77页。

19. 曹晓乔：试论现代话剧悲剧风格的开创，《江淮论坛》1986年2期，第58—63页。

20. 张燕瑾：元剧三家风格论，《北京师院学报（社会科学版）》1986年第4期，第38—44页。

21. 宪东：翰墨生辉写昭君——呼和浩特市举办“青冢书画墨迹征集”活动，《内蒙古社会科学》1986年第4期，第53页。

22. 周健：试论魏晋六朝男性笔下的闺情诗，《湘潭大学学报（中国古典文学论集）》1986年第S1期，第13—20页。

23. 李甲孚：出塞和番的奇女子：王昭君，《妇女杂志》1986年第219卷，第58—59页。

1987年

1. 方晓：近年来和亲研究概述，《社会科学》1987年第1期，第84—89页。

2. 吴昌：明妃胭脂泪探微——《昭君怨》艺术形象与基调新解，《江汉大学学报（社会科学版）》1987年第3期，第75—79+84页。

3. 褚雪梅，孙瑞清：诗与剧：《汉宫秋》，《上海戏剧》1987年第6期，第39页。

4. 阎采平：论六朝咏昭君诗之踵事增华，《湘潭大学学报（社会科学版）》1987年第3期，第91—94页。

5. 贾元苏：元杂剧《汉宫秋》《梧桐雨》比较谈，《文史知识》1987年第11期，第111—114页。

6. 张彦林：也谈中国古典悲剧的结局，《渭南师范学院学报（综合版）》1987年第2期，第110—114页。

7. 王大敏：论郭沫若的悲剧和悲剧观，《郭沫若研究》1987年，第138—154页。

8. 李若兰：点燃“中国女性革命的火炬”——析郭沫若早期历史剧《三个叛逆的女性》，《杭州师院学报（社会科学版）》1987年第1期，第62—66页。

9. 李昌集：情感结节与戏剧高潮——元杂剧结构方式的研究，《扬州师院学报（社会科学版）》1987年第1期，第101—107页。

10. 傅正乾：郭沫若史剧理论的结构核心——兼论郭沫若历史悲剧观的形成，《郭沫若研究》1987年，第94—116页。

11. 傅淑敏：说“墙”，《语文学刊》1987年第3期，第22—18页。

12. 曲金良：敦煌写本变文、讲经文作品创作时闻汇考——兼及转变与俗讲问题，《敦煌学辑刊》1987年第1期，第56—69页。

13. 成公亮：古琴曲《龙朔操》研究，《南京艺术学院学报（音乐与表演版）》1987年第3期，第18—23页。

14. 李侠：“遐想”一兄弟民族的共同理想——从《神女峰的遐想》中初探民族心理素质在散文中的表现，《西北民族大学学报（哲学社会科学版）》1987年第4期，第118—121页。

15. 吴秀明：论历史文学创作中的“现代化”问题，《中国文学研究》1987年第4期，第80—87+65页。

16. 苏者聪：略论中国古代女作家，《武汉大学学报（社会科学版）》1987年第6期，第99—107页。

17. 杜盈：从昭君冢所想起的——皇帝嫁女杂谈，《南北极》1987年第203期，第94—95页。

18. 楚山孤：王嫱与屈原 算来是同乡，《春秋》1987年第718期，第29—32页。

19. 钟秋槎：古代方技人物的逸事与趣话——应珍视我国源远流长的科技精神，《春秋》1987年第724期，第32—37页。

20. 黄永武：昭君不怨，《湖北文献》1987年第83卷，第54—59页。

1988年

1. 魏文清：秦汉妇女对文明的奉献，《黑河学刊》1988年第3期，第93—98页。

2. 刘国珺：对古籍中阴铿、陈昭的昭君诗考辨，《南开学报（哲学社会科学版）》1988年第3期，第71—74页。

3. 朱月瑾：思想的开掘 艺术的创新——论曹禺的新编历史剧《王昭君》，《南京大学学报（哲学·人文科学·社会科学）》1988年第2期，第105—112页。

4. 张烈：从白登之围到昭君出塞——论此阶段的汉匈关系及汉王朝的决策，《社会科学战线》1988年第3期，第132—140页。

5. 盛祖宏：昭君墓前的联想，《中国民族》1988年第10期，第28页。

6. 贾锐军：故事不紧凑 手法欠细腻——电视连续剧《王昭君》之不足，《电影评介》1988年第11期，第19页。

7. 齐从容：库姆兹琴的传说，《音乐爱好者》1988年第6期，第38页。

8. 尹江春：对历史剧审美价值的深层开掘——简评电视连续剧《王昭君》，《当代电视》1988年第12期，第10—12页。

9. 薛正昌：王昭君籍贯族属辨——兼与祁和晖同志商榷，《固原师专学报（社会科学版）》1988年第4期，第59—65+50页。

10. 傅义：标新立异，层出不穷——从历代咏王昭君诗看诗人的创意，《宜春师专学报》1988年第1期。

11. 沙赫：舒譔和《扫叶集》，《瞭望周刊》1988年第30期，第36—37页。

12. 令华：曹禺的苦闷，《读书》1988年第12期，第73—74页。

13. 葵钧庭，张国清：藏书村的文明风，《中国民兵》1988年第6期，第47页。

14. 张承菊：略说主题学，《烟台大学学报（哲学社会科学版）》1988年第1期，第81—85+80页。

15. 谷辅林，周海波：郭沫若历史剧真实性问题再探讨，《山东师大学报（社会科学版）》1988年第2期，第65—70页。

16. 黄权中：出塞曲（据传统剧《昭君出塞》改编），《当代戏剧》1988年第5期，第42—45页。

17. 黄永茂：赏《昭君出塞》有感，《中国花卉盆景》1988年第7期，第22页。

18. 卜庆华：关于《三个叛逆的女性》的评价问题，《娄底师专学报》1988年第3期，第75—78+69页。

19. 周学森：神农香菊美名扬，《中国花卉盆景》1988年11期，第29页。

20. 陈季蔓：一曲琵琶弹至今——昭君故事的历史面貌，《国文天地》1988第4卷第6期，第54—57页。

21. 王国贞：光明汉宫·远嫁匈奴：王昭君，《国文天地》1988年第3卷第11期，第80—85页。

1989年

1. 陈季蔓：一曲琵琶弹至今——昭君故事的历史面貌，《文史知识》1989年第5期，第70—74页。

2. 王仁铭：《汉宫秋》主题新议，《江汉论坛》1989年第1期，第71—74页。

3. 张人和：陈与郊及其剧作，《东北师大学报（哲学社会科学版）》1989年第1期，第75—81页。

4. 张仁健：析王安石《明妃曲》（其一），《名作欣赏》1989年第2期，第24—25页。

5. 鲁业华：汉宫孤雁为谁鸣，《文史知识》1989年第5期，第92—94页。

6. 阿伦：略论《汉宫秋》主题，《昭乌达蒙族师专学报（哲学社会科学版）》1989年第2期，第63—68页。

7. 杭桂林：对《汉宫秋》的几点分析，《内蒙古社会科学（文史哲版）》1989年第4期，第95—98页。

8. 王辉斌：昭君故里新考，《内蒙古民族师院学报（社会科学汉文版）》1989年第3期，第86—88页。

9. 吴保和：中国戏剧中的“少女牺牲”原型，《戏剧艺术》1989年第4期，第94—105页。

10. 马玉容：略论昭君出塞的动机及其伦常观，《驻马店师专学报（社会科学版）》1989年第4期，第5—8+10页。

11. 方胜：奇缘奇在哪里——昭君故事的演变和《双凤奇缘》的得失，《明清小说研究》1989年第4期，第164—175页。

12. 高国藩：敦煌本王昭君故事研究，《敦煌学辑刊》1989年第2期，第49—59页。

13. 马建波：谈王昭君形象的塑造——读曹禺的历史剧《王昭君》，《河北大学学报（哲学社会科学版）》1989年第4期，第52—55页。

14. 赵伯陶：借事相发 余韵悠长——王安石《明妃曲》二首赏析，《文史知识》1989年第2期，第36—40页。

15. 胡世均：谈戏曲剧本的心理结构，《四川戏剧》1989年第1期，第49—52页。

16. 莫任南：古代游牧民族的妻后母、报寡嫂风俗，《湖南师范大学社会科学学报》1989年第5期，第76—80页。

17. 张田：郭沫若的悲剧观与中国传统文化心理，《社会科学》1989年第2期，第20—26页。

18. 郭在贻，黄征，张涌泉：《敦煌变文集新书》校议（下），《文献》1989年第3期，第201—215页。

19. 胥洪泉，徐相霖：敦煌变文校记二十七则，《四川师范大学学报（社会科学版）》1989年第2期，第39—42页。

20. 何益明：庄中带谐 相映成趣——郭沫若历史悲剧中的喜剧情节穿插，《湘潭大学学报（哲学社会科学版）》1989年第1期，第30—35页。

21. 周建国：旧著新论——评张振珮先生1933年《李义山评传》，《贵州大学学报（社会科学版）》1989年第2期，第84—88页。

22. 钟一文：敦煌变文及艺术初探，《社科纵横》1989年第2期，第46—48页。

23. 周海波：五四文化论战与郭沫若前期史剧创作，《郭沫若研究（第七辑）》，第119—130页。

24. 冯奇：论郭沫若历史剧的人物特质，《郭沫若研究（第七辑）》，第142—155页。

25. 乔力：千古韵高梅花词——说姜夔《暗香》《疏影》，《名作欣赏》1989年第4期，第80—82+98页。

26. 李隽：不同的宗教观念与不同的悲剧结局，《江汉论坛》1989年第11期，第60—63页。

27. 高国藩：敦煌民间文学与明清小说之比较，《固原师专学报（社会科学版）》1989年第3期，第42—50页。

28. 炳：曹禺剧作艺术探索，《中国现代文学研究丛刊》1989年第3期，第310页。

29. 石田千之助，朱寿昌：漫谈中国唐代妇女，《世界经济与政治论坛》1989年第10期，第45—48页。

30. 陆耀儒：谈近几年少数民族题材的历史剧创作，《民族艺术》1989年第4期，第47—60页。

31. 胡可先：《全唐诗》"无名氏"诗考索（三），《江海学刊》1989年第3期，第16页。

32. 薛若邻："假托故事，翻弄新声"——尤侗杂剧论，《艺术百家》1989年第1期，第113—120+46页。

1990—1999年

1990年

1. 余梦：《汉唐和亲研究》述评，《山东社会科学》1990年第5期，第

108—109+107页。

2. 张铁燕：从《汉宫秋》《王昭君》看同一题材古今作品的评价——兼论历史剧批评的历史方法，《中国文学研究》1990年第2期，第54—60页。

3. 余尚，洁芒：新辑歌咏王昭君诗词47首，《内蒙古师大学报（哲学社会科学版）》1990年第4期，第88—95页。

4. 陈博：试论呼韩邪单于在与汉“和亲”中的主导作用，《西北大学学报（哲学社会科学版）》1990年第4期，第36—39页。

5. 瞿钧：王昭君和《汉宫秋》（上），《东吴教学》1990年第Z1期，第10—15页。

6. 初中《中国历史》第一册第17课 两汉与匈奴的和战，《历史教学（高校版）》1990年第7期，第15—18页。

7. 叶茂康：文学的认识和认识的文学——兼谈马克思关于艺术思维的论断，《社会科学》1990年第7期，第61—66页。

8. 蒋寅：崔颢、崔国辅、杜审言诗注商榷，《河池师专学报（文科版）》1990年第1期，第67—71页。

9. 笑端：西汉时期汉匈关系的发展与稒阳道的畅通——包头地方史讲座第四讲 西汉时期的包头，《阴山学刊》1990年第1期，第97—103页。

10. 刘石：乐尽天真且陶陶，《读书》1990年第11期，第59—63页。

11. 潘重规：读项楚著《敦煌变文选注》，《中国文化》1990年第2期，第191—195页。

12. 曹铁娟：戏剧的归宿：观众与读者——曹禺成功基因分析，《楚雄师专学报》1990年第4期，第49—55页。

13. 陆耀儒：发展中的少数民族题材电视艺术，《民族艺术》1990年第4期，第1—10页。

14. 邝庆欢：现代民间传说的王昭君，《汉学研究》1990年第8卷第1期，第461—487页。

1991年

1. 陈天国：潮州弦诗《昭君怨》的曲式研究，《星海音乐学院学报》1991年第Z2期，第1—5页。

2. 祝注先：加强对古代民族文人文学的研究，《怀化师专学报》1991年第6

期，第1—5页。

3. 崔明德：关于王昭君的几个问题，《烟台大学学报（哲学社会科学版）》1991年第1期，第21—28页。

4. 侯广峰：独具历史个性的昭君文化现象，《内蒙古社会科学（文史哲版）》1991年第2期，第60—65页。

5. 瞿钧：王昭君和《汉宫秋》（下），《苏州教育学院学报》1991年第2期，第10—15页。

6. 阙真：元代四大悲剧的审美特征及其价值，《广西师范大学学报（哲学社会科学版）》1991年第4期，第72—78页。

7. 徐朔方：马致远的杂剧，《浙江学刊》1991年第3期，第8页。

8. 赵晶：琵琶文曲《塞上曲》的传说与演奏，《中国音乐》1991年第3期，第40—41页。

9. 田谷：姜白石《暗香》、《疏影》之我见，《齐齐哈尔社会科学》1991年第6期，第24—27页。

10. 储先亮："阏氏"考辨，《中学语文》1991年第12期，第22—23页。

11. 孙子威：文艺与反映辨识，《理论与创作》1991年第6期，第21—29页。

12. 史礼心：赋诗言志 出语倔强——金海陵王完颜亮诗词创作，《民族文学研究》1991年第1期，第51—54+26页。

13. 胥洪泉：《敦煌变文集》校记四十五则，《敦煌学辑刊》1991年第2期，第26—31页。

14. 黄中俊：曹禺与北京人艺，《戏剧艺术》1991年第2期，第105—112页。

15. 刘瑞明：项楚《王梵志诗校注》商兑和补遗，《敦煌学辑刊》1991年第1期，第1—16页。

16. 沈荣森：敦煌变文迭字初探，《敦煌研究》1991年第1期，第87—90页。

17. 黎里：尚廉拾零，《学习与研究》1991年第1期，第61页。

18. 汤斌：文学史的复旧与创新，《文学遗产》1991年第1期，第83—87页。

19. 司瑞昌：中国妇女解放的战歌——郭沫若历史剧创作漫评，《承德师专学报（社会科学版）》1991年第1期，第42—47+71页。

20. 欧阳健：杜纲和他的小说，《苏州大学学报》1991年第2期，第68—71页。

1992年

1. 谢云：关于“汉恩自浅胡自深”，《瞭望周刊》1992年第8期，第36页。

2. 谢云：白居易的三首咏昭君诗，《瞭望周刊》1992年第5期，第34页。

3. 谢云：和亲是非说纷纭，《瞭望周刊》1992年第15期，第35页。

4. 杨希武：一曲阳关万古情——马致远《汉宫秋》汉元帝形象分析，《十堰大学学报》1992年第1期，第30—32页。

5. 韦岸：青冢琐议，《内蒙古大学学报（哲学社会科学版）》1992年第2期，第39页。

6. 杨逢泰：略论昭君题材作品主题的嬗变，《开封教育学院学报》1992年第2期，第13—20页。

7. 韩日新：谱写闪耀着时代色彩的宫廷女性赞歌——史剧《武则天》《文成公主》《王昭君》比较，《烟台师范学院学报（哲学社会科学版）》1992年第3期，第29—37页。

8. 陈炫章：《西厢记·长亭送别》与《汉宫秋·灞桥饯别》比较分析，《龙岩师专学报》1992年第2期，第79—82+116页。

9. 寇天：想起王昭君，《群言》1992年第11期，第48+41页。

10. 韦明铧：扬州八怪与戏剧曲艺关系考论，《扬州师院学报（社会科学版）》1992年第3期，第172—175+180页。

11. 刘毅：元代瓷器彩饰塑形杂剧图像的情由，《景德镇陶瓷》1992年第4期，第24—30页。

12. 赵逵夫：《敦煌变文集》第一卷六篇补校，《兰州大学学报（社会科学版）》1992年第2期，第127—133页。

13. 翁敏华：中国古代文学艺术在日本能乐中的反映，《文学遗产》1992年第3期，第94—102页。

14. 尹康庄：关于历史真实及其他，《广州大学学报（综合版）》1992年第1期，第91—96页。

15. 赵世骞：“库姆孜”的传说，《音乐世界》1992年第11期，第33页。

16. 张美兰：敦煌变文词语拾零，《南京师大学报（社会科学版）》1992年第2期，第100—101页。

17. 李幼苏：论敦煌艺术的创化——兼论传统文化与艺术创新，《社科纵横》

1992年第2期，第8—11页。

18. 跃进：倪豪士论《西京杂记》作者为萧贲，《文学遗产》1992年第2期，第105页。

19. 翼谋：白石《暗香》《疏影》新解，《文学遗产》1992年第3期，第112—113页。

20. 王尔龄：郭沫若的"古事剧"——为纪念郭沫若诞辰一百周年而作，《西北师大学报（社会科学版）》1992年第5期，第3—8页。

21. 雪松：昭君出塞故事的演变，《绥远文献》1992年第16卷，第89—95页。

1993年

1. 马冀：王昭君魅力长存的奥秘，《内蒙古大学学报（哲学社会科学版）》1993年第1期，第57—66页。

2. 周博：历史·现实·艺术的三重选择——从马致远对历史题材的改动看杂剧《汉宫秋》的主题思想，《丽水师专学报》1993年第1期，第20—23+76页。

3. 向晨：《汉宫秋》的毛延寿形象映示了元代君昏吏奸情状，《渤海学刊》1993年第1期，第41—42页。

4. 顾绍炯：论历史剧《汉宫秋》的深层审美意蕴，《贵州文史丛刊》1993年第2期，第45—50页。

5. 千秋佳话昭君墓，《内蒙古宣传》1993年第11期，第34页。

6. 李健正：古代丝绸之路与中国琵琶（上），《交响·西安音乐学院学报》1993年第3期，第6—8页。

7. 岳纯之：评《汉唐和亲史稿》，《社会科学辑刊》1993年第4期，第152—153页。

8. 朱杰人：宋代的昭君诗，《上海师范大学学报（哲学社会科学版）》1993年第4期，第66—72页。

9. 邓新华：三峡风物传说与巴楚文化精神，《湖北民族学院学报（社会科学版）》1993年第4期，第52—55页。

10. 吕育忠：谈秦中英与他的剧作，《戏曲艺术》1993年第3期，第51—54页。

11. 邵吉民：一部具有中国西部音乐特色的室内乐作品——组曲《西魂九吟》评介，《人民音乐》1993年第7期，第10—11页。

12. 韦明铧：论扬八怪与戏剧曲艺之关系，《艺术百家》1993年第2期，第88—94页。

13. 陈威：兼容并茂——试谈广东音乐吸收音调容量及其融化手段，《黄钟·武汉音乐学院学报》1993年第3期，第53—60页。

14. 严敏求——画家杨芊，《当代电视》1993年第8期，第8—9页。

15. 夏晓虹：难识古人真面目，《瞭望周刊》1993年第36期，第34—35页。

16. 王季思：白石《暗香》、《疏影》词新说——兼谈如何评价婉约派的词风，《文学遗产》1993年第1期，第71—75页。

17. 刘伯皋：古代笔记择篇注析，《中医药文化》1993年第2期，第32—34页。

18. 傅希尧：马致远的杂剧与古小说，《渤海学刊》1993年第2期，第23—27页。

19. 佘大平：马致远杂剧的艺术特色，《江汉大学学报》1993年第4期，第77—81页。

20. 林忠军：焦延寿易学杂说，《山东大学学报》（哲学社会科学版）1993年第4期，第98—101页。

21. 懿民：小山乐府赏析举隅，《苏州教育学院学报》1993年第4期，第41—44页。

22. 梅洁：神农架三题，《人民文学》1993年第10期，第30—33页。

1994年

1. 郑祖襄：宋·元·明琵琶曲史料拾零，《中央音乐学院学报》1994年第2期，第83—85页。

2. 宋晓文：重视考证 创造美感——肖玉田谈《昭君出塞》邮票的设计，《上海集邮》1994年第4期，第10—11页。

3. 高越天：中国四大美人生死之谜，《健康生活》1994年第1期，第74—75页。

4. 海峤：《汉宫秋》悲剧艺术欣赏，《蒙自师范高等专科学校学报》1994年第1期，第30—35页。

5. 郁贤皓："和亲"杂谈，《古典文学知识》1994年第3期，第76—81页。

6. 张燕翎：团结 奋进 发展——就邮电部发行"昭君出塞"特种邮票访有关人士，《实践》1994年第8期，第25—27页。

7. 张德臣：戏剧舞台的王昭君，《华夏文化》1994年第4期，第44—45页。

8. 何云：阏氏考略，《史学月刊》1994年第5期，第86—87页。

9. 李希廉：昭君出塞的历史作用，《内蒙古社会科学（文史哲版）》1994年第6期，第98页。

10. 孙孟明：析骆宾王《王昭君》，《修辞学习》1994年第6期，第43页。

11. 兰拉成，李中合：《汉宫秋》悲剧主人公及意蕴新掘，《商洛师专学报》1994年第2期，第36—40页。

12. 一峰：中国戏曲美学意识探源——戏曲编剧艺术漫笔，《民族艺术》1994年第4期，第1—22页。

13. 陈建华：试论崔国辅的诗，《韶关大学学报（社会科学版）》1994年第3期，第7—15页。

14. 徐福绵：千古悲歌逐逝波，《中学语文教学参考》1994年第7期，第17—18页。

15. 李广彦：鸽子树——昭君故里的美丽传说，《风景名胜》1994年第2期，第45页。

16. 朱绍新：中国古代农业名人录（连载），《农业经济》1994年第12期，第47—49页。

17. 杨向奎：历史考据学的三重证，《中国社会科学院研究生院学报》1994年第5期，第77—78页。

18. 蔡政星："意态由来画不成"——关于中国古典小说改编影视剧的思考，《明清小说研究》1994年第2期，第205—208页。

19. 倪宗武：从庄济生到狗儿爷、李金斗——新时期话剧人物谈，《福建师范大学学报（哲学社会科学版）》1994年第2期，第75—78页。

20. 郝明工：漫论曹禺的"主题学"，《江汉论坛》1994年第2期，第48—52页。

21. 李万钧：郭沫若曹禺戏剧的外来影响及民族化的比较，《福建学刊》1994年第1期，第49—56页。

22. 陈海涛：敦煌变文新论，《敦煌研究》1994年第1期，第64—70页。

23. 谢求成：弱水风情，《科学大众》1994年第6期，第36—37页。

24. 司马荒原：毁灭与再生，《戏剧文学》1994年第2期，第67—69页。

25. 郝明工：试论曹禺剧作主题的伦理消解与重构，《牡丹江师范学院学报（哲学社会科学版）》1994年第4期，第29—39页。

26. 王邦祥：郭沫若历史剧主要人物形象透视（上），《乌鲁木齐成人教育学院学报》1994年第1期，第14—17页。

27. 王维光：看《三峡寻梦》中的神韵，《中国电视》1994年第4期，第32页。

28. 王雅琴："要孩儿"的传说，《沧桑》1994年第3期，第41页。

29. 靳明全：郭沫若戏剧与日本歌舞伎，《甘肃社会科学》1994年第4期，第86—90页。

30. 赵遐秋：郭沫若的悲剧观与西方悲剧理想之比较，《中国人民大学学报》1994年第6期，第76—80页。

31. 刘燕虹：王安石以人名为题的咏人诗初探，《中国文化研究所学报》1994年第3期，第35—59页。

32. 魏光霞：试观男性文化典律下昭君形象的扭曲，《国文天地》1994年第10卷第1期，第14—26页。

33. 林惠萍：李白诗中的月亮意象——以静夜思、王昭君、把酒问月为主，《传习》1994年第12卷，第121—129页。

1995年

1. 井海斟：塞外昭君 光炳千秋，《内蒙古财会》1995年第7期，第46页。

2. 俞中传：汉代昭君不应弹奏唐代琵琶，《上海集邮》1995年第2期，第27页。

3. 孙玉溱：异族通婚·和亲·王昭君，《实践》1995年第1期，第40—41页。

4. 吴郁芳：昭君家族与汉胡外交，《江汉论坛》1995年第1期，第66—67+74页。

5. 阳洋：昭君故里，《决策与信息》1995年第3期，第35—36页。

6. 马启俊：浅谈民间传说与古代文人作品中的昭君形象，《中央民族大学学报（哲学社会科学版）》1995年第2期，第91—94页。

7. 杨逢泰：略论昭君题材作品主题的嬗变，《河南师范大学学报（哲学社会科学版）》1995年第2期，第69—74页。

8. 崔明德：近四十余年来海峡两岸和亲研究述评，《中国史研究动态》1995年第3期，第13—19页。

9. 王运熙：杜甫《咏怀古迹》诗的题义和写作时间，《杜甫研究学刊》1995

年第1期，第24—26页。

10. 李希光：阿尔泰山发现2000年前的冰美人疑是王昭君的真身，《经济世界》1995年第4期，第44—46页。

11. 李希光：阿尔泰山冰美人：两千年前的王昭君，《科技潮》1995年第4期，第18—21页。

12. 朱新民：昭君故里何处寻，《中学历史教学参考》1995年第4期，第24页。

13. 白文明：王昭君纪念馆木雕格扇门，《美术大观》1995年第7期，第51页。

14. 舒顺林：匈奴婚姻习俗论，《阴山学刊》1995年第3期，第113—117页。

15. 李怡：遗憾·遗恨·遗训·遗韵——《汉宫秋》曲词赏析，《语文学刊》1995年第5期，第4—10页。

16. 刘颖：日本国家级重要文化珍品——《王昭君》图，《内蒙古文物考古》1995年Z1期，第115—116页。

17. 张慧君：青冢碑碣释，《内蒙古文物考古》1995年Z1期，第81—87页。

18. 李景新：评胡适早期的两篇传记作品，《湖北民族学院学报（社会科学版）》1995年第4期，第17—20页。

19. 崔明德，林恩显：论中国古代和亲的类型、特点及其它，《民族研究》1995年第5期，第44—52页。

20. 赵凌宇：从王昭君悲剧形象看《汉宫秋》的主题思想，《河南电大》1995年第4期，第17—18页。

21. 谭霈生：中国当代历史剧与史剧观（中），《戏剧·中央戏剧学院学报》1995年第1期。

22. 舒羽：出塞吟，《上海戏剧》1995年第5期，第42—44页。

23. 管明林：中国菜肴名称中的古典佳人，《商业文化》1995年第5期，第51页。

24. 谭坤：试论元人四大悲剧的审美意蕴，《六安师专学报》1995年第3期，第32—36页。

25. 吴承学：程羽文“乱点鸳鸯谱”——介绍晚明小品《鸳鸯牒》，《古典文学知识》1995年第5期，第37—44页。

26. 江源：“通变论”与古代杂文，《宜宾师专学报》1995年第3期，第76—80页。

27. 张永瑚，汪凡：实施新教材要用新教法——简评《两汉与匈奴的关系》

课堂教学，《历史教学问题》1995年第1期，第62页。

28. 陈述：人间仙境何处有 西陵峡口桃花村，《风景名胜》1995年第9期，第34页。

29. 寄明：评《敦煌文书校读研究》，《湖南师范大学社会科学学报》1995年第6期，第125—126页。

30. 曹振路：试谈白居易诗歌中的女性观，《中文自学指导》1995年第2期，第44—45页。

31. 成山：论曹禺创作高峰的形成与发展，《吉首大学学报（社会科学版）》1995年第1期，第41—48页。

32. 梁宇红：《两汉与匈奴的关系》教学实录，《历史教学问题》1995年第1期，第59—61页。

33. 司瑞昌：继承与创新的光辉典范——郭沫若历史剧创作漫评之二，《承德民族师专学报》1995年第1期，第49—55页。

34. 黎少华：火热的诗心，澎湃的挚情——郭沫若历史剧的浪漫主义特色，《桂林市教育学院学报（综合版）》1995年第1期，第54—58页。

35. 韩日新：新时期曹禺研究纵横谈，《艺术百家》1995年第2期，第38—50+85页。

36. 陶德华：羞花闭月何时有?，《农村经济与技术》1995年第6期，第44页。

37. 杨庆存：宋代散文体裁样式的开拓与创新，《中国社会科学》1995年第6期，第154—168页。

38. 朱光荣：论中国历史剧的创作，《贵州社会科学》1995年第6期，第69—73+108页。

39. 李扬：论作为一种文人生存模式的“曹禺现象”，《文艺理论研究》1995年第6期，第40—49页。

1996年

1. 唐勇：昭君故里琵琶桥，《中国公路》1996年11期，第48页。

2. 陈人麟：屈原何以伟，昭君何以美——香溪源头探游，《今日中国（中文版）》1996年第9期。

3. 冯伴柏：王昭君与宝坪村，《绿色大世界》1996年第1期，第9页。

4. 黄强：王昭君和亲史实辨误，《江苏教育学院学报（社会科学版）》1996

年第1期，第66+25页。

5. 孙润祥：简析唐代咏和亲诗的思想倾向，《镇江市高等专科学校学报》1996年第1期，第30—35页。

6. 时鉴，文川：中国古代和亲公主研究的状况及今后进一步研究的方向，《烟台师范学院学报（哲学社会科学版）》1996年第1期，第26—32+40页。

7. 戴鹏海：中国第一部大型歌剧《王昭君》考，《音乐研究》1996年第1期，第89—91页。

8. 王建根：青冢寺访，《中州统战》1996年第4期，第27页。

9. 王星琦：刘因《明妃曲》发微，《古典文学知识》1996年第3期，第33—38页。

10. 李义方："冰人"之谜，《时代风采》1996年第6期，第60—61页。

11. 赵建人：娉娉汉宫 萋萋塞外——听小提琴协奏曲《王昭君》，《视听技术》1996年第6期，第118—119页。

12. 王永祥：宋代贵州女画家宫素然及其《明妃出塞图》，《贵州文史天地》1996年第4期，第10—11页。

13. 小凌：于春燕，重新评点四大美女——舞剧《倾国倾城》访谈，《上海艺术家》1996年第4期，第9页。

14. 王翚：在历代吟咏中逐渐偶像化的王昭君形象，《中国典籍与文化》1996年第3期，第8—15页。

15. 舒顺林：匈奴婚姻习俗论，《北方文物》1996年第3期，第65—68页。

16. 金性尧：昭君出塞的真相，《书城》1996年第5期，第39—40页。

17. 赵志坚：试论呼韩邪单于与汉的"和亲"，《桂林市教育学院学报（综合版）》1996年第3期，第22—27+21页。

18. 司马庵："四大美女"的戏与史，《大舞台》1996年第6期，第34—35页。

19. 叶寅生：古代四大美人与珠宝首饰，《珠宝科技》1996年第3期，第10页。

20. 谢彬筹：春风无限任高翔——试说红线女的艺术和人生，《南国红豆》1996年第5期，第5—9页。

21. 莫汝城：红线女戏曲艺术管窥（上），《广东艺术》1996年第2期，第

3—6页。

22. 莫汝城：红线女戏曲艺术管窥（下），《广东艺术》1996年第3期，第9—14页。

23. 周若金，吴启兴：论郭沫若史剧的立点（上），《聊城师范学院学报（哲学社会科学版）》1996年第2期，第75—79页。

24. 周若金，吴启兴：论郭沫若史剧的思想立点（中），《聊城师范学院学报（哲学社会科学版）》1996年第4期，第105—109页。

25. 张宿东：发生在“鼠年”的新闻，《新闻知识》1996年第1期，第22页。

26. 孔朝蓬：从曹禺戏剧中的女性形象透视其戏剧风格的流变，《艺圃（吉林艺术学院学报）》1996年第2期，第28—32页。

27. 涂元济：谈元人四大悲剧的结构，《戏剧艺术》1996年第2期，第106—113页。

28. 王俊文：《暗香》《疏影》词曲分析，《南京艺术学院学报（音乐及表演版）》1996年第2期，第48—51页。

29. 张牧：昭君故里行，《学习月刊》1996年第6期，第47—48页。

30. 齐从容：库姆兹琴的传说，《乐器》1996年第3期，第30—32页。

31. 方家骏：历史文化底版上的白描——民族舞剧《倾国倾城》简说，《舞蹈》1996年第4期，第10页。

32. 黄蜀芹：黄梅戏《东方美人》制作点评，《上海戏剧》1996年第4期，第12页。

33. 邓小军：辛弃疾《贺新郎·别茂嘉弟》词的古典与今典，《中国文化》1996年第2期，第91—100页。

34. 刘志清：《苏武传》里的“和亲”——王昭君其人与其事，《国文天地》1996年第12卷第3期，第51—53页。

35. 刘涤凡：唐代咏昭君诗的研究——兼论唐宋诗气象，《大陆杂志》1996年第92卷第3期，第30—37页。

1997年

1. 张根芳：昭君琴泣桃花鱼，《科技潮》1997年第1期，第29页。

2. 沈丽珏：从《梁祝》到《王昭君》——记旅美小提琴演奏家胡培艺，《福建艺术》1997年第3期，第41—42+48页。

3. 刘增元：青冢，《当代矿工》1997年第1期，第56—57页。

4. 袁振奇：走近巨人——曹禺大师和扬剧《王昭君》，《艺术百家》1997年第1期，第81—83页。

5. 张凤芳：历史题材的使用与再创造——谈马致远和他的《汉宫秋》，《辽宁教育学院学报》1997年第2期，第97—98页。

6. 邹平：昭君幽怨——读马致远《汉宫秋》，《上海戏剧》1997年第2期，第38—39页。

7. 杨光武：历史文化名人——王昭君籍贯辨误，《高等函授学报（哲学社会科学版）》1997年第2期，第4页。

8. 陈夏法：冰中睡美人疑是王昭君，《科学世界》1997年第4期，第33—35页。

9. 沈丽珏：从《梁祝》到《王昭君》——记旅美小提琴演奏家胡培艺，《上海艺术家》1997年第2期，第61—63页。

10. 芮传明：古代“和亲”利弊论，《史林》1997年第2期，第5—17页。

11. 高兵：西汉和亲公主封号蠡测，《烟台师范学院学报（哲学社会科学版）》1997年第2期，第15—16+44页。

12. 袁振奇：王昭君的新视角，《中国戏剧》1997年第7期，第31—32页。

13. 谌必民：马致远《汉宫秋》反元蒙析疑，《益阳师专学报》1997年第4期，第106—108页。

14. 商恺：大黑河畔昭君墓，《新闻与写作》1997年第8期，第13—14页。

15. 曹起泽，谭湘华：昭君村，《湖北文史资料》1997年第3期，第228—233页。

16. 范军：历史小说《王昭君》散论——兼谈古今王昭君题材，《湖北民族学院学报（社会科学版）》1997年第4期，第37—40页。

17. 王仲丙：王昭君与琵琶，《乐器》1997年第4期，第37页。

18. 冯异：王昭君考辨，《重庆教育学院学报》1997年第4期，第73—74页。

19. 王伟康：论《剧说》，《扬州大学学报（人文社会科学版）》1997年第6期，第46—50页。

20. 张福勋：说诗三题，《文科教学》1997年第1期，第1—4页。

21. 洪水：历代昭君，《中华散文》1997年第1期，第59—60页。

22. 沙封：孤独千年，《福建文学》1997年第1期，第34—39页。

23. 匡文立：男人之见，《天涯》1997年第2期，第117—120页。

24. 张浩逊：谈谈唐诗的分类研究，《吴中学刊》1997年第4期，第15—19页。

25. 老诚：千古美人的秘密武器，《东方养生》1997年第3期，第58—60页。

26. 汪成基，彭本惠：昭君情，《剧本》1997年第3期，第49—66页。

27. 范增如：关于元杂剧盛与衰的再思考，《贵州师范大学学报（社会科学版）》1997年第3期，第79—81页。

28. 陈生玺：汉代的匈汉关系与昭君“和亲”，《历史月刊》1997年第108卷，第60—66页。

29. 薛良元：谈敦煌变文中的孟姜女和王昭君，《人文及社会学科教学通讯》1997第7卷第6期，第160—169页。

30. 许淑华：从《汉宫秋》内容探讨其时代意识，《兴大中文研究生论文集》1997年第2卷第43—57页。

1998年

1. 金五德，李爱华：当时失意虽可恨，犹得千古诗人夸——论诗化了的王昭君形象，《长沙电力学院学报（社会科学版）》1998年第1期，第94—99页。

2. 王颖红：寂寞昭君墓，《春秋》1998年第3期，第62页。

3. 老九：《明妃出塞图》与戏曲《昭君出塞》，《戏剧之家》1998年第3期，第37—38页。

4. 莫砺锋：怅望千秋一洒泪——浅谈唐宋诗中的贾谊和王昭君，《古典文学知识》1998年第5期，第41—46页。

5. 蔡美云：关于马致远及其《汉宫秋》的新思考，《戏剧》1998年第4期，第95—99页。

6. 杨汉立：关于“才”的随想——夜读杂感三则，《人事与人才》1998年第9期，第22—23页。

7. 万以诚：生长明妃尚有村，《长江文艺》1998年第8期，第57页。

8. 马永山：试论蒙古游记的史料价值，《内蒙古民族大学学报（社会科学版）》1998年第3期，第36—38页。

9. 傅新营：敦煌讲唱文学中的战争题材作品，《文史杂志》1998年第6期，第32—34页。

10. 魏达纯：“所以”在六本古籍中的演变考察，《古汉语研究》1998年第2期，第30—35页。

11. 书田：走近贺兰山（外一章）——朦胧的西夏王朝，《牡丹》1998年第2期，第50—54页。

12. 中钵雅量：敦煌变文的说唱者和听众，《唐代文学研究》1998年，第182—185页。

13. 温新阶：昭君村走笔，《中国三峡建设》1998年第3期，第38—39页。

14. 黄心武：灵光照古 冷对热门——评丘丹青的剧作，《广东艺术》1998年第3期，第40—42页。

15. 张伟然：唐宋时期峡江女性的形象及日常生活，《中国文化研究》1998年第2期，第95—102页。

16. 涂公卿：丹青剧作简评，《广东艺术》1998年第3期，第43页。

17. 杨钰侠：中国古代妇女“问政”举要，《安徽教育学院学报（哲学社会科学版）》1998年第2期，第3—5页。

18. 戴鹏海：中国第一部大型歌剧《王昭君》——纪念张曙诞辰90周年、逝世60周年，《音乐爱好者》1998年第4期，第8—10页。

19. 姚扶有：显瑜掩瑕魅力无穷，《现代交际》1998年第10期，第60—61页。

20. 陈文豪：王昭君与冯夫人——谈西汉对外关系史上的两位女性，《空大学讯》1998年第216卷，第44—48页。

1999年

1. 张高评：唐宋昭君诗的文献学意义——以昭君和亲的反思为例，《新国学》1999年第1期，第154—173页。

2. 漆侠：王安石的《明妃曲》，《中国文化研究》1999年第1期，第67—73页。

3. 潘剑：民族睦　社稷固（一），《中国民族》1999年第3期，第63页。

4. 胡远鹏：“昭君出塞”引发的诗情，《管理教育学刊》1999年第1期，第49—52页。

5. 李雪芳：罗聘与“昭君出塞图”，《文博》1999年第2期，第84+59页。

6. 黎柳：西汉・开放与和睦篇，《中华魂》1999年第4期，第38—39页。

7. 刘佑华：张茂霖与昭君文化，《民族团结》1999年第7期，第20—21页。

8. 翁怀玉：“和番”“宁胡”王昭君，《戏剧之家》1999年第4期，第43—45页。

9. 冯喜梅：从《汉宫秋》看马致远的创作心态，《大同高等专科学校学报》1999年第3期，第58—60页。

10. 林方直，高建新：独留青冢向黄昏，《古典文学知识》1999年第5期，第90—95页。

11. 何刘新：明妃思乡泪 诗圣忧国情——杜诗《咏怀古迹·明妃村》再解析，《杜甫研究学刊》1999年第3期，第24—26页。

12. 金陌：昭君琵琶又弹新音——析汉剧《王昭君》的艺术得失，《戏剧之家》1999年第5期，第33—34页。

13. 孙焕英：光荣的悲哀，《民主与科学》1999年第5期，第46—47页。

14. 陈建华：继承 拓展 创新——评唐代的咏王昭君诗，《齐齐哈尔大学学报（哲学社会科学版）》1999年第6期，第30—33页。

15. 马建明：走进鄂尔多斯，《草原税务》1999年12期，第32—34页。

16. 谢柏梁，尹永华：清风骏骨马致远——本世纪的马致远研究，《艺术百家》1999年第3期，第67—70页。

17. 杨天林：北望长城，《朔方》1999年11期，第40—44页。

18. 潘建国：佛教俗讲、转变伎艺与宋元说话，《上海师范大学学报（哲学社会科学版）》1999年第4期，第79—86页。

19. 刘瑞明：为《敦煌文献语言词典》进一言，《辞书研究》1999年第2期，第99—105页。

20. 任爱君：对敦煌遗书“楼上”一词的释义——兼谈敦煌文化在研究游牧民族的文化传承中的贡献，《敦煌研究》1999年第1期，第90—95页。

21. 丁纪庚：地那遥远的地方——内蒙古风情（一），《江苏政协》1999年第1期，第26—28页。

22. 陈鉴昌：论郭沫若早期史剧的人权主题，《成都师专学报》1999年第1期，第71—76页。

23. 陈鉴昌：郭沫若诗剧和早期话剧的艺术成就，《郭沫若学刊》1999年第2期，第65—70页。

24. 章起：平庸议论话名篇——谈杜诗《咏怀古迹》五首，《安庆师范学院学报（社会科学版）》1999年第1期，第3—5页。

25. 袁良骏：曹禺晚年并非江淹才尽，《学问》1999年第3期，第28—29页。

26. 王昌伟：姜白石《疏影》词意臆说，《中国韵文学刊》1999年第2期，第43—48页。

27. 谭志湘：昭君出塞，《大舞台》1999年第5期，第48—51页。

28. 童光侠：元代景德镇青花人物故事画的情感寄托，《景德镇陶瓷》1999年第4期，第44—50页。

29. 郑怀兴：王昭君，《剧本》1999年11期，第55—70页。

30. 余富兆：越南古代女性文学，《东南亚纵横》1999年第2期，第18—24页。

31. 潘智彪：中介的探索——评陆一帆教授遗著《文艺学新论》，《中山大学学报（社会科学版）》1999年第4期，第123—125页。

32. 骆玉明：乱点鸳鸯谱，《书屋》1999年第6期，第78—79页。

33. 长岐：历史题材与当代意识，《内蒙古艺术》1999年第2期，第53—55页。

34. 蔡明隆：王昭君故事的演变，《东之皇华》1999年第1卷，第164—177页。

2000—2009年

2000年

1. 童翊汉：琴笳和鸣——评姜朝皋、张秀元的新编历史剧《胡风汉月》，《创作评谭》2000年第5期，第20—21页。

2. 邹文良：汉匈和亲与昭君出塞，《上海集邮》2000年第3期，第14页。

3. 陈先祥：马上琵琶又一曲——汉剧《王昭君》观后，《中国戏剧》2000年第2期，第45页。

4. 林永仁：文化昭君，《中国三峡建设》2000年第2期，第32—33页。

5. 杨开达：历代昭君题材诗词主题思想谫论，《云南师范大学学报（哲学社会科学版）》2000年第2期，第43—47页。

6. 佳钰：万古春山颦不尽——观新编历史剧《王昭君》，《戏剧之家》2000年第3期，第36—37页。

7. 兰翠：评唐人咏王昭君的诗歌，《昌潍师专学报》2000年第3期，第22—25页。

8. 徐慧琴：魅力寻幽——评王安石的《明妃曲》，《太原师范专科学校学报》2000年第2期，第24—28页。

9. 刘瑞明：《王昭君变文》再校议，《敦煌学辑刊》2000年第1期，第29—34页。

10. 闵泽平：诗与史的对话——昭君形象的丰富与转换，《湖北三峡学院学报（人文社会科学版）》2000年第4期，第32—36页。

11. 张哲俊：母题与嬗变：从明妃故事到日本谣曲《王昭君》，《外国文学评论》2000年第3期，第90—100页。

12. 王大方：昭君墓访古，《文物世界》2000年第4期，第64—65页。

13. 吕海青：《汉宫秋》与历代昭君戏的比较，《青岛大学师范学院学报》2000年第3期，第10—13页。

14. 郝诚之：昭君文化是中华先进文化，《实践》2000年第10期，第47—48页。

15. 刘佑华："昭君文化"是这样"响"起来的——张茂霖弘扬昭君文化大事记，《民族团结》2000年第10期，第26—27页。

16. 东水：王昭君，《书屋》2000年第10期，第2页。

17. 杨新：昭君墓（二首），《紫禁城》2000年第4期，第44页。

18. 纳秀艳：《汉宫秋》悲剧结构艺术初探，《青海师范大学学报（哲学社会科学版）》2000年第4期，第85—89页。

19. 王长富：千载琵琶作胡语 分明怨恨曲中论——读王昭君《怨旷思惟歌》，《阅读与写作》2000年第11期，第2—3页。

20. 马雪芹：关于"四大美人"的历史思考，《徐州师范大学学报（哲学社会科学版）》2000年第4期，第77—80页。

21. 康启昌：风云雷电，天地之大文——论庞天舒军旅小说的审美超越，《满族研究》2000年第4期，第55—62页。

22. 杨明琪：论白居易的妇女诗（下），《商洛师范专科学校学报》2000年第3期，第42—46页。

23. 云岩涛：意境 哲理 语言——白朝蓉诗作浅析，《语文学刊》2000年第2期，第15—17页。

24. 张道葵：三峡文化论析，《湖北三峡学院学报（人文社会科学版）》2000年第4期，第22—27页。

25. 傅舟：三峡审美文化三题，《职大学报》2000年第1期，第15—18页。

26. 陈海燕：熔裁旧典，巧制新声——析李白诗对几个传统妇女题材的处理，

《安顺师专学报》2000年第1期，第18－21＋38页。

27. 丁淑梅：从《汉宫秋》的有我之境看元杂剧的意境创造，《榆林高等专科学校学报》2000年第1期，第13－17页。

28. 李明：香溪——一条古老富饶的河，《中国三峡建设》2000年第6期，第28页。

29. 李明，邹义伦：昭君故里，清溪流香，《今日湖北》2000年第7期，第12－13页。

30. 李小荣：关于唐代的俗讲与转变，《九江师专学报》2000年第4期，第61－67页。

31. 陈鉴昌：论郭沫若早期史剧的人权主题，《西南民族学院学报（哲学社会科学版）》2000年第9期，第70－74＋159页。

32. 郭丽萍：张可久两首怀古散曲探析，《泉州师范学院学报》2000年第5期，第60－61＋90页。

33. 刘富琳：明清时期中国戏曲在琉球传播的三则史料，《交响・西安音乐学院学报》2000年第4期，第17－18页。

34. 陈鉴昌：郭沫若易卜生的娜拉形象意义比较，《郭沫若学刊》2000年第4期，第41－46页。

35. 杨智慧：谈“生长明妃尚有村”的正常语序，《汉字汉语研究》2000年第11期，第34－35页。

36. 萧淑贞：杜甫《咏怀古迹五首》之怀古心理美学探究，《中国古典文学研究》2000年第4卷，第55－70页。

2001年

1. 王宏志：昭君“怨”吗?，《炎黄春秋》2001年第2期，第68－71页。

2. 闵泽平：主题意向与情感倾向——略论历代诗人对昭君的歌吟，《阜阳师范学院学报（社会科学版）》2001年第1期，第31－33页。

3. 老姜：四大美人未必美，《晋阳学刊》2001年第3期，第104－105页。

4. 王明辉：谁与王昭君“失之交臂”，《咬文嚼字》2001年第3期，第26页。

5. 谢美生：“四大美女”戏的史实、传说及其他，《文史知识》2001年第4期，第64－70页。

6. 邓新华：三峡风物传说与巴楚文化精神，《三峡文化研究丛刊》2001年，第133—144页。

7. 闵泽平：昭君诗歌的情感变迁，《三峡文化研究丛刊》2001年，第278—287页。

8. 石尚彬：借古讽今的一大杰作——评马致远的《汉宫秋》，《黔南民族师范学院学报》2001年第2期，第39—43页。

9. 殷殷：撩开昭君的面纱，《戏剧之家》2001年第3期，第56—58页。

10. 付建舟：现代意识的烛照 历史精神的洞悉——郭沫若与曹禺的同名历史剧《王昭君》剖析，《湖北成人教育学院学报》2001年第3期，第18—20页。

11. 周玲：《明妃曲》文化意蕴解读，《抚州师专学报》2001年第2期，第78—82页。

12. 郝诚之：昭君文化是中华先进文化，《内蒙古艺术》2001年第1期，第93—95页。

13. 孙孟明：青冢留芳 名垂千古——杂谈“咏昭君诗”，《语文知识》2001年第7期，第8—10页。

14. 李小彤：杜甫昭君诗在唐代诗坛的地位和影响，《杜甫研究学刊》2001年第2期，第27—34页。

15. 刘成国：历代昭君诗与王安石的《明妃曲》，《古典文学知识》2001年第4期，第38—43页。

16. 王家熙：写意戏剧观的经典范本——论尚派《出塞》、《惊疯》，《中国戏剧》2001年第3期，第33—35页。

17. 任冠之：《汉宫秋》王昭君悲剧形象特色谈，《阴山学刊》2001年第4期，第27—28页。

18. 吴河清：论唐宋诗人的昭君诗，《河南教育学院学报（哲学社会科学版）》2001年第3期，第10—13页。

19. 练福和：《王昭君》的再生，《中国民族》2001年第10期，第17页。

20. 张喜贵：庾信作品中的女性题材论略，《学术交流》2001年第6期，第131—134页。

21. 陈红，汪安全：荆楚历史人物爱国情怀述隅，《不老的长江——第二届长江沿岸城市群众文化发展论坛论文选》，第344—348页。

22. 王志武：元曲状元马致远，《古典文学知识》2001年第4期，第80—85页。

23. 魏耕原：杜诗语词考释商略，《兰州大学学报（社会科学版）》2001年第3期，第72—78页。

24. 千华：天涯芳踪，《致富之友》2001年第3期，第49页。

25. 蔡金华，黄德炎，吴佑忠：昭君故里，《人与自然》2001年第1期，第78—82页。

26. 庞进：凤凰传说的类型分析，《西安航空技术高等专科学校学报》2001年第2期，第5—10页。

27. 杨敏如：昭君自有千秋在（英文），《中国妇女》2001年第10期，第18—19页。

28. 陈鉴昌：郭沫若易卜生笔下的“娜拉”比较，《乐山师范学院学报》2001年第1期，第42—46页。

29. 王建平：试论郭沫若历史剧中的女性形象，《西安联合大学学报（社会科学版）》2001年第2期，第109—112页。

30. 张道葵：三峡文化论析，《三峡文化研究丛刊》2001年，第1—11页。

31. 杨海波：论元杂剧的悲剧精神，《甘肃高师学报》2001年第3期，第15—19页。

32. 陈鉴昌：郭沫若早期史剧的表现主义特色，《社会科学研究》2001年第4期，第146—149页。

33. 熊庆荣：四大美女与美味佳肴，《服务科技》2001年第4期，第44—45页。

34 李丽：三峡旅游与文化传统，《重庆大学学报（社会科学版）》2001年第4期，第46—48+54页。

35. 李明：昭君故里 清溪流香，《对外大传播》2001年第10期，第52—54页。

36. 李丕骥：昭君怨根雕鹰，《花木盆景（盆景赏石）》2001年第10期，第50页。

37. 王爱莲：文学作品在历史教学中的运用，《延安教育学院学报》2001年第4期，第49—51页。

38. 倪宗武：试论曹禺建国后的戏剧创作，《福建论坛（人文社会科学版）》2001年第6期，第19—24页。

39. 张良皋：文化传播的南北三古道，《重庆建筑大学学报（社科版）》2001年第4期，第15—20页。

40. 马以谨：石崇“王明君”诗探源，《逢甲人文社会学报》2001年第2卷，第187—206页。

41. 张菱舲：诗——弦键：纪念演奏作曲家——Liszt与王昭君——钢琴与琵琶，《幼狮文艺》2001年第568卷，第44页。

2002年

1. 孙书磊：本位与超越——从新版扬剧《王昭君》看戏曲现代化，《剧影月报》2002年第1期，第37—38页。

2. 丁朝君：女性文学纵横谈，《朔方》2002年第3期，第52—55页。

3. 杨忠勇：“沉鱼落雁”与“闭月羞花”，《语文知识》2002年第1期，第12—13页。

4. 韩欣：华喦及其两幅《昭君出塞图》考，《东南文化》2002年第1期，第84—86页。

5. 黄萍：试论《汉宫秋》中的三个人物形象，《武汉冶金管理干部学院学报》2002年第1期，第74—78页。

6. 张自中：沉鱼落雁与闭月羞花，《文史杂志》2002年第2期，第53页。

7. 杨有山：《汉宫秋》对“昭君和番”母题的突破和创新，《信阳师范学院学报（哲学社会科学版）》2002年第2期，第66—69页。

8. 吴河清：唐人昭君诗的历史内涵，《唐代文学研究》2002年，第101—106页。

9. 闵泽平：悲剧意识的确立与消解——略论昭君诗歌的情感变迁，《乐山师范学院学报》2002年第2期，第39—43页。

10. 邓新华：三峡景观传说的民间文艺特色，《三峡文化研究丛刊》2002年，第288—294页。

11. 杜华：民意的和平诉求与美人的悲情体验——评电视剧《王昭君》的艺术特色，《三峡文化研究丛刊》2002年，第305—311页。

12. 彭寿辉：一番相见一番新——有感于红线女演唱新版本《昭君出塞》，《南国红豆》2002年第3期，第21页。

13. 刘加洪：从“昭君出塞”探讨中华民族的凝聚力，《三门峡职业技术学院学报》2002年第2期，第24—26页。

14. 林永仁：文化昭君，《政策》2002年第8期，第56—57页。

15. 李中合：简论《汉宫秋》的悲剧主人公及其意蕴，《陕西教育学院学报》

2002年第3期，第36－38页。

16. 张积清：无愧于天，无悔于心，《语文月刊》2002年第9期，第27－28页。

17. 王能光：昭君的选择，《语文月刊》2002年第9期，第23页。

18. 闵泽平：视野融合与王昭君的形象生成，《理论月刊》2002年第10期，第126－127页。

19. 张有国：昭君冢上千年色，《内蒙古统战理论研究》2002年第5期，第42页。

20. 卢禾，李兴骏：王昭君与腰鼓，《民间传奇故事（A卷）》2002年第10期，第18－21页。

21. 杨光武：昭君文化略谈，《湖北广播电视大学学报》2002年第4期，第111－113页。

22. 王庆宪：细君不比昭君逊色，《内蒙古大学学报（人文社会科学版）》2002年第6期，第102－104页。

23. 章红艳：《塞上曲》源流，《音乐研究》2002年第4期，第67－72页。

24. 王庆宪：西汉遣往匈奴、乌孙的和亲使者，《云南师范大学学报（哲学社会科学版）》2002年第6期，第32－37页。

25. 唐眉江：宋代昭君诗中的风云气，《西南民族学院学报（哲学社会科学版）》2002年第S4期，第77－80＋347页。

26. 张林，张苹："桃花鱼"昭君泪，《烹调知识》2002年第9期，第48页。

27. 马丕环：话说翻案诗，《阅读与写作》2002年第7期，第34－35页。

28. 王爱松：弱势群体·女性文本·姐妹情谊——新时期古代女性历史题材小说综论，《贵州社会科学》2002年第1期，第62－66页。

29. 朱鸿：夹缝中的历史，《领导文萃》2002年第2期，第118－125页。

30. 宜昌市兴山县财政局：打昭君牌 兴旅游业，《中国财政》2002年第3期，第33页。

31. 韦春喜：南朝咏史诗试论，《石油大学学报（社会科学版）》2002年第2期，第84－90页。

32. 隋晓会：从《三个叛逆的女性》看郭沫若历史剧创作的特点，《渭南师范学院学报》2002年第3期，第54－55页。

33. 杨宝生："整体感知"绝不等于囫囵吞枣——从对杜甫《咏怀古迹》诗的误赏谈起，《中学语文教学》2002年第6期，第27－28页。

34. 鲜于煌：论杜甫的“军事意识”，《渝州大学学报（社会科学版）》2002年第3期，第72—77页。

35. 程善邦：文学风格浅论，《培训与研究（湖北教育学院学报）》2002年第4期，第1—8页。

36. 莽原骏：昭君文化节掀起草原文化新浪潮，《草原税务》2002年第8期，第35—36页。

37. 伊布华：昭君文化节为经济建设搭起大舞台，《草原税务》2002年第8期，第37页。

38. 唐捷：弘扬昭君文化 促进经济发展——呼和浩特市委常委、宣传部部长刘香芸畅谈昭君文化节，《内蒙古宣传》2002年第9期，第18页。

39. 郭德新：四大美人与八道美味，《华夏星火》2002年第10期，第55页。

40. 郑逸农：《杜甫律诗五首》，《语文教学通讯》2002年第16期，第33—35页。

41. 于炳文：元代青花瓷器中的人物故事，《收藏家》2002年第10期，第32—36页。

42. 黄献文：论郭沫若历史剧中的“英雄美人情结”，《戏剧（中央戏剧学院学报）》2002年第4期，第55—66页。

43. 黄应根：叙事的主观性，《宿州师专学报》2002年第4期，第22—23+36页。

44. 魏启扬，罗朝政：拯救桃花水母，《生态经济》2002年第11期，第83—84页。

45. 王美秀：论《乌孙公主歌》的文化意涵，《汉学论坛》2002年第6期，第1—12页。

46. 刘国平：昭君出塞论并序，《研究与动态》2002年第5卷，第43—44页。

47. 李怡芬：悲之双重奏——杜甫《咏怀古迹五首》中的身世之感，《中国语文》2002年第90卷第3期，第72—78页。

2003年

1. 高青：悲莫悲兮生别离——读李攀龙《和聂仪部明妃曲》，《语文月刊》2003年第6期，第10—11页。

2. 冯丽虹：古代“四大美女”个性模糊之因初探，《山西广播电视大学学报》

2003年第1期，第54—55页。

3. 王林玉：昭君自有千秋在，《中学语文》2003年第21期，第36—37页。

4. 郭志平：优美华丽的昭君出塞图——兼与《长亭送别》的对比赏析，《阅读与鉴赏（中旬）》2003年第3期，第24—26页。

5. 莜华：美女王嫱，《文史知识》2003年第1期，第52—60页。

6. 孙俊华：新颖的构思 精辟的议论——王安石《明妃曲》赏析，《阅读与鉴赏（中旬）》2003年第6期，第64—66页。

7. 杨笑寒：昭君文化的哲学内涵，《实践》2003年第1期，第45—46页。

8. 唐眉江：宋代昭君诗类型及其解读，《四川师范学院学报（哲学社会科学版）》2003年第1期，第8—12页。

9. 景建军：一部传统文人的人生悲剧——也谈马致远的《汉宫秋》，《咸阳师范学院学报》2003年第1期，第65—68页。

10. 马尚云：关于昭君文化与企业文化的思考，《北方经济》2003年第1期，第30—31页。

11. 刘加洪：从"昭君出塞"探讨中华民族的凝聚力，《广播电视大学学报（哲学社会科学版）》2003年第1期，第99—102页。

12. 刘思谦：走进历史隧洞的女性写作，《周口师范学院学报》2003年第1期，第17—21页。

13. 马冀：昭君文化析，《实践》2003年第4期，第43—45页。

14. 周博：虚构准则：历史剧创作无法回避的选择——《汉宫秋》历史真实与艺术真实的文本分析，《淮北煤炭师范学院学报（哲学社会科学版）》2003年第2期，第99—101页。

15. 胡小成：马致远《汉宫秋》主题辨析，《郑州大学学报（哲学社会科学版）》2003年第2期，第110—113页。

16. 彭红卫：孤雁意象：解读《汉宫秋》深层意蕴的符码，《三峡文化研究丛刊》2003年，第236—245页。

17. 汪海芳：王昭君的名与字，《三峡文化研究丛刊》2003年，第287—296页。

18. 王庆宪：匈汉争夺中活跃在西域的三位汉家公主，《云南师范大学学报（哲学社会科学版）》2003年第3期，第64—69页。

19. 王人恩：《红楼梦》与昭君故事，《红楼梦学刊》2003年第2期，第

308—320页。

20. 林永仁：昭君和亲的历史功绩，《三峡大学学报（人文社会科学版）》2003年第3期，第11—14+23页。

21. 雷德高：大汉红颜，《艺海》2003年第3期，第10—25页。

22. 张国栋：可怜青冢已芜没 尚有哀弦留至今——杜甫《咏怀古迹·其三》赏析，《中学语文》2003年第9期，第26页。

23. 杨笑寒：昭君文化的哲学内涵——“和”，《内蒙古艺术》2003年第1期，第61—62页。

24. 蒋玉斌：唐人咏昭君诗与士人心态，《西南民族大学学报（人文社科版）》2003年第8期，第192—197页。

25. 俞明：细君、解忧公主和亲述论，《江苏社会科学》2003年第5期，第141—146页。

26. 何思玉，马小宁：谈《蔡文姬》《王昭君》的现代生命，《郭沫若学刊》2003年第3期，第59—65页。

27. 石艳梅：论《汉宫秋》和《长生殿》的相似主题，《艺术百家》2003年第3期，第56—58+99页。

28. 冯阳：王昭君形象的审美意义，《延安大学学报（社会科学版）》2003年第5期，第89—93页。

29. 汤力伟，黄毅：论女性对中国古代文学的影响，《佛山科学技术学院学报（社会科学版）》2003年第4期，第9—13页。

30. 闵泽平：昭君故事的流传与演变，《中南民族大学学报（人文社会科学版）》2003年第5期，第125—129页。

31. 刘川鄂：大文豪·大美人·秭归，《长江文艺》2003年第11期，第48—49页。

32. 孟昭泰：昭君墓、昭君出塞及昭君文化，《春秋》2003年第6期，第52—53页。

33. 郭弘：至今词赋里 凄怆写遗风——唐宋昭君诗品读，《兰州铁道学院学报》2003年第5期，第18—21页。

34. 刘希云，傅晓燕：“叛逆性主题”的文学举要：从“五四”到40年代，《赤峰教育学院学报》2003年第6期，第29—31页。

35. 张茂霖："昭君文化"与区域发展的优势和特点，《内蒙古统战理论研究》2003年第6期，第34—35页。

36. 黄超云：王昭君和番杂谈，《漳州职业大学学报》2003年第4期，第61—64页。

37. 刘洪生：中国古代题壁诗的载体形式，《商丘师范学院学报》2003年第6期，第37—38页。

38. 简冰：神笔丹青绘高岚，《对外大传播》2003年第11期，第59—61页。

39. 江艳红：运用建构主义理论 培养学生创新能力——以"昭君出塞"的教学为例，《中学历史教学》2003年第8期，第8—9页。

40. 李敏昌：三峡文化资源与区域精神文明建设，《理论月刊》2003年第1期，第83—84页。

41. 韦春喜：试论南朝咏史诗，《四川师范学院学报（哲学社会科学版）》2003年第1期，第1—7页。

42. 张道葵：三峡人与三峡山水美，《三峡文化研究丛刊》2003年，第59—70页。

43. 胡绍华：三峡民间文学艺术特征论，《三峡文化研究丛刊》2003年，第171—189页。

44. 陶德宗：弘扬三峡传统文化精华 构建三峡当代人文精神——对三峡民间传说的深层透视，《重庆三峡学院学报》2003年第3期，第5—11页。

45. 靳明全：日本歌舞伎与郭沫若早期戏剧，《西南师范大学学报（人文社会科学版）》2003年第3期，第159—162页。

46. 陈娇华：性别视野中的历史书写——评90年代以来女性作家历史题材创作的特征，《文艺评论》2003年第3期，第26—31页。

47. 徐亚平：草原最动人的衣裳——记内蒙古游牧文化之旅，《新闻天地》2003年第5期，第56—58页。

48. 李紫薇：试析变文对白话小说的影响，《贵州民族学院学报（哲学社会科学版）》2003年第3期，第30—32页。

49. 陈平：试论顾毓琇先生《和淮海词及其他》，《江南大学学报（人文社会科学版）》2003年第3期，第66—68＋72页。

50. 汪树东：曹禺悲剧与喜剧精神立场之比较研究，《西南师范大学学报（人文社会科学版）》2003年第4期，第153－157页。

51. 章海军：西陲三题·出塞，《甘肃税务》2003年第8期，第63页。

52. 封其初："黄昏"一词该作何解，《语文月刊》2003年第11期，第40－41页。

53. 薛若琳：历史剧的意涵与构建，《文艺研究》2003年第6期，第81－91页。

54. 宁益乔，石兴译：郭沫若女性形象塑造及其女性意识的发展演变，《郭沫若学刊》2003年第4期，第44－52页。

55. 洪淑苓：交换女人——昭君故事的叙事、修辞与性别政治，《国文学报》2003年12月，第177－200页。

56. 李静怡：唐代咏王昭君诗之流变研究，《中正大学中国文学研究所研究生论文集刊》 2003年第5期，第37－58页。

57. 斋藤正志：贞女再嫁の引用创造——大和初段における虚构方法，《台大日本语文研究》2003年第5卷，第191－214页。

58. 吉川幸次郎，郑清茂：《汉宫秋》杂剧的文学性，《台湾戏专学刊》2003年第7卷，第51－81页。

59. 陈丽娜：中国四大美人传说，《美和技术学院学报》2003年第22卷第2期，第89－99页。

2004年

1. 周锡山：王昭君的子女、外孙和侄子，《文史知识》2004年第3期，第95－99页。

2. 王晓渔：作为礼物的美女，《人民文学》2004年第6期，第79－82页。

3. 王安石，李娟：《明妃曲》其一，《阅读与鉴赏（上旬）》2004年第6期，第55－56页。

4. 周曙光：从王昭君和文成公主远嫁看汉唐和亲政策的变化，《河南师范大学学报（哲学社会科学版）》2004年第1期，第106－108页。

5. 王志刚：昭君题材诗文在日本的流播发展与《和汉朗咏集》，《内蒙古大学学报（哲学社会科学版）》2004年第1期，第67－72页。

6. 张平：昭君，《当代戏剧》2004年第1期，第48－62页。

7. 薛隽雯：唐代"和亲诗"初探，《中文自学指导》2004年第1期，第61－63页。

8. 闵泽平：王安石《明妃曲》辩正，《天中学刊》2004年第1期，第77—82页。

9. 韩晓露：经典的美丽：四大美女和吕燕，《观察与思考》2004年第Z1期，第40—41页。

10. 包小玲：《汉宫秋》与《梧桐雨》的异曲同工之“趣”，《平顶山师专学报》2004年第1期，第42—44页。

11. 赵集：“昭君文化”是世界和平团结永恒的主题歌，《内蒙古统战理论研究》2004年第1期，第46页。

12. 邢秀玲：美人王昭君，《海燕》2004年第2期，第50—51页。

13. 陶义美：谒昭君墓，《南方国土资源》2004年第3期，第47页。

14. 曹诗图，胡春梅，刘晗，孙世强：昭君文化旅游开发的现实意义与战略构想，《三峡大学学报（人文社会科学版）》2004年第2期，第20—24页。

15. 刘新文：《汉宫秋》悲剧意蕴新探，《烟台师范学院学报（哲学社会科学版）》2004年第1期，第80—84页。

16. 玉易：昭君文化：民族团结的永恒主题——张茂林倡导弘扬昭君文化纪实，《中国统一战线》2004年第4期，第34—35页。

17. 钟海波：从《王昭君变文》到《王昭君》话剧——论昭君母题叙事文学的发展，《陕西师范大学学报（哲学社会科学版）》2004年第3期，第34—37页。

18. 周巧群：借历史艺术地反映现实——谈马致远的《汉宫秋》，《思茅师范高等专科学校学报》2004年第2期，第61—62页。

19. 张怡平：王昭君与汉朝的和亲政策，《绥化师专学报》2004年第2期，第87—89页。

20. 彭红卫：孤雁意象与《汉宫秋》的审美情思，《理论月刊》2004年第7期，第131—133页。

21. 孙爱月：长歌当哭——浅谈《汉宫秋》的创作动机，《文教资料》2004年第20期，第54—56页。

22. 张人和：昭君出塞故事的演变，《文学前沿》2004年第1期，第275—281页。

23. 韩春平：从诗歌创作看唐代和亲，《太原师范学院学报（社会科学版）》2004年第3期，第59—62页。

24. 张茂霖：昭君文化民族团结的永恒主题，《实践》2004年第9期，第43—44页。

25. 王嘉信：昭君和亲铜像，《上海集邮》2004年第10期，第13页。

26. 葛亮：谁说王昭君嫁匈奴单于是“和亲”?，《河北学刊》2004年第5期，第99—104页。

27. 王人恩：论元代诗人的昭君诗，《云南师范大学学报（哲学社会科学版）》2004年第5期，第98—103页。

28. 徐侠：解读王昭君，《中学语文教学参考》2004年第Z2期，第86—87页。

29. 母华敏：一位绝代佳丽的文化命运遭际——谈三个王昭君的人物形象，《渝西学院学报（社会科学版）》2004年第3期，第61—63页。

30. 刘传霞：20世纪中国文学叙事中的王昭君，《湖北社会科学》2004年第10期，第55—56页。

31. 张茂霖，刘佑华：昭君文化的永恒主题——民族团结，《党建》2004年第12期，第38—39页。

32. 侯天佑：谒昭君墓，《初中生辅导》2004年第21期，第61—62页。

33. 贾才，刘佑华：让昭君文化唱响全国走向世界，《中国统一战线》2004年第12期，第41—43页。

34. 李坦：万里和亲第一人——简论刘细君的历史功绩，《扬州文学》2004年第S1期，第36—38页。

35. 燕玲：远嫁乌孙的汉家公主，《扬州文学》2004年第S1期，第44—48+43页。

36. 梅汝恺：细君·昭君·文成公主，《扬州文学》2004年第S1期，第49—50页。

37. 韦明铧：吾家嫁我兮天一方——江都公主刘细君，《扬州文学》2004年第S1期，第51—52页。

38. 潘艳：论马致远的创作心态与杂剧《汉宫秋》，《安康师专学报》2004年第6期，第52—55页。

39. 翦伯赞：从西汉的和亲政策说到昭君出塞，《新华文摘》2004年3期，第55页。

40. 崔荣荣：《红楼梦》服饰色彩仿生的文化解读，《装饰》2004年第1期，第61—62页。

41. 傅庚生说姜白石《疏影》前阕，《名作欣赏》2004年第2期，第1页。

42. 王庆芳：中国古典爱情戏曲两种创作范式比较研究，《江西社会科学》2004年第2期，第94—99页。

43. 廖丹：谢朝华于已披，启夕秀于未振，《宜宾学院学报》2004年第2期，第85—87页。

44. 熊泽文，谭晓雯：郭沫若历史剧女性形象文化透视二题，《郭沫若学刊》2004年第1期，第60—63页。

45. 王志明：古人的美女情结，《文史杂志》2004年第2期，第60—63页。

46. 刘相雨：论古代白话小说中的九天玄女形象，《齐鲁学刊》2004年第3期，第115—119页。

47. 汤太祥：《焦氏易林》作者考，《阜阳师范学院学报（社会科学版）》2004年第3期，第40—42页。

48. 肖旭芳：四大美女的美食传说，《东方食疗与保健》2004年第4期，第52页。

49. 韦春喜：汉魏六朝咏史诗探论，《中国韵文学刊》2004年第2期，第13—18+41页。

50. 喻意志：刘次庄《乐府集》、《乐府集序解》探源，《文献》2004年第3期，第138—150页。

51. 杜桂萍：才子情结与尤侗的杂剧创作，《学习与探索》2004年第4期，第103—107页。

52. 赵维江：宋辽夏鼎立格局下的北宋文学进程，《民族文学研究》2004年第3期，第36—41页。

53. 刘希云，傅晓燕：从叛逆到解放，《黑龙江教育学院学报》2004年第4期，第92—94页。

54. 曹云峰，高雪峰：灿烂的文化 深厚的底蕴——中国·内蒙古首届国际草原文化节暨呼和浩特第五届昭君文化节掠影，《实践（党的教育版）》2004年第9期，第40—41页。

55. 高·青格勒图，乌云："火不思"的来源及其历史，《乐器》2004年第8期，第67—69页。

56. 李怡安："省识"非"略识"，《中学语文》2004年第17期，第27页。

57. 李秀萍：抗争与牺牲的两极——曹禺笔下的女性人物，《石河子大学学报（哲学社会科学版）》2004年第3期，第56—58页。

58. 杨学武：文人不敌美人，《廉政瞭望》2004年第10期，第31页。

59. 史复明：众说纷纭话“省识”，《中学语文教学》2004年第10期，第36—37页。

60. 赵晓红：各还命脉各精神——元杂剧女性形象类型抽样分析，《潍坊学院学报》2004年第5期，第34—38页。

61. 刘传霞：论20世纪女作家的历史女性叙事，《辽东学院学报》2004年第5期，第23—25页。

62. 章红艳：琵琶曲《塞上曲》之源流（上），《乐器》2004年第10期，第98—100页。

63. 赵仁珪：启先生解诗——“诗人启功”之四，《世纪》2004年第6期，第54—55页。

64. 杨敏：明清传奇中的星辰意象及其文化阐释，《戏曲研究》2004年第3期，第168—183页。

65. 赵晓红：“各还命脉各精神”——元杂剧女性形象类型抽样分析，《乐山师范学院学报》2004年第11期，第13—17页。

66. 张振华：叛逆和道德伦理碰撞中的女性呐喊——浅析郭沫若历史剧中的女性形象，《西安建筑科技大学学报（社会科学版）》2004年第4期，第19—23页。

67. 王金城：论钟玲诗歌的情爱诉求，《诗探索》2004年第Z2期，第257—270页。

68. 史家斌：从《三个叛逆的女性》分析郭沫若历史剧创作理论的形成，《河北广播电视大学学报》2004年第4期，第26—27页。

69. 陈铃美：略论唐代与琵琶有关之诗作，《北京化工大学学报（社会科学版）》2004年第4期，第36—42页。

70. 文淑菁：抒情取向戏曲编演理念之运用与局限——以京剧《汉明妃》为例，《思辨集》2004年第7卷，第85—98页。

2005年

1. 李翠云，可伟：民族团结的象征——王昭君，《档案与社会》2005年第4期，第38—40页。

2. 王鲲，黄国芳：琵琶曲——《昭君出塞》（上），《琴童》2005年第6期，第12—14页。

3. 张学民，董晓鸿：昭君自有千秋在——古代咏昭君诗歌例说，《语文知识》2005年第2期，第5—6页。

4. 相金妮：历史命运的悲怨和无奈——浅析《汉宫秋》第三折的悲剧意境，《西安欧亚职业学院学报》2005年第1期，第77—80页。

5. 弘扬昭君文化 增强民族团结，《中国改革》2005年1期，第81页。

6. 厉晖：悲莫悲兮生别离——马致远《汉宫秋》二、三折赏析，《古典文学知识》2005年第1期，第27—30页。

7. 崔彩红：《梧桐雨》和《汉宫秋》的比较研究，《武汉大学学报（人文科学版）》2005年第1期，第70—74页。

8. 冰星：千秋昭君墓，《陕西审计》2005年第1期，第42页。

9. 贾丽英：论汉代和蕃女性，《鞍山师范学院学报》2005年第1期，第8—13页。

10. 邹言九：历史剧改编的文学开掘——谈张平的新编歌剧《昭君》，《湖南人文科技学院学报》2005年第1期，第47—49页。

11. 李文芳：祁剧《昭君出塞》与谢美仙，《中国戏剧》2005年第4期，第46—47页。

12. 于雯霞：我看《汉宫秋》——《汉宫秋》主题新论，《唐山师范学院学报》2005年第3期，第7—9+31页。

13. 何华龙：红颜命薄的王昭君，《中学生时代》2005年第5期，第19—20页。

14. 王国昌：古诗中的王昭君，《中学语文园地》2005年第5期，第43页。

15. 曹诗图，刘晗：打造和平女神文化品牌 让昭君文化走向世界，《三峡大学学报（人文社会科学版）》2005年第3期，第22—25+43页。

16. 易淑琼：阅读视野嬗变中的王安石《明妃曲》，《宁夏大学学报（人文社会科学版）》2005年第3期，第18—21页。

17. 王志谋：《王昭君》：和番的背后——兼谈曹禺的妇女观，《三峡文化研究》2005年，第93—101页。

18. 曾文贵，孙世强，曹诗图，刘自兵：论昭君和平女神形象塑造的理论与现实意义，《三峡文化研究》2005年，第157—168页。

19. 李卫红：民间传说中的昭君民族精神，《三峡文化研究》2005年，第

169—175页。

20. 冯傲雪：新时期唐代咏史诗研究综述，《咸阳师范学院学报》2005年第3期，第58—62页。

21. 赵延花，马冀：论焦延寿咏昭君诗的价值，《内蒙古大学学报（人文社会科学版）》2005年第4期，第37—40页。

22. 李小凤：昭君诗词曲中典型意象的文化意蕴，《烟台大学学报（哲学社会科学版）》2005年第3期，第327—331页。

23. 轩蕾：论昭君故事的三重叙述模式与审美体系，《临沂师范学院学报》2005年第4期，第59—63页。

24. 姚春梅：字字着色 语语生情——论《汉宫秋》的语言艺术，《喀什师范学院学报》2005年第4期，第78—81页。

25. 昭君出塞和亲走的是秦直道，《西部资源》2005年第4期，第43页。

26. 张茂林：昭君之梦，《中国档案》2005年第9期，第69页。

27. 弘扬昭君文化 增强民族团结，《中国档案》2005年第9期，第68页。

28. 傅满仓，荆江：《梧桐雨》与《汉宫秋》之比较，《中国古代小说戏剧研究丛刊》2005年，第253—260页。

29. 刘戈，郭平梁：汉匈"和亲"的本来面目是什么?，《河北学刊》2005年第5期，第121—128页。

30. 田有前：汉家女子胡儿妻——关于两汉时期汉胡通婚的实例考察，《社会科学战线》2005年第5期，第128—135页。

31. 郝诚之，贾跃琴，郝松伟：从昭君出塞看草原和谐文化，《前沿》2005年第9期，第11—13页。

32. 雨蔚：西子寻遗殿，昭君觅故村，《民族论坛》2005年第9期，第30—31页。

33. 李世忠：论唐代的昭君诗，《咸阳师范学院学报》2005年第5期，第78—80页。

34. 李新灿：君权·人权·女权——《伊利亚特》、《汉宫秋》别解，《华中师范大学学报（人文社会科学版）》2005年第5期，第101—105页。

35. 北辰：昭君怨和昭君出塞，《生活与健康》2005年第11期，第32页。

36. 司马红妹：闲话毛延寿，《吐鲁番》2005年第4期，第59页。

37. 贾学清：《汉宫秋》悲剧的舞台性品鉴，《戏剧文学》2005年第12期，第21—25页。

38. 宋佳样：四大美女戏剧母体浅议，《戏剧之家》2005年第6期，第39—41页。

39. 虞江芙：从《汉宫秋》看元杂剧结构的音乐性特征，《理论月刊》2005年第12期，第151—153页。

40. 章玳：论屈大均的妇女诗，《沙洋师范高等专科学校学报》2005年第6期，第51—54页。

41. 宋银华，刘红兰：独留青冢恨绵绵——杜甫《咏怀古迹（三）》导读，《中学语文园地》2005年第4期，第19—2页。

42. 吴大顺：《明君曲》考述，《贵州大学学报（艺术版）》2005年第4期，第12—17+55页。

43. 王国昌：试析王昭君悲剧形象产生的原因，《开封教育学院学报》2005年第4期，第20—21页。

44. 丁国祥：《汉宫秋》：从史卷到舞台解读王昭君，《厦门教育学院学报》2005年第4期，第6—8页。

45. 郭福兴：一座民族友好的历史丰碑——昭君墓谒游记，《山西老年》2005年第12期，第26页。

46. 李轼华：元杂剧的时代精神，《四川戏剧》2005年第4期，第19—21页。

47. 黄蔼北：脱胎换骨出佳作——浅谈中国古代诗词中的“创新写作”，《语文教学通讯》2005年第8期，第53—54页。

48. 龙新辉：魏晋南北朝文人乐府诗内容探析，《湖湘论坛》2005年第1期，第49—50页。

49. 刘华东：谈易卜生对郭沫若的影响，《新余高专学报》2005年第1期，第13—15页。

50. 李秀萍：抗争与牺牲的两极——曹禺笔下的女性人物，《绥化学院学报》2005年第1期，第76—78页。

51. 刘怀荣：西晋故事体歌诗与后代说唱文学之关系考论，《文史哲》2005年第2期，第58—65页。

52. 李铁秀：“文化语境”与“艺术命运”——论当代文学思潮中的“曹禺

现象”,《福建师范大学学报(哲学社会科学版)》2005年第2期,33—37页。

53. 刘艳萍:白居易咏史诗的个性特征,《广西社会科学》2005年第4期,第139—141页。

54. 刘传霞:论市场经济中的历史女性叙事,《船山学刊》2005年第2期,第165—168页。

55. 侯芳:试论《三个叛逆的女性》中的传统与反传统,《郭沫若学刊》2005年第2期,第60—64页。

56. 李新地:郭沫若历史剧女性观初探,《郭沫若学刊》2005年第3期,第59—67页。

57. 王亚菲:论当代传统剧目改编的艺术创新及美学特征,《江西社会科学》2005年第11期,第121—128页。

58. 林婷:论曹禺后期戏剧的艺术构造逻辑,《厦门理工学院学报》2005年第4期,第108—112页。

59. 齐慧源:古代剧作对《世说新语》素材的艺术再造,《艺术百家》2005年第6期,第28—31页。

60. 李跃忠:从“手伎”到影戏,《民族艺术》2005年第4期,第45—49+82页。

61. 毛荣贵,范武邱:模糊语言的审美特征,《外语教学》2005年第6期,第6—13页。

62. 石光生:王昭君故事于台湾戏剧文本书写之异变:以高甲戏《王昭君》与皮影戏《昭君和番》为例,《高应科大人文社会科学学报》2005年第2期,第1—20页。

63. 陈晓薇:金、元时期咏昭君诗研究,《云汉学刊》2005年第12期,第113—124页。

64. 陈嘉英:如何一段琵琶曲,青草离离咏不休——由历代王昭君诗文看文化底蕴,《景女学报》2005年第5期,第21—44页。

65. 衣若芬:“出塞”或“归汉”——王昭君与蔡文姬图像的重叠与交错,《妇研纵横》2005年第74期,第1—16页。

66. 赵淑琴:论琵琶与昭君形象之塑造,《丰商学报》2005年第10卷,第14—28页。

67. 叶珠红：远嫁难为情——谈昭君之怨，《大明学报》2005年第6卷，第97—110页。

2006年

1. 孙国文：昭君诗话，《教师博览》2006年第12期，第29页。

2. 青冢嵯峨忆昭君，《老年世界》2006年第24期，第31页。

3. 黄孝方：昭君故里古今情，《海内与海外》2006年第2期，第69—70页。

4. 郭玛丽：唐人昭君诗研究，《山西高等学校社会科学学报》2006年第1期，第117—119页。

5. 袁建华：昭君何怨，《考试（高考语文版）》2006年第2期，第23+20页。

6. 郝诚之：秦代直道的和平功能与昭君出塞的旅游价值，《阴山学刊》2006年第1期，第59—64页。

7. 许隽超：《明妃曲》"泪湿春风鬓脚垂"试解，《北方论丛》2006年第2期，第26—28页。

8. 胡小成：古代昭君题材的历史流变，《求是学刊》2006年第2期，第115—120页。

9. 李真瑜，房春草：《汉宫秋》：在历史叙事上的创造与延伸，《河南教育学院学报（哲学社会科学版）》2006年第2期，第91—95页。

10. 伏来旺：以昭君文化为载体积极推进统一战线凝聚力工程，《内蒙古统战理论研究》2006年第5期，第4—8页。

11. 若筠：吊昭君墓，《青海湖文学月刊》2006年第3期，第73—75页。

12. 赵菡莕，David：十八岁"王昭君"脱颖而出，《文化交流》2006年第2期，第58—60页。

13. 唐明元：《中国通史》正误二则，《四川理工学院学报（社会科学版）》2006年第2期，第51—52页。

14. 昭君文化：以民族团结为主题，《紫光阁》2006年第5期，第63页。

15. 伏来旺：以昭君文化为载体积极推进统一战线凝聚力工程，《中国统一战线》2006年第5期，第10—13页。

16. 侯敏：昭君情结与中国幽怨型接受诗学，《三峡大学学报（人文社会科学版）》2006年第3期，第43—45页。

17. 刘同般：一位绝代佳丽的文化命运遭际——三个王昭君人物形象比较谈，

《四川戏剧》2006年第3期，第27—28页。

18. 郝诚之：从昭君文化看名人文化资源，《实践》2006年第6期，第42—43页。

19. 赵永华：时代精神的化身——论郭沫若历史剧中的女性形象，《时代文学（双月版）》2006年第3期，第36—37页。

20. 沈昌炜：昭君文化是草原文化的瑰宝，《内蒙古统战理论研究》2006年第3期，第38页。

21. 吴毓鸣：论王昭君命运改写的文化表述，《集美大学学报（哲学社会科学版）》2006年第2期，第93—97页。

22. 史春梅：《汉宫秋》与《长生殿》题材与主题的相似性，《徐州教育学院学报》2006年第2期，第58—60页。

23. 郭鹏：《汉宫秋》之“秋”，《集宁师专学报》2006年第2期，第12—15页。

24. 赵井泉：一首充溢着民族气质的抒情诗——评庞天舒长篇小说《王昭君·出塞曲》，《三峡文化研究》2006年，第159—165页。

25. 傅谨：昭君怨，文姬恨 老戏新说之五，《博览群书》2006年第7期，第25—30页。

26. 陈晓东：沉鱼落雁闭月羞花的来历，《中国工会财会》2006年第8期，第54页。

27. 钱占元：昭君自有千秋在，《思想工作》2006年第8期，第46—47页。

28. 王雅秋：昭君自有千秋在，《内蒙古统战理论研究》2006年第4期，第39页。

29. 冯庆凌：唐代昭君诗简说，《绥化学院学报》2006年第4期，第51—52页。

30. 杨国蓉：昭君出塞后的一个外交难题，《文史杂志》2006年第5期，第13—14页。

31. 聂心蓉：从“昭君怨”到“帝王悲”——《汉宫秋》对忠奸之争模式的借用与升华，《理论月刊》2006年第9期，第127—130页。

32. 房海燕，王博：“昭君出塞”之哲学美分析，《电影评介》2006年第18期，第48页。

33. 赵翠萍：《梧桐雨》与《汉宫秋》的悲剧意境营造，《台州学院学报》2006年第5期，第27—30页。

34. 木木：告诉你一个接近历史真实的王昭君，《报刊荟萃》2006年第11期，第59—61页。

35. 范成伦：名河流淌一串美丽的传说，《歌海》2006年第6期，第62—63页。

36. 杨艳华：浅析《梧桐雨》与《汉宫秋》的艺术相类性，《广播电视大学学报（哲学社会科学版）》2006年第4期，第24—27页。

37. 潘季英：《汉宫秋》与《长生殿》的历史巧合，《安徽文学（下半月）》2006年第11期，第65页。

38. 本刊记者：电视连续剧《昭君出塞》研讨会纪要，《中国电视》2006年第11期，第4—8页。

39. 孔润常：一座民族友好的历史丰碑——拜谒昭君墓，《民族大家庭》2006年第6期，第50—51页。

40. 赵延花，马冀：焦延寿咏昭君诗“守”、“是”二字辨析，《汉字文化》2006年第6期，第49—51页。

41. 陈德贵：历史与艺术中的王昭君，《中学政史地·高二》2006年第12期，第63—64页。

42. 张辉：《王昭君变文》创作时间考探，《东南大学学报（哲学社会科学版）》2006年第S2期，第161—162页。

43. 钱国莲，王延伟：女性主义视野中中国古代四大美女形象的再解读，《浙江工业大学学报（社会科学版）》2006年第2期，第126—131页。

44. 孙义梅：咏昭君作品思想主题的演变，《山西财经大学学报》2006年第S1期，第217—218页。

45. 翟帆：呼和浩特市住宅名称的文化透视，《内蒙古师范大学学报（哲学社会科学版）》2006年第S1期，第319—323页。

46. 李志刚：为了民族团结与社会和谐的永恒主题——记昭君文化第一倡导人张茂林，《中国人才》2006年第3期，第54—55页。

47. 郭启宏：可喜庞儿浅淡妆，《大舞台》2006年第1期，第50页。

48. 许绍棠：流丽的《昭君出塞》，《花木盆景（盆景赏石）》2006年第2期，第44页。

49. 黄锡梅：西出阳关（二），《审计与理财》2006年第2期，第62—63页。

50. 谢真元，聂心蓉：绝境中个人与世道的对立——马致远前期杂剧的深层结构，《重庆社会科学》2006年第4期，第65—68页。

51. 刘广辉：老舍、曹禺之悲喜剧，《四川戏剧》2006年第3期，第25—26页。

52. 朱兆山：观尚小云演出《汉明妃》，《中国京剧》2006年第6期，第44—45页。

53. 李瑛：阴山文化对当代包头的影响，《阴山学刊》2006年第3期，第60—64页。

54. 王伟，李冰，林荀丽：浅谈元青花人物故事的思想内涵，《陶瓷科学与艺术》2006年第3期，第41—44页。

55. 林婷："蛮性"退化与艺术的改道——论曹禺后期戏剧创作，《集美大学学报（哲学社会科学版）》2006年第2期，第103—108页。

56. 叶坪：昭君出塞，《戏文》2006年第3期，第113—114页。

57. 刘衍明：《咏怀古迹》疑难解析，《现代语文》2006年第3期，第93页。

58. 王伟，李冰林，荀丽：浅谈元青花人物故事的思想内涵，《陶瓷科学与艺术》2006年第3期，第41—44页。

59. 余霞：略论《西京杂记》的主要内容及其文学价值，《乐山师范学院学报》2006年第7期，第28—31页。

60. 邢华，陈会朋：文章合为时而著 歌诗合为事而作——以唐人咏昭君诗为例，《中学历史教学参考》2006年第7期，第30—31页。

61. 谢美生：与河北有关的几位明代杂剧作家，《大舞台》2006年第4期，第68—70页。

62. 49集电视连续剧 昭君出塞，《当代电视》2006年第9期，第101页。

63. 杨斌：三峡石刻的帝王情结，《三峡大学学报（人文社会科学版）》2006年第5期，第20—23页。

64. 刘扬忠：北宋的民族忧患意识及其文学呈现，《长江学术》2006年第4期，第53—63页。

65. 张爱波：论西晋自创新题乐府和自创曲辞，《时代文学（双月版）》2006年第5期，第127—128页。

66. 黄朝忠：严实口技救昭君，《故事世界》2006年第19期，第58—60页。

67. 张若兰：北宋转踏题材研究，《新国学》2006年，第228—243页。

68. 全·乌兰图亚：内蒙古二十怪，《内蒙古师范大学学报（哲学社会科学版）》2006年第S1期，第451+454页。

69. 洪梅：电视剧《昭君出塞》给我的启迪，《中国电视》2006年第12期，第60—61页。

70. 林佳仪：《缀白裘》之《昭君出塞》剧作渊源与流播，《台湾音乐研究》2006年第2期，第143—165页。

71. 高恩雅：《王昭君变文》故事传承研究，《古今艺文》2006年第32卷第4期，第20—29页。

2007年

1. 冯桢：王昭君，《五台山》2007年第6期，第81—82页。

2. 聂心蓉：独特叙述视角观照下的人生悲剧——《汉宫秋》悲剧艺术新探，《写作》2007年第1期，第26—28页。

3. 闵泽平：王昭君名与字考论，《学习与实践》2007年第1期，第157—161页。

4. 蒋方：汉魏六朝时期昭君故事的传播与接受，《湖北大学学报（哲学社会科学版）》2007年第1期，第82—86页。

5. 昭君墓，《国学》2007年第2期，第62页。

6. 高玲：戏剧史上昭君形象的演变及启示，《新余高专学报》2007年第1期，第56—58页。

7. 杨涌泉：对电视剧《昭君出塞》的几点置疑，《戏剧之家》2007年第1期，第100—104页。

8. 谢圣婷：浅论曹禺笔下的王昭君形象，《惠州学院学报》2007年第1期，第49—52页。

9. 张高评：《明妃曲》之同题竞作与宋诗之创意研发——以王昭君之“悲怨不幸与琵琶传恨”为例，《中国学术年刊》第29期（2007年3月），第85—113页。

10. 伏凌涛，马冀：昭君文化与建设和谐社会，《内蒙古统战理论研究》2007年第1期，第13—14页。

11. 张小丽：宋代士人心态的解读——以宋代昭君诗为例，《江淮论坛》2007年第1期，第133—136页。

12. 刘咏涛：也谈王安石《明妃曲》，《成都大学学报（社会科学版）》2007年第1期，第62—63+56页。

13. 汪光鑫：毛延寿为何敢欺君，《政工学刊》2007年第3期，第55页。

14. 金璐璐：试论元历史剧中的两汉戏，《戏剧文学》2007年第3期，第26—

28页。

15. 赵德坤：爱情与和平的交响——电视剧《昭君出塞》的另类文本解读，《电影文学》2007年第5期，第29—30页。

16. 曹洋：声乐作品《昭君出塞》表演艺术的再创造，《陕西广播电视大学学报》2007年第1期，第85—87页。

17. 张畅：游览昭君墓，《文史月刊》2007年第4期，第1页。

18. 李茂华：祁剧、《昭君出塞》与谢美仙——《祁剧名伶谢美仙》序，《艺海》2007年第2期，第41—42页。

19. 刘爱琳：异曲同工 同中见异——《梧桐雨》与《汉宫秋》之比较，《艺术百家》2007年第3期，第43—45页。

20. 古代美女换什么，《国学》2007年第3期，第53页。

21. 卢元昕：透过王昭君悲剧形象探析封建文人的三种情殇，《齐齐哈尔大学学报（哲学社会科学版）》2007年第3期，第88—90页。

22. 戴维，梁博强：悲情的超越与升华——历代昭君诗分析视角的转型——试论文人笔下的昭君形象，《今日湖北（理论版）》2007年第4期，第76—77页。

23. 王世昌，陈爱国：全国民族团结进步教育基地——昭君纪念馆，《民族大家庭》2007年第3期，第48+47页。

24. 张洁：无尽红尘烟尘里——浅析《汉宫秋》女主人公悲剧命运的意义，《甘肃广播电视大学学报》2007年第2期，第34—36页。

25. 张昌羽，萧洪恩：咏史与诉怀：历代诗词评价王昭君的审美尺度分梳，《内蒙古农业大学学报（社会科学版）》2007年第3期，第279—281页。

26. 张小丽：糟粕所传非粹美 丹青难写是精神——论王安石《明妃曲》的艺术独特性，《昆明理工大学学报（社会科学版）》2007年第2期，第65—69页。

27. 王宝琴：昭君形象的类型及其文化内涵，《西北师大学报（社会科学版）》2007年第4期，第73—78页。

28. 张天声，张会甫：弘扬昭君文化 谱写和谐乐章——访内蒙古自治区政协常委、昭君文化创立人张茂林，《今日中国论坛》2007年第7期，第110—111页。

29. 周桂华：孙美人的性格悲剧及其艺术功能——论曹禺剧作《王昭君》中的小角色，《四川戏剧》2007年第4期，第20—22页。

30. 王作良：《琴操》与昭君题材的文学化进程，《宁夏大学学报（人文社会科学版）》2007年第4期，第37—42页。

31. 张华：吊三峡琵琶美人——读冯瑛女士《回眸三峡》系列之《昭君美人村》，《三峡文化研究》2007年，第326—331页。

32. 曾凡贞：民族和亲政策对中国古代实现社会和谐的意义，《北华大学学报（社会科学版）》2007年第4期，第93—97页。

33. 陈家萍：失意者的远征，《走向世界》2007年第16期，第92页。

34. 曾凡贞：和亲政策在中国历史上实现社会和谐的历史意义，《沧桑》2007年第4期，第28—30页。

35. 陈燕勇：汉剧《王昭君》贯穿美的真谛，《戏剧之家》2007年第3期，第103—106页。

36. 于东军，韦巍：《汉宫秋》对传统观念的突破及其艺术魅力，《井冈山学院学报》2007年第5期，第50—52页。

37. 周海宽：从《昭君出塞图卷》的修复谈古书画的收藏，《艺术市场》2007年第10期，第72—74页。

38. 史宗义：十大美女的最后归宿，《文史天地》2007年第10期，第42—46页。

39. 乌阳：昭君墓，《中国统一战线》2007年第10期，第60—61页。

40. 尹丽珍：感受昭君，《内蒙古统战理论研究》2007年第5期，第45页。

41. 王德明：从昭君诗看宋诗对崇高精神的追求，《湖南文理学院学报（社会科学版）》2007年第6期，第87—90页。

42. 程亚林：曹禺·孙美人·王昭君，《读书》2007年第11期，第90—95页。

43. 魏得胜：一枝宫花出墙来，《国学》2007年第12期，第28—29页。

44. 杨荣：评电视剧《昭君出塞》，《电影评介》2007年第23期，第86页。

45. 张岑岚：昭君文化的哲学基础——“和合”思想，《内蒙古统计》2007年第6期，第65页。

46. 胡适：中国爱国女杰王昭君传，《美文（下半月）》2007年第12期，第60—61页。

47. 王洁：琴瑟悠悠，秋木萋萋——华彦钧与琵琶曲《昭君出塞》，《中国科教创新导刊》2007年第27期，第157页。

48. 臧嵘：呼吁尊重中华传统文化——从“昭君出塞”、“寝则同床”、“孟姜女”、“聊斋”谈起（二），《中学历史教学》2007年第Z1期，第81—83页。

49. 臧嵘：呼吁尊重中华传统文化——从“昭君出塞”、“寝则同床”、“孟姜女”，“聊斋”谈起（三），《中学历史教学》2007年第3期，第8—11页。

50. 王爱军：“史书记载”是这样的吗？——兼谈昭君和亲的历史作用，《中学历史教学》2007年第11期，第49—50页。

51. 孙丹妍：尤求的白描故事画，《上海文博论丛》2007年第4期，第68—73页。

52. 田正学：中国传统文化中的“和”思想与中国和平发展战略，《时代文学（理论学术版）》2007年第1期，第167—168页。

53. 赛努：昭君文化节 构建民族和谐的范本，《文化月刊》2007年第7期，第38—39页。

54. 王作栋：五句子歌谣在县域流布的当代文本记录——《昭君故里五句子歌谣选》序，《湖北三峡职业技术学院学报》2007年第2期，第75—79页。

55. 史佳，孙海波：历史剧更应注重真实，《当代电视》2007年第1期，第70—71页。

56. 王小强：郭沫若早期历史剧情绪表现的艺术世界，《贵州大学学报（社会科学版）》2007年第1期，第83—88页。

57. 乐声：古乐新声火不思，《乐器》2007年第2期，第76—77页。

58. 张玉玲：元代四大悲剧之文本叙述概观，《山东理工大学学报（社会科学版）》2007年第2期，第63—67页。

59. 张雁泉：论中西文学“互识”的途径与特征，《河南工业大学学报（社会科学版）》2007年第1期，第68—69页。

60. 吴君：历史女性的现代回眸——论钟玲诗歌中充满现代意识的女性世界，《世界华文文学论坛》2007年第1期，第33—37页。

61. 马丕环：“述事申哀，笔情缭绕”——读杜甫《咏怀古迹》其三，《古典文学知识》2007年第3期，第25—29页。

62. 吴雪伶：唐代宫怨诗研究述评，《濮阳职业技术学院学报》2007年第2期，第1—4页。

63. 陈颖姮：变文说唱的交流机制，《湛江师范学院学报（社会科学版）》2007年第4期，第53—57页。

64. 左汉林：唐代梨园法曲性质考论，《中央音乐学院学报》2007年第3

期，第47—55页。

65. 布和布音：为内蒙古喝彩——写在内蒙古第四届国际草原文化节暨呼和浩特第八届昭君文化节举办之际，《实践（思想理论版）》2007年第9期，第24—25页。

66. 王安祈："乾旦"传统、性别意识与台湾新编京剧，《文艺研究》2007年第9期，第96—106+176页。

67. 黎方：论云南壮剧戏曲文学的审美取向，《文山师范高等专科学校学报》2007年第3期，第13—23页。

68. 朱文成：咀嚼"黄昏"兴味长，《语文学习》2007年第9期，第36页。

69. 刘新文：批把与元白诗、元杂剧，《北京联合大学学报（人文社会科学版）》2007年第3期，第26—31页。

70. 魏丽莉：论王志信新创民歌对我国民族声乐发展的影响，《宿州学院学报》2007年第5期，第76—77+121页。

71. 耿光华：从《红楼梦》人物的"赋诗评诗"探究曹雪芹的文艺观，《河北北方学院学报（社会科学版）》2007年第5期，第11—13页。

72. 甄静：论《世说新语》在元明清时期的改编传播，《商丘师范学院学报》2007年第11期，第26—28页。

73. 徐文明：《醒世姻缘传》戏曲史料稽考，《山东理工大学学报（社会科学版）》2007年第6期，第56—61页。

74. 李子广：昭君怨曲 敕勒歌风——说清人的两首试帖诗，《语文学刊》2007年第21期，第113—114页。

75. 魏丽莉：王志信新创民歌的审美特征，《艺术探索》2007年第6期，第150—151页。

76. 张小丽：腾空翻案，机杼别出——论宋代咏史诗的翻案法，《中国韵文学刊》2007年第4期，第40—44页。

77. 王艳艳：李白诗歌中的女性形象，《江苏工业学院学报（社会科学版）》2007年第4期，第99—101+128页。

78. 袁劲梅：游内蒙古见闻：从士兵村到昭君坟，《历史月刊》2007年第238卷，第16—25页。

79. 张高评：《明妃曲》之同题竞作与宋诗之创意研发——以王昭君之

“悲怨不幸与琵琶传恨”为例，《中国学术年刊》2007年第29卷（春），第85—113页。

2008年

1. 相金妮：历史命运的悲怨与无奈——浅析《汉宫秋》第三折的悲剧意境，《文教资料》2008年第32期，第10—11页。

2. 剑门碧玉：王昭君：汉宫胡地两伤心，《各界》2008年第11期，第48—51页。

3. 钦文：历史美人王昭君，《花卉》2008年第2期，第21—22页。

4. 曹禺·孙美人·王昭君，《戏剧艺术》2008年第1期，第110页。

5. 李爱武：民族团结的丰碑——昭君墓，《内蒙古画报》2008年第2期，第22—25页。

6. 韩星海：青冢拥黛王昭君，《文史知识》2008年第1期，第72—75页。

7. 杨蓓蓓：古代美女的现代生成，《教育前沿（理论版）》2008年第1期，第64—65页。

8. 周竞红：昭君想像与时代变迁，《中央民族大学学报（哲学社会科学版）》2008年第1期，第55—58页。

9. 欧阳桂莲：曹禺《王昭君》研究综述，《新余高专学报》2008年第1期，第59—62页。

10. 徐康：也说“昭君出塞”，《北京文学（精彩阅读）》2008年第2期，第163—164页。

11. 陈南先：横看成岭侧成峰 远近高低各不同——咏王昭君诗赏析，《名作欣赏》2008年第3期，第11—13页。

12. 张惠民：汉宫唐苑 秋雨梧桐——也谈《梧桐雨》、《汉宫秋》，《文学评论》2008年第2期，第121—125页。

13. 张国龙，谢真元：试论藏戏《文成公主》与元杂剧《汉宫秋》异质的文化心态，《民族文学研究》2008年第1期，第36—40页。

14. 丁国祥：王昭君：元代诗人比照的特殊坐标，《苏州科技学院学报（社会科学版）》2008年第1期，第54—57页。

15. 刘丽：以“题旨结构”理论解析《汉宫秋》思想内涵的丰富性，《广播电视大学学报（哲学社会科学版）》2008年第1期，第38—42页。

16. 汪诗佩：文人传统与女性意识的对话：《青冢前的对话》中的两种声音，《民俗曲艺》2008年第159期，第205—247页。

17. 王波，孔雀绿：王昭君：雁落塞北空遗恨，《幸福（女读者）》2008年第3期，第46—47页。

18. 周桂华：镜像互补的艺术张力——论曹禺戏剧人物描写中镜像互补的剧场性张力，《戏剧文学》2008年第3期，第78—83页。

19. 陈燕勇：汉剧《王昭君》之美，《戏剧之家》2008年第1期，第108—112页。

20. 圣章红：汉剧新音《王昭君》，《戏剧之家》2008年第1期，第113—115页。

21. 新编抒情历史剧——汉剧《王昭君》，《戏剧之家》2008年第1期，第258页。

22. 李蕾：谈谈《琴操》所记王昭君事，《文史杂志》2008年第3期，第52—53页。

23. 高利克，杨志益：汉宫“蓝花”：穿着捷克服饰的王昭君故事，《清华大学学报（哲学社会科学版）》2008年第3期，第99—105页。

24. 彭倩：悲耶？壮耶？——从杜甫与吴雯的昭君诗看两人历史观的差异，《安徽文学（下半月）》2008年第5期，第207—208页。

25. 镇聪：略论《王昭君变文》，《重庆职业技术学院学报》2008年第3期，第71—72＋110页。

26. 于君：昭君出赛新解，《现代交际》2008年第6期，第60页。

27. 王群丽：和亲对唐代边塞诗创作的影响，《聊城大学学报（社会科学版）》2008年第3期，第32—34页。

28. 吴晓红：《汉宫秋》与《昭君出塞》比较，《太原城市职业技术学院学报》2008年第6期，第172—174页。

29. 翎子：青冢吟，《实践（思想理论版）》2008年第7期，第52—53页。

30. 王驳：说不尽的昭君 咏不尽的情怀——元以前昭君诗的演变及内蕴试析，《井冈山学院学报》2008年第4期，第75—79页。

31. 桂胜，张友云：昭君出塞与汉匈社会民生之考察，《中南民族大学学报（人文社会科学版）》2008年第4期，第76—79页。

32. 马巍：历史人物与时代精神——王昭君人物形象的时代烙印，《戏剧文学》2008年第8期，第31—33页。

33. 许红艳：王昭君的生命历程——历史与文学中的不同命运，《时代文学

（双月上半月）》2008年第4期，第70—72页。

34. 胡春芝：元散曲关于昭君出塞题材的主题接受，《语文学刊》2008年第14期，第95—97页。

35. 杨闻宇：独留青冢向黄昏，《丝绸之路》2008年第9期，第56—58页。

36. 吴佩淩：试论实验京剧《青冢前的对话》的女性意识，《台艺戏剧学刊》2008年第4期，第108 — 128页。

37. 刘丽："题旨结构"：主题多样性的终极溯源——从《汉宫秋》看戏剧主题多样性的成因，《北京工业大学学报（社会科学版）》2008年第4期，第71—76页。

38. 呼和：青城最靓丽的文化名片——昭君文化节，《实践（党的教育版）》2008年第9期，第42页。

39. 王艳平：从历史形象到文学形象——历代昭君诗对昭君形象的虚拟生发，《宁波广播电视大学学报》2008年第3期，第12—16页。

40. 阮润学：大美的探寻——观汉剧《王昭君》所引发的联想，《戏剧之家》2008年第Z1期，第94—108页。

41. 杨惠玲：古代昭君戏的另一种解读，《中文自学指导》2008年第5期，第68—69页。

42. 王绍东，陈绪忠：历代悲悯昭君诗中所包含的文化意蕴，《咸阳师范学院学报》2008年第5期，第15—18。

43. 程平，许爱凤：《汉宫秋》中孤雁意象的悲剧意蕴，《武汉科技学院学报》2008年10期，第92—96页。

44. 张文德，吕靖波：《风月锦囊》之昭君故事考论，《徐州师范大学学报（哲学社会科学版）》2008年第6期，第16—20页。

45. 索晓海：曹禺话剧《王昭君》艺术价值的缺失及其缘由，《大众文艺（理论）》2008年第12期，第48—49页。

46. 马冀：论昭君文化的精神价值，《湖北民族学院学报（哲学社会科学版）》2008年第6期，第69—74页。

47. 王志刚：九世纪初期日本君臣的昭君母题诗作，《湖北民族学院学报（哲学社会科学版）》2008年第6期，第75—78页。

48. 李效钦：读《灯下漫笔》偶得，《语文学习》2008年第4期，第46—48页。

49. 任音：用十指演绎的一段历史——从《昭君出塞》谈艺术歌曲钢琴伴奏的演奏技术，《黄河之声》2008年第2期，第56—58页。

50. 孙书磊：寓言传统：中国历史剧创作的命运，《写作》2008年第5期，第34—36页。

51. 杨涌泉：地域文化与艺术再现的成功典范——评大型民族风情音画《楚水巴山》，《戏剧之家》2008年第1期，第77—83页。

52. 李沂：巴山楚水总关情——民族风情音画《楚水巴山》赏析，《戏剧之家》2008年第1期，第84—90页。

53. 赵望秦，张焕玲：宋代咏史怀古诗百年研究综述，《盐城师范学院学报（人文社会科学版）》2008年第2期，第34—40页。

54. 弘扬昭君文化 增强民族团结 为推动社会主义文化大发展大繁荣做贡献，《党建》2008年第5期，第68页。

55. 张娟：京剧《昭君出塞》表演艺术探析，《戏曲艺术》2008年第2期，第76—77+63页。

56. 陈鉴昌：郭沫若早期史剧张扬的妇女人权，《西华大学学报（哲学社会科学版）》2008年第3期，第44—46页。

57. 向回：本事对文人古题乐府创作的影响，《乐府学》2008年，第231—258页。

58. 陈鉴昌：郭沫若早期史剧反映的道德冲突，《地方文化研究辑刊》2008年，第125—131页。

59. 宋丽娟：《亚东杂志》翻译的中国古典小说，《文学遗产》2008年第5期，第148—151页。

60. 杨镠：皇帝和后妃间存在爱情吗?，《章回小说（下半月）》2008年第10期，第95—96页。

61. 刘朝辉：不应“缺席”的群体——《何苦生在帝王家》评介，《中华女子学院学报》2008年第5期，第109页。

62. 大漠昭君，《中国京剧》2008年第11期，第26—27页。

63. 柯黎，张维，李爱民：谢琳《太古遗音》琴谱探源，《艺术百家》2008年第6期，第211—214页。

64. 张华强：从“画工弃市”想到追溯机制，《商业文化》2008年第12期，第18页。

65. 姜吉林：吾家嫁我兮天一方——唐代和亲及其诗歌创作，《中华女子学院山东分院学报》2008年第5期，第56－60页。

66. 黄森林，纪俊娟：有感于老舍、曹禺之悲喜剧创作，《东方艺术》2008年第S2期，第54－55页。

67. 王作栋：五句子歌谣在县域流布的当代文本记录——《昭君故里五句子歌谣选》述评，《湖北民族学院学报（哲学社会科学版）》2008年第6期，第79－83＋93页。

68. 潘汝端：北管细曲《昭君和番》联套之文本与音乐结构初探，《关渡音乐学刊》 2008年第9期，第45－90页。

69. 白先勇：分明怨恨曲中论——吴素君《昭君出塞》观后感，《PAR表演艺术杂志》2008年第190期，第21页。

70. 汪诗佩：文人传统与女性意识的对话：《青冢前的对话》中的两种声音，《民俗曲艺》2008年第159期，第205－247页。

71. 卢健英：一个充满昭君出塞的年代——写在《王心心作场》演前，《传艺》2008年第78卷，第112－113页。

72. 吴佩凌：试论实验京剧《青冢前的对话》的女性意识，《台艺戏剧学刊》2008年第4卷，第109－128页。

2009年

1. 江君：古代文学中女子远嫁悲剧成因浅探，《安康学院学报》2009年第6期，第51－54页。

2. 黄秀雯：《汉宫秋》中王昭君形象浅析，《文学教育》2009年第20期，第158页。

3. 陈奕：从汉元帝探汉宫秋怨的悲剧缘由，《安徽文学（下半月）》2009年第1期，第214－215页。

4. 马文莹：《汉宫秋》新议，《阜阳师范学院学报（社会科学版）》2009年第1期，第38－41页。

5. 漆永祥："一样心事的为谁"——宋人咏王昭君诗论析，《宋代文化研究》2009年第1期，第548－593页。

6. 刘杨：一个并不圆满的句号——新编历史剧《王昭君》重评，《时代文学（下半月）》2009年第2期，第12－13页。

7. 熊沛军：《汉宫秋》：人性的解禁，《戏剧之家》2009年第1期，第60—63页。

8. 于财友：试析陆游的宫怨诗词，《佳木斯大学社会科学学报》2009年第1期，第65—67页。

9. 张惠民，邓妙慈：昭君论——一个文学经典的定型，《汕头大学学报（人文社会科学版）》2009年第1期，第43—49+65+95页。

10. 李淑媛：美·贵·哀·怨展芳华——《昭君出塞》演出心得，《中国演员》2009年第1期，第43—46页。

11. 王作良，白晓春：试论昭君悲剧命运的实质，《西北农林科技大学学报（社会科学版）》2009年第2期，第111—114+118页。

12. 郭梅：试论历代女性咏昭君诗，《中文自学指导》2009年第2期，第54—58页。

13. 靳生禾：昭君出塞与蹄窟岭刍议，《太原大学学报》2009年第1期，第68—71页。

14. 梁琨：从西方悲剧理论看《汉宫秋》的悲剧性，《新乡学院学报（社会科学版）》2009年第2期，第130—132页。

15. 林楷贤：唐诗中的"青冢"，《青年文学家》2009年第7期，第8+10页。

16. 樊毓霖：从时代变迁看昭君远嫁之意义，《语文学刊》2009年第6期，第82—83页。

17. 车水：王昭君：玉门关外满幽怨 昭君憾未被"临幸"，《章回小说（下半月）》2009年第4期，第11—14页。

18. 应凤华：诗词千载咏昭君，《青年文学家》2009年第8期，第31+33页。

19. 赵秀霞：昭君故事在唐朝时期的繁衍与发展，《作家》2009年第8期，第128—129页。

20. 李均惠：《后汉书》误记王昭君事辨析，《文史杂志》2009年第3期，第27—30页。

21. 杨惠玲：古代昭君戏的性别文化，《戏曲艺术》2009年第2期，第22—25页。

22. 母华敏，滕朝军：《王昭君》的两难选择，《湖北第二师范学院学报》2009年第5期，第4—5+8页。

23. 侯穗光：粤剧原创与京剧移植——两个昭君艺术形象对比，《南国红豆》

2009年第3期，第27—28页。

24. 过元琛：关于“王昭君自请远嫁匈奴”的传说及琴曲《怨旷思惟歌》的产生年代——兼考今本《琴操》的撰者，《复旦学报（社会科学版）》2009年第3期，第46—51+58页。

25. 卢刚：解析《汉宫秋》中的“人生体悟”主题，《魅力中国》2009年第16期，第95页。

26. 刘成国，李梅：论王安石咏史诗的政治内涵和艺术特色，《浙江工业大学学报（社会科学版）》2009年第2期，第121—126页。

27. 高玲：戏剧史上昭君形象的演变及启示，《兰州教育学院学报》2009年第2期，第13—15+18页。

28. 邹自振：邹自振《元曲品鉴》第五讲 《汉宫秋》昭君出塞，《政协天地》2009年第7期，第62—64页。

29. 陈淑芬：昭君的抉择，《语数外学习（初中版八年级）》2009年第Z2期，第33—34页。

30. 马冀：围绕王安石《明妃曲》的争论及其价值，《内蒙古大学学报（哲学社会科学版）》2009年第4期，第99—103页。

31. 张文德：明代戏曲选本昭君戏考论，《艺术百家》2009年第4期，第149—154页。

32. 闫琦：《汉宫秋》艺术结构简析，《安徽文学（下半月）》2009年第7期，第77—78页。

33. 孙冬东：浅述《塞上曲》和《昭君出塞》之比较，《北方音乐》2009年第7期，第22—23页。

34. 江建高：论古代昭君题材诗歌情感内涵的演变，《中南民族大学学报（人文社会科学版）》2009年第4期，第142—145页。

35. 方维保：民族国家的整体愿望与文学创作的缝合想象——以话剧《文成公主》、《王昭君》为中心，《民族文学研究》2009年第3期，第138—143页。

36. 王宗，温慧娟：昭君文化：递向全世界的草原名片，《文苑》2009年第9期，第40—41页。

37. 刘家录：青冢有情犹识路——对“独留青冢向黄昏”中“向”的探究，《中学语文》2009年第27期，第98—100页。

38. 陈勇："落雁"美人的千古怨，《意林（原创版）》2009年第9期，第26页。

39. 李景琦：王昭君何时为"明妃"，《咬文嚼字》2009年第10期，第17—18页。

40. 闫秦勤，曹诗图：试论兴山昭君文化旅游的深度开发，《学理论》2009年第24期，第102—103页。

41. 成公亮：琴曲《明君》《沉思的旋律》题解，《南京艺术学院学报（音乐与表演版）》2009年第4期，第5—11页。

42. 张进：昭君出塞的历史功绩，《咸宁学院学报》2009年第5期，第51—52页。

43. 丁志祥：趣谈中国古代四大美女与花卉，《南方农业（园林花卉版）》2009年第5期，第3—7页。

44. 王绍东，陈绪忠：论历代悲悯昭君诗中所包含的文化意蕴，《历史文献研究》2009年，第158—164页。

45. 舒义顺：第十四泉与王昭君，《农业考古》2009年第5期，第203页。

46. 王芸：昭君的祭奠，《国学》2009年第11期，第78—80页。

47. 吴宝明，高升：关于宋代及之前的昭君诗概述，《安徽文学（下半月）》2009年第11期，第185页。

48. 周子珈：幽幽女儿魂——观汉剧《王昭君》有感，《阅读与作文（高中版）》2009年第11期，第46页。

49. 郝诚之，陈芳：昭君文化与和谐国学，《三峡论坛（三峡文学·理论版）》2009年第1期，第73—79+149页。

50. 田兆元：昭君文化的传播力与影响力的初步考察，《三峡论坛（三峡文学·理论版）》2009年第1期，第80—83+149页。

51. 王前程：西汉不同时期汉匈和亲的性质及昭君出塞的独特价值，《三峡论坛（三峡文学·理论版）》2009年第1期，第84—88+149页。

52. 黄权生：昭君文化故里考辨，《三峡论坛（三峡文学·理论版）》2009年第1期，第89—94+149页。

53. 汪国林：论北宋文人雅集唱和诗作的议论性与闲适性——以《明妃曲》唱和与重阳之会为考察中心，《毕节学院学报》2009年第12期，第78—82页。

54. 董琦：元杂剧《汉宫秋》主题新探，《安阳师范学院学报》2009年第6期，第47—49页。

55. 王聪贤：被传承的美——历史剧《王昭君》的接受美学解读，《三峡大学学报（人文社会科学版）》2009年第S2期，第143—144页。

56. 王利俊："和文化"：昭君文化的核心价值及其当代意义，《湖北民族学院学报（哲学社会科学版）》2009年第6期，第59—62页。

57. 阚如良，孔婷：美丽经济：昭君文化价值的再认识，《湖北民族学院学报（哲学社会科学版）》2009年第6期，第54—58页。

58. 靳生禾：昭君出塞与蹄窟岭刍议，《湖北民族学院学报（哲学社会科学版）》2009年第6期，第49—53页。

59. 刘俐俐：比较视野中的唐传奇叙事学分析——以韦瓘《周秦行记》文本分析为中心，《南开学报（哲学社会科学版）》2009年第1期，第27—34页。

60. 苗怀明：不谈六经爱五剧 西厢浪子是前身——王季思和他的戏曲研究，《文化遗产》2009年第1期，第97—106页。

61. 杨娟：试论南朝女诗人沈满愿的诗歌创作，《宜宾学院学报》2009年第1期，第22—24页。

62. 呼和浩特市昭君博物院，《实践（思想理论版）》2009年第2期，第57页。

63. 轩蕾：谈剧本叙事时间的三重性，《时代文学（双月上半月）》2009年第1期，第169—170页。

64. 韦春喜，张影：论李白的乐府咏史诗，《北京工业大学学报（社会科学版）》2009年第1期，第67—72页。

65. 魏丽莉：刘麟、王志信新创民歌的综合美感，《人民音乐》2009年第3期，第40—41页。

66. 金宏宇，彭林祥：郭沫若文学作品版本谱系考略，《郭沫若学刊》2009年第1期，第62—68页。

67. 吴玉堂：从宝卷的特征看其渊源，《湖南医科大学学报（社会科学版）》2009年第2期，第188—190页。

68. 王俊虎：新中国曹禺戏剧创作探析，《四川戏剧》2009年第2期，第45—47页。

69. 李闰月：《三个叛逆的女性》中女性形象塑造的利弊与价值缺失，《淄博师专学报》2009年第1期，第64—67页。

70. 赵德波：繁弦既抑，雅韵复扬——论《琴操》的文学价值和艺术成就，《绥化学院学报》2009年第2期，第136—139页。

71. 李宇玲：平安朝文章生试与唐进士科考——试论平安朝前期的省试诗，《日语学习与研究》2009年第2期，第23—29页。

72. 王芳：薄命红颜——浅谈诗中的人道主义，《现代企业教育》2009年第6期，第105—106页。

73. 一辉：天府之国的成都美，《西部广播电视》2009年第5期，第98—101页。

74. 张大新：现实的失落与解脱的困惑——马致远作品主体意识的文化心理透视，《文学遗产》2009年第3期，第89—96页。

75. 张春岭：传神写照说画像，《老年教育（书画艺术）》2009年第5期，第24—25页。

76. 王安葵：历史剧创作：抒写历史的情怀，《艺术百家》2009年第3期，第139—142+159页。

77. 宋丹：现实与理想：古希腊悲剧与元代悲剧人物似同实异的人性追求，《晋阳学刊》2009年第3期，第111—114页。

78. 刘鸿川，何鸿森：长阳南曲的文词创作与推广，《三峡文化研究（丛刊）》2009年，第237—246页。

79. 李素平：古诗词中对女性的借代及其美学功能，《山西师大学报（社会科学版）》2009年第4期，第102—105页。

80. 彭林祥：郭沫若戏剧版本谱系考略，《四川戏剧》2009年第4期，第51—52页。

82. 赵佃玺：老大同的故事，《今日科苑》2009年第15期，第57—58页。

83. 曾永义：从西施说到梁祝——民族故事之命义、基型触发与孳乳展延，《戏剧之家》2009年第4期，第18—24页。

84. 胡小成：论马致远杂剧的文人化特点，《江汉论坛》2009年第9期，第93—96页。

85. 刘家思：论曹禺戏剧的深层剧场性取向，《文学评论》2009年第6期，第141—146页。

86. 范志忠：历史谱系的祛魅——五四时期现代历史剧的文化阐释，《湖南社会科学》2009年第6期，第169—173页。

87. 吴雪伶：男诗人：女性话语的深化者——唐代宫怨诗创作主体考察之二，《洛阳师范学院学报》2009年第6期，第102—106页。

88. 冷纪平：《玉台新咏》作品选录中寄寓的现实关怀，《中国诗歌研究》2009年，第171—181页。

89. 陈鉴昌：郭沫若史剧的妇女解放观评价，《蜀学》2009年，第220—227页。

90. 钟崇基：王昭君，《丰商学报》2009年第14卷，第1—29页。

91. 林美清：独留青冢向黄昏——“昭君”在杜甫诗中的位格意象，《长庚人文社会学报》2009年第2卷，第275—298页。

2010—2019年

2010年

1. 林如意：寻找历史的痕迹：读王芸《穿越历史的楚风》，《文学教育（上）》2010年第5期，第146—147页。

2. 吴玲，纪栋妮：中国古代“四大美女”何以集体失语，《文教资料》2010年第5期，第8—9页。

3. 朱云红：“雁”的意象及与《汉宫秋》抒情意境的营造，《语文学刊》2010年第1期，第39—40页。

4. 余楚杏：红线女《四大美人》创作漫谈，《南国红豆》2010年第1期，第40—42+49页。

5. 毕长元：试论昭君和昭君形象各异的原因，《丝绸之路》2010年第2期，第65—68页。

6. 朱华阳，王雪丽：“2009中国·兴山昭君文化高层论坛”会议综述，《三峡论坛（三峡文学·理论版）》2010年第1期，第45—46页。

7. 张伟权：历代王昭君诗文中两类相悖思维表征，《三峡论坛（三峡文学·理论版）》2010年第1期，第42—44+148页。

8. 潘照东：楚风·楚情·楚魂——论王昭君的思想与性格形成的楚文化底蕴，《三峡论坛（三峡文学·理论版）》2010年第1期，第37—41+148页。

9. 李小林：激发活力 创造亮点——创排新编京剧《大漠昭君》的思考，《中国京剧》2010年第2期，第4—7页。

10. 蒋方：唐诗与昭君故事的传播接受，《江汉大学学报（人文科学版）》2010年第1期，第28—32页。

11. 孙平：昭君镇命名成为鄂西生态文化旅游圈建设新亮点，《中国地名》2010年第2期，第25—27页。

12. 莫久愚：昭君坟、石崖城与达拉特旗段黄河——关于《中国历史地图集》相关注记的考疏，《西部资源》2010年第1期，第44—45页。

13. 刘洁：游走在历史与现实之间——唐代和亲诗浅议，《西北民族大学学报（哲学社会科学版）》2010年第1期，第129—134页。

14. 张琳：浅析文人诗词作品中的昭君形象，《丝绸之路》2010年第4期，第52—54页。

15. 石艳梅：《群音类选》所收孤本剧曲《王昭君和番》考释，《陕西教育（高教版）》2010年第Z1期，第175页。

16. 李小旋：《汉宫秋》的"秋"该作何译，《柳州职业技术学院学报》2010年第1期，第72—74页。

17. 高翔宇：和平天使——论昭君亲属与汉匈关系，《湖南医科大学学报（社会科学版）》2010年第2期，第134—136页。

18. 刘冰清：王昭君传说中的乡土情结，《三峡论坛（三峡文学·理论版）》2010年第2期，第35—37+147页。

19. 郭勇，张莹莹：《西京杂记》：王昭君文化形象的初步生成，《三峡论坛（三峡文学·理论版）》2010年第2期，第31—34+147页。

20. 郝艳华：历史真实与人们视野中的历史——昭君故事流传和演变过程的另一种思考，《山西师大学报（社会科学版）》2010年第2期，第131—134页。

21. 王庭槐：青冢感怀，《中华医学教育杂志》2010年第2期，第294页。

22. 甄静：元明两代昭君戏比较研究——以《汉宫秋》与《和戎记》为例，《现代语文（文学研究）》2010年第4期，第34—36页。

23. 楼刚：从康熙青花"昭君出塞图"花口盘谈起，《收藏》2010年第4期，第41—43页。

24. 黄权生，向承勇：昭君"家家"（外婆）家在巫山考——兼论巫山昭君村地名及传说，《湖北民族学院学报（哲学社会科学版）》2010年第2期，第43—48页。

25. 刘焕云：弘扬昭君文化与深化两岸和谐关系研究，《湖北民族学院学报（哲学社会科学版）》2010年第2期，第38—42+73页。

26. 曹毅：民间歌谣与昭君传说的交融与整合，《湖北民族学院学报（哲学社会科学版）》2010年第2期，第33—37页。

27. 王艳：论宋诗与元明杂剧中毛延寿的身份建构，《文学界（理论版）》2010年第5期，第216—217页。

28. 高建立："和合"文化背景下昭君文化的价值生成，《三峡论坛（三峡文学·理论版）》2010年第3期，第26—29+147页。

29. 刘志尧：昭君经武州塞出塞考释，《三峡论坛（三峡文学·理论版）》2010年第3期，第30—33+147页。

30. 张毅：悲伤的刘细君，《中国报道》2010年第6期，第110页。

31. 李雪峰：王昭君形象的文化解读——以《汉宫秋》、郭沫若《王昭君》、曹禺《王昭君》为例，《社会科学论坛》2010年第11期，第54—57页。

32. 李琳：昭君出塞故事的中外文学演绎，《西北民族大学学报（哲学社会科学版）》2010年第3期，第136—141页。

33. 郑晨寅：陌生化的《汉宫秋》，《华夏文化》2010年第2期，第38—39页。

34. 刘晓平，刘立：论郭沫若作品中的女性意识，《求索》2010年第6期，第207—208+7页。

35. 韩日新：曹禺与陈白尘历史剧比较，《鲁东大学学报（哲学社会科学版）》2010年第4期，第44—50页。

36. 关秀娇：对男权挤压的悲剧性超越——论《汉宫秋》昭君之死，《戏剧文学》2010年第7期，第47—49页。

37. 王前程，王平，薛丽丽，王珮，王雪丽，郭玲珍：昭君形象的多义性与昭君文化的民族特性（笔谈），《三峡论坛（三峡文学·理论版）》2010年第4期，第40—45+147—148页。

38. 阿部泰记：中日王昭君故事中的通俗文艺思想，《三峡论坛（三峡文学·理论版）》2010年第4期，第32—39+147页。

39. 王前程：美人的沉沦与帝国的安宁：西汉和亲，《文史知识》2010年第8期，第10—18页。

40. 南子：王昭君西域和亲，《全国新书目》2010年第15期，第46—48页。

41. 夏志刚：昭君形象演变的时代内蕴与脉络梳理，《语文学刊》2010年第15期，第44—46页。

42. 甄静：元杂剧《汉宫秋》与明传奇《和戎记》比较研究，《戏剧文学》2010年第8期，第77—81页。

43. 潘晓玲，赵望秦：马致远《汉宫秋》与咏史诗，《西北农林科技大学学报（社会科学版）》2010年第5期，第135—139页。

44. 王德恒：昭君出塞与草原丝路东路，《知识就是力量》2010年第9期，第48—49页。

45. 夏志刚：昭君形象在构建和谐内蒙古中的现实意义，《实践（思想理论版）》2010年第9期，第53—54页。

46. 杨春晓：是文姬归汉，还是昭君出塞——关于所谓金代张瑀《文姬归汉图》主题的辩析，《内蒙古艺术》2010年第2期，第126—128页。

47. 王颖：浅析清代女性诗人笔下的王昭君形象，《社科纵横（新理论版）》2010年第3期，第136—137页。

48. 王欣：层垒与叠加——王昭君事迹文本的人类学解读，《西北民族论丛》2010年，第38—55页。

49. 李利军：王昭君形象的文史变迁，《大众文艺》2010年第20期，第144—145页。

50. 李瑞芳：宋代特殊历史背景下的和亲诗——兼论两宋咏昭君诗的主旨，《山西大同大学学报（社会科学版）》2010年第5期，第47—50页。

51. 王前程：昭君和亲成功的主客观原因及其启示意义，《三峡文化研究》2010年，第148—158页。

52. 刘冰清：昭君故里寻踪，《三峡文化研究》2010年，第159—169页。

53. 郭勇：昭君形象的神化与人化及其关联，《三峡文化研究》2010年，第170—176页。

54. 刘开美：论出塞和亲中所体现出的昭君精神，《三峡文化研究》2010年，第187—195页。

55. 秦兴友：以历史的视角看昭君和亲，《三峡文化研究》2010年，第196—200页。

56. 郭玲珍：简论王昭君形象塑造与研究趋势，《三峡文化研究》2010年，第201—208页。

57. 王雪丽：从“昭君怨”到“昭君颂”的新变——以《汉宫秋》和《王昭君》的主题探析为例，《三峡文化研究》2010年，第220—225页。

58. 安明宏：《汉宫秋》与《梧桐雨》女性悲剧之异同，《黑龙江史志》2010年第21期，第156—157页。

59. 郭岚：刘冰清、蔡长明的《香溪毓秀——昭君传说的历史与现实》出版，《广西民族大学学报（哲学社会科学版）》2010年第6期，第122页。

60. 王开元：汉代与匈奴有关的诗歌，《中国文化研究》2010年第4期，第75—79页。

61. 赵建萍：试分析井上靖《明妃曲》中的昭君形象，《新疆职业大学学报》2010年第6期，第45—47+50页。

62. 王欣：论《汉宫秋》的曲辞流播，《湖北第二师范学院学报》2010年第12期，第27—30页。

63. 郝诚之，郝松伟：昭君出塞热两千年不衰说明什么——兼论昭君文化与和谐国学，《阴山学刊》2010年第6期，第89—94页。

64. 覃银芳，郭勇：论昭君故事传播中的毛延寿文学形象建构，《三峡大学学报（人文社会科学版）》2010年第S2期，第116—117页。

65. 蒋珺：元杂剧《汉宫秋》、《梧桐雨》异同赏析，《民族论坛》2010年第12期，第62—63页。

66. 杜霖：清代如皋女作家熊琏的诗歌创作，《南通大学学报（社会科学版）》2010年第4期，第117—123页。

67. 李斌：“画图省识春风面”中“省”义辨析，《语文教学之友》2010年第1期，第35页。

68. 金蕾蕾：马致远杂剧的虚实相生之美，《前沿》2010年第2期，第133—137页。

69. 内蒙古京剧团：浅谈《大漠昭君》的音乐创作体会，《中国京剧》2010年第2期，第12—15页。

70. 武高明：弘扬昭君文化 提高服务水平 建设民族文化旅游精品景区，《实践（党的教育版）》2010年第3期，第46—47页。

71. 程宏宇：郭沫若女性美深层心理美学积淀论，《剧作家》2010年第2期，第119—123页。

72. 杨宏：异化与重构——宋人对桃源母题的另类阐释，《晋阳学刊》2010年第2期，第110—113页。

73. 秦纠：试论心理描写在胡适传记创作中的应用，《牡丹江大学学报》2010年第5期，第27—28页。

74. 丁文杰：对声乐钢琴伴奏教学的理解与实践，《音乐生活》2010年第6期，第55—57页。

75. 张蒙：浅谈小提琴协奏曲《王昭君》，《黄河之声》2010年第11期，第44—45页。

76. 严杰：王安石《明妃曲》唱和简析，《古典文献研究》2010年，第108—111页。

77 王桂琴：《昭君出塞》与尚派艺术，《当代戏剧》2010年第4期，第44—45页。

78. 李秀萍：叛逆与回归——论曹禺女性观的转向，《戏剧文学》2010年第7期，第40—43页。

79. 张大新：论元代前期历史剧的民族意识和时代精神，《文学评论》2010年第4期，第49—55页。

80. 杨惠玲，赵晓红：和亲剧的性别文化解读，《厦门大学学报（哲学社会科学版）》2010年第4期，第59—65页。

81. 韩宁：乐府曲调的流传与初唐诗风之演变，《沈阳师范大学学报（社会科学版）》2010年第4期，第61—65页。

82. 王伟琴：敦煌《伍子胥变文》写卷叙录及其作时作者考述，《中国产业》2010年第8期，第61—62页。

83. 姜玮，李外平：再“省识”“省”的音义，《新课程学习（基础教育）》2010年第8期，第1页。

84. 何玉川：读杜甫《咏怀古迹》有感，《道路交通管理》2010年第8期，第76页。

85. 王永慧，高树博：论郭沫若早期戏剧中的女性意识，《四川戏剧》2010年第4期，第80—82页。

86. 张智勇：读剧杂感——元杂剧经典唱词风格探析，《四川戏剧》2010年第4期，第78—79页。

87. 周宜君：论名人旅游资源开发瓶颈及其时尚化开发途径，《资源开发与市场》2010年第8期，第758—761页。

88. 王育生：百年诞辰更思君 与曹禺交往的两三件事兼谈“向曹禺前进”的口号，《剧本》2010年第9期，第16—19页。

89. 陈兴才：《咏怀古迹》（群山万壑赴荆门）读、教三题，《中学语文》2010年第24期，第111—112页。

90. 张靖研，张丽：召湾汉墓瓦当的文化意义研究，《内蒙古艺术》2010年第2期，第117—119页。

91. 高建新：唐诗中的“金河”，《内蒙古大学学报（哲学社会科学版）》2010年第5期，第81—87页。

92. 老猫：美人入馔，《新华航空》2010年第9期，第126页。

93. 潘东晓：琵琶在唐诗中的演变，《九江学院学报（哲学社会科学版）》2010年第3期，第88—90页。

94. 谭勇辉：唐代咏琵琶诗音乐描绘研究，《中国韵文学刊》2010年第3期，第6—12页。

95. 朱子辉：语词构建与诗意呈现——杜甫《咏怀古迹》解读，《语文建设》2010年第10期，第54—56页。

96. 王世昌，陈爱国：以弘扬昭君文化为抓手做好民族团结大文章，《民族大家庭》2010年第5期，第28—29页。

97. 齐静，徐红妍：论元杂剧中的风雨意象，《四川戏剧》2010年第5期，第81—84页。

98. 杨佩侠：浅谈王志信叙事歌曲中多种润腔技巧对表现人物情感的重要性，《黄河之声》2010年第20期，第124—125页。

99. 刘春玲：试析呼和浩特地区民族友好往来与旅游资源的关系，《呼伦贝尔学院学报》2010年第5期，第14—17页。

100. 冯锡刚：阅尽风霜君已残——曹禺之憾，《同舟共进》2010年第11期，第57—59页。

101. 赵兴勤，赵韡：翦伯赞戏曲研究的学术方法及当下启示——民国戏曲研究人物钩沉之六，《社会科学论坛》2010年第21期，第168—176页。

102. 尹珊娜：论郭沫若的文学创作特色，《陕西教育（行政版）》2010年第11期，第59页。

103. 李萍：呼和浩特——民族友好往来的驿站，《内蒙古师范大学学报（哲学社会科学版）》2010年第6期，第97—102页。

104. 杨佩侠：浅谈音画与情感的结合对塑造人物形象的必要性——以王志信叙事歌曲为例，《黄河之声》2010年第23期，第84—85页。

105. 谭炎健：《妆台秋思》释，《教育教学论坛》2010年第35期，第237页。

106. 范洁：浅论王安石翻案诗的政治思想及理性精神，《东南大学学报（哲学社会科学版）》2010年第S2期，第35—37+50页。

107. 陈鉴昌：郭沫若史剧昭示人的存在规律，《蜀学》2010年，第265—271页。

108. 苏淑贞：论敦煌本《王昭君变文》之重要性与创作特点，《应华学报》 2010年第7卷，第179+181—222页。

109. 连怡婷：唐代咏昭君诗研究，《问学集》2010年第17卷，第127—145页。

110. 钟崇基：王昭君之汉元帝，《丰商学报》2010年第15卷，第1—19页。

2011年

1. 王红梅：中国历史上的和亲政策及其作用和影响，《赤峰学院学报（汉文哲学社会科学版）》2011年第10期，第4—5页。

2. 王承斌：昭君出塞非联姻式“和亲”考论，《河南师范大学学报（哲学社会科学版）》2011年第1期，第193—196页。

3. 漆永祥：从《全宋诗》中的咏昭君诗看宋人的华夷观念，《中国典籍与文化》2011年第1期，第112—117页。

4. 黎虎：解忧公主与王昭君比较研究，《西域研究》2011年第1期，第1—8+142页。

5. 黎虎：和亲女的常驻使节作用——以汉代为中心，《江汉论坛》2011年第1期，第77—83页。

6. 詹绪左，俞晓红：《王昭君变文》校注商补，《合肥师范学院学报》2011年第1期，第32—35页。

7. 曹诗图，闫秦勤：昭君文化生成的地理解读，《三峡论坛（三峡文学·理论版）》2011年第1期，第41—42+47+147页。

8. 饶晓敏，田兆元：王昭君传说历史化的现当代书写，《三峡论坛（三峡文学·理论版）》2011年第1期，第43—47+147—148页。

9. 王德安：解读青花瓷画意，《文物鉴定与鉴赏》2011年第1期，第18—20页。

10. 钟响：关于《明妃曲》的一点思考，《日语教育与日本学研究》2014年，第339—341页。

11. 杭志强：白居易《昭君怨》诗歌艺术特色探微，《现代语文（文学研究）》2011年第2期，第17—18页。

12. 谷宇：当代政治向历史灵魂的呼唤——《王昭君》中人性与政治的交锋，《长城》2011年第2期，第201—202页。

13. 王春萌：民歌中的新现代性——以王志信的《桃花红杏花白》、《昭君出塞》为研究文本，《文艺争鸣》2011年第4期，第85—88页。

14. 种怡：《汉宫秋》与《梧桐雨》的比较分析，《电影评介》2011年第4期，第104—105页。

15. 佘豆豆：关于王昭君是否怀抱琵琶的争论，《文史杂志》2011第2期，第36—40页。

16. 南子，赵芷林：王昭君：艳与寂，《新疆人文地理》2011年第2期，第130+132—136页。

17. 庄丽芬：浅谈南音《山险峻》的演唱体会，《大舞台》2011年第3期，第14页。

18. 刘祯：激情与想象——关于郑怀兴的历史剧创作，《福建艺术》2011年第2期，第30—31页。

19. 刘丽丽，陈刚：论民间叙事文学的神圣性特质——以昭君传说为考察对象，《求索》2011年第3期，第182—184页。

20. 王绍东：昭君文化散论，《实践（思想理论版）》2011年第4期，第52—53页。

21. 蒋芝芸，谢娅萍：女性意识与民族国家——以现当代话剧文学中的昭君形象为中心，《湖北民族学院学报（哲学社会科学版）》2011年第2期，张51—55页。

22. 巩盼盼：昭君风物传说圈的文化特色，《湖北民族学院学报（哲学社会科学版）》2011年第2期，第56—59页。

23. 陈刚：王昭君神化的民间特色，《湖北民族学院学报（哲学社会科学版）》2011年第2期，第45—50页。

24. 欧阳明：老戏新韵唱昭君——导演的话，《福建艺术》2011年第3期，第61—62页。

25. 王雪丽：宜昌文化名人资源的保护与开发——以屈原和王昭君为例，《三峡论坛（三峡文学·理论版）》2011年第3期，第54—57+148页。

26. 王平：王昭君的民间形象及其价值，《文学教育（下）》2011年第5期，第12—13页。

27. 李红：昭君文学与贾探春结局之影响研究，《河南教育学院学报（哲学社会科学版）》2011年第3期，第58—62页。

28. 陈芝国：放逐、认同与拯救——读吴兴华的《明妃诗》，《名作欣赏》2011年第17期，第35—37页。

29. 康鑫：析郭沫若与曹禺的史剧《王昭君》，《郭沫若学刊》2011年第2期，第42—46页。

30. 梁庆华：敦煌变文中的女性形象及其审美意义，《沧州师范专科学校学报》2011年第2期，第4—6页。

31. 曲煜：小提琴协奏曲《王昭君》曲寓意解，《齐鲁艺苑》2011年第3期，第27—28页。

32. 王新航：理想与现实之间——宋人昭君诗主题的一种解读，《宿州教育学院学报》2011年第3期，第14—16页。

33. 闫立群：绝代双骄——《文姬归汉图》与《明妃出塞图》显现历史真容，《收藏》2011年第7期，第44—47页。

34. 昭君出塞的记载和想象，《历史教学（中学版）》2011年第7期，第51页。

35. 胡展奋：被快乐的王昭君，《共产党员》2011年第14期，第57页。

36. 叶卫民：昭君福祸难定论 立意高低各不同——涉及王昭君的咏史诗试析，《龙岩学院学报》2011年第S1期，第12—14页。

37. 张高评：《汉宫秋》本事之变异与创新——从唐宋诗到元杂剧的演化，《文化遗产》2011年第3期，第20－32＋157页。

38. 刘娣：王昭君成为历史英雄的因素分析，《科技创业月刊》2011年第14期，第145－147页。

39. 张红丽：摭谈中国古代女性的"被婚姻"之痛，《鸡西大学学报》2011年第8期，第104－105页。

40. 程冲：王昭君的匈奴生活到底多悲惨，《群文天地》2011年第17期，第95－98页。

41. 罗雪娇：从昭君出塞看兴山音乐与蒙古长调的渊源，《大家》2011年第18期，第29页。

42. 王绍东：故土文化与昭君出塞，《秦汉研究》2011年，第69－75页。

43. 刘富琳：中国戏曲《和番》在琉球的传播，《中国音乐》2011年第4期，第54－58＋63页。

44. 杜菁婧：自古妃子多薄命——《汉宫秋》与《梧桐雨》之比较，《文教资料》2011年第28期，第11－13页。

45. 戈晓毅：歌剧《王昭君》剧作者认定及剧本文学诗性，《中国音乐》2011年第4期，第201－206页。

46. 林晓清：浅析艺术歌曲《昭君出塞》，《大众文艺》2011年第21期，第16页。

47. 沈文凡，代景丽：昭君怨文化主题的历史演变——结合韩国南羲采《龟磵诗话》所辑文献展开，《吉林师范大学学报（人文社会科学版）》2011年第6期，第6－9页。

48. 陶广学：诗兼众体 风格豪放——论"才气最豪"的江湖诗人赵汝镃，《遵义师范学院学报》2011年第4期，第41－44页。

49. 邓兴器：话说怀兴剧作对人的关注，《中国戏剧》2011年第2期，第34－36页。

50. 王春萌：浅谈刘麟、王志信新创民歌创作特点的现代性，《黄河之声》2011年第1期，第116－117页。

51. 许秋香：从《昭君怨》看潮州筝派与客家筝派的区别，《大众文艺》2011年第1期，第115－116页。

52. 宋桂奇："省"及"省识"再辨——兼与吴先进先生商榷，《语文学习》2011年第1期，第76—77页。

53. 刘航：论乐府艺术对人物传说流布与演变的影响，《天津社会科学》2011年第1期，第111—114页。

54. 吴延生：精心的设计 精当的构思——元杂剧内在结构线索类型简析，《名作欣赏》2011年第5期，第131—133页。

55. 楚歌：浅谈中法古典悲剧中个体意识的体现，《法国研究》2011年第1期，第94—98页。

56. 张辽艳：论《昭君出塞》演唱的艺术处理，《北方音乐》2011年第2期，第63页。

57. 殷素芬：小提琴协奏曲《王昭君》的音乐结构及心理描写探析，《大舞台》2011年第2期，第53—54页。

58. 李炜：杜甫诗词"画图省识春风面"解析，《湖北函授大学学报》2011年第2期，第113—114页。

59. 刘东岳：刘因咏史诗的时代精神，《山花》2011年第4期，第122—123页。

60. 李汝中：不只是幽怨——再读杜甫《咏怀古迹》之三，《现代语文（文学研究）》2011年第3期，第136—137页。

61. 李景奇：马致远人生悲剧的必然性分析，《文学教育（上）》2011年第5期，第72—74页。

62. 孙静：木雕花板中的戏曲：两种艺术的表达，《福建艺术》2011年第3期，第47—48页。

63. 叶正萌：追寻人物角色的心路历程——《昭君出塞》唱腔设计散谈，《福建艺术》2011年第3期，第66—67页。

64. 张高评：清代王昭君题咏之转化与创新——以和亲是非之主题为例，《国文学志》2011年第22期，第17—44页。

65. 张玉洁：关于《内蒙访古》的史料补遗，文学教育（中），2011年第6期，第26页。

66. 刘玉忠：源流·仪式·功能：民俗学视野下的河州"财宝神"探微，《民间文化论坛》2011年第3期，第63—67页。

67. 曾慧：小说《红楼梦》服饰研究（上），《满族研究》2011年第2期，第

110—114页。

68. 赵建伟：《续琵琶》的历史解读，《曹雪芹研究》2011年第1期，第145—152页。

69. 丁文霞：历史镜像下的意识形态建构——1980年代历史剧创作研究，《中国现代文学论丛》2011年第1期，第122—132页。

70. 邬丹：声乐作品《昭君出塞》的演唱艺术诠释，《音乐时空》2011年第7期，第30—31页。

71. 海滨：唐诗三种创作主题与西域器乐文化关系的流变考释，《上海大学学报（社会科学版）》2011年第4期，第69—77页。

72. 杨勤：如何更好地诠释民族声乐作品《昭君出塞》，《大舞台》2011年第7期，第95—96页。

73. 温显贵："画图省识春风面"中的"省"，《语文建设》2011年第Z1期，第79+130页。

74. 安金存：文章天下事，身世家国情——由《杜甫诗三首》看其文人情怀，《中学教学参考》2011年第28期，第55页。

75. 邬丹：声乐作品《昭君出塞》的演唱艺术诠释，《群文天地》2011年第16期，第70—71页。

76. 任道斌：笔墨精妙 蕙兰衡鉴——关于清初王朴画、陈奕禧书《历代名姬图》册页，《书画世界》2011年第5期，第4—15页。

77. 周健行：高甲戏新编历史剧《昭君出塞》的灯光设计，《演艺科技》2011年第9期，第61—63页。

78. 弘扬民族文化 促进和谐发展，《党建》2011年第10期，第66页。

79. 朱朝敏：香溪·桃花鱼·乐平里，《中国三峡》2011年第10期，第46—49页。

80. 孙秀丽：咏史诗中的自我意识——以杜甫《咏怀古迹五首之三》为例，《快乐阅读》2011年第20期，第179—180页。

81. 赵小琪：跨区域华文诗歌中国形象的变异式想象论，《贵州社会科学》2011年第11期，第24—30页。

82. 李军，杨华：宜昌市文化旅游发展现状及对策，《咸宁学院学报》2011年第11期，第19—22页。

83. 贾三强：论元杂剧的案头派，《天水师范学院学报》2011年第6期，第31—38页。

84. 潘邦榛：别具一格的《昭君塞上曲》，《南国红豆》2011年第6期，第51页。

85. 杨立：我看昭君出塞，《文史天地》2011年第12期，第65—67页。

86. 张进红，何媛媛：有感于"落雁"，《群文天地》2011年第23期，第216页。

87. 牛莹：王昭君的悲惨结局，《新语文学习（教师版）》2011年第6期，第27页。

88. 甄自明，李绿芬：浅论红庆河古城、秦直道与昭君出塞，《鄂尔多斯文化》2011年第6期，第24—26页。

89. 陈荣阳：意图与表现的龃龉——郭沫若《三个叛逆的女性》新观察，《郭沫若学刊》2011年第4期，第59—63页。

90. 黄春媛：千古爱情吟唱——试从《昭君出塞》看中国民族声乐的演唱，《北方音乐》2011年第12期，第136页。

91. 张翔兮：浅谈歌曲中的音画结合——以《枫桥夜泊》与《昭君出塞》为例，《美与时代（下）》2011年第12期，第79—81页。

92. 蒋寅：由古典文学看历史上的夷夏之辨与文化认同，《华南师范大学学报（社会科学版）》2011年第6期，第19—31+157页。

93. 张高评：王昭君和亲故事与宋诗之创造思维，《国文学报》2011年第50期，第245—273页。

94. 张高评：清人题咏昭君与琵琶写怨——王昭君形象之流变与定调，《国文学报・高师大》2011年第14期，第1—31页。

95. 张高评：清代王昭君题咏之转化与创新——以和亲是非之主题为例，《彰化师大国文学志》2011年第22期，第17—44页。

2012年

1. 郝诚之："落雁"之美美人溢美汉宫 倾世之美丽人誉美塞中 娇艳之美佳人冠美王廷 美女王昭君谁人不抢而其出塞吹亮了一串地名美彩，《中国地名》2012年第1期，第28页。

2. 刘福平：王昭君的民间形象及价值探究，《青春岁月》2012年第6期，第223页。

3. 郭建勋，刘祥：汉魏六朝诗歌中的宫廷女性之怨，《湖南大学学报（社会科学版)》2012年第2期，第70—74页。

4. 李梦华：艺术歌曲《昭君出塞》的创作特征，《音乐创作》2012年第4期，第114—115页。

5. 吴新文：新的视角 经典创新——评高甲戏《昭君出塞》，《泉州文学》2012年第4期，第75—77页。

6. 谢柏梁：敦煌变文中的复仇哀曲（三），《曲艺》2012年第5期，第47—49页。

7. 杨杨：落雁之美醉世人，《国学》2012年第5期，第78—79页。

8. 刘秋娟：论元杂剧《汉宫秋》中君王、臣子、贤妃形象，《韶关学院学报》2012年第5期，第56—59页。

9. 王砚天，伊家慧，盖世宏：化腐朽为神奇：成就辉煌的政治婚姻——王昭君与三娘子比较研究，《赤峰学院学报（汉文哲学社会科学版）》2012年第5期，第17—20页。

10. 田永红：一段悲情铸就千古佳缘——读刘冰清、蔡长明《香溪毓秀——昭君传说的历史与现实》，《三峡论坛（三峡文学·理论版）》2012年第3期，第142—143+146+150页。

11. 弘扬民族团结 共促文化繁荣，《党建》2012年第6期，第65页。

12. 涂拉：从“悲远嫁”中唱出“赞和亲”的壮歌——谈《咏怀古迹》（其三）中有“诗教”主旋律的乐音，《湖北广播电视大学学报》2012年第6期，第61—62页。

13. 杨翠翠：白居易的昭君诗创作，《科技风》2012年第11期，第246页。

14. 刘梅花：凉州宝卷，《中国土族》2012年第2期，第63—68页。

15. 蔡建国：诗话昭君，《世纪行》2012年第7期，第41—41页。

16. 邓莹辉：宋代昭君诗主题嬗变的理学渊源，《中南民族大学学报（人文社会科学版）》2012年第4期，第144—148页。

17. 熊光红：《破幽梦孤雁汉宫秋》艺术特色赏析，《安徽文学（下半月）》2012年第7期，第33—34页。

18. 王爽：中国美术史研究中文献系统与图像系统二重关联问题——以“昭君出塞”为例，《郑州大学学报（哲学社会科学版）》2012年第4期，第173—176页。

19. 竹效民：新疆急需挖掘研究人文历史 促进实现长治久安——王昭君与汉家公主和亲历史研究现状对比分析，《中共伊犁州委党校学报》2012年第3期，第86—91页。

20. 余磁：元青花《昭君出塞》罐艺术特征与主题思想研究，《中国陶瓷》2012年第8期，第59—60+72页。

21. 柯利刚：《王昭君》本事考，《青年文学家》2012年第15期，第261+263页。

22. 郭蕾：我对小提琴协奏曲《王昭君》之解读，《黄河之声》2012年第15期，第107—108页。

23. 唐瑛：论郭沫若《王安石的明妃曲》，《长城》2012年第8期，第92—93页。

24. 王世昌：弘扬昭君文化与促进民族团结进步的现实思考，《民族大家庭》2012年第4期，第46—47页。

25. 孙嘉慧：《汉宫秋》的爱情离别，《文学界（理论版）》2012年第8期，第209—210页。

26. 付林：中国古代文人的“琵琶”情怀，《剑南文学（经典教苑）》2012年第8期，第392+394页。

27. 张克强：简论古典人物在紫砂造型与装饰中的运用——兼谈“昭君出塞壶”的构思与创意，《江苏陶瓷》2012年第4期，第30页。

28. 任君：伟大的事业 悲凉的人生——走进王昭君与文成公主的世界，《新课程（中学）》2012年第9期，第169—170页。

29. 蔡长明：明妃脂粉尚流香，《湖北旅游》2012年第5期，第61—62页。

30. 顾农：被误解的女强人王昭君，《文苑（经典选读）》2012年第9期，第71—72页。

31. 吉晶玉：文学里的匈奴记忆，《剑南文学（经典教苑）》2012年第9期，第102页。

32. 朱江：《破幽梦孤雁汉宫秋》艺术特色赏析，《安徽文学（下半月）》2012年第9期，第9—10页。

33. 谢征：王昭君出塞原因之谜众说纷纭至今未有定论，《中国地名》2012年第9期，第76—77页。

34. 弘扬民族团结 共促和谐发展，《党建》2012年第10期，第66页。

35. 寇研：昭君的“不贿”，《廉政瞭望》2012年第10期，第74页。

36. 林梅村，李军：乌禅幕东迁天山考——兼论公元前2～1世纪匈奴在西域的遗迹，《西域研究》2012年第4期，第45－55＋140页。

37. 昭君出塞热两千年不衰说明什么，《西部大开发》2012年第10期，第112－113页。

38. 郝诚之，张永军：昭君文化中华文明史的和谐篇章，《西部大开发》2012年第10期，第109－111页。

39. 刘溢海：昭君出塞路线考，《三峡论坛（三峡文学·理论版）》2012年第6期，第13－24＋147页。

40. 陈百川：《百川看人物》之十大佳人“落雁”之姿——王昭君，《东西南北》2012年第22期，第40－41页。

41. 符号：《历代昭君戏曲注评》略论，《三峡论坛（三峡文学·理论版）》2012年第6期，第10－12页。

42. 王前程：唐人昭君题材作品的艺术开拓之功及其影响，《中国文化研究》2012年第4期，第90－100页。

43. 王伟琴：敦煌《王昭君变文》河西地域特征探析，《青海社会科学》2012年第6期，第159－162页。

44. 罗婧奇：昭君思旅，《中国三峡》2012年第12期，第75－79页。

45. 崔海龙：浅论王昭君形象在戏剧作品中的嬗变，《金田（励志）》2012年第12期，第79页。

46. 刘永济，刘庆云：诵帚庵诗话，《中国韵文学刊》2012年第2期，第41－53页。

47. 杨建华，何勋：新时期历史小说的女性表述及其文学史意义，《湖南大学学报（社会科学版）》2012年第2期，第75－79页。

48. 钟鸣：从《四郎探母》中的跨文化婚姻谈起，《文史知识》2012年第1期，第92－97页。

49. 谢爱萍：昭君出塞，该与不该？——历史课堂上多元价值观选择，《发明与创新（中学时代）》2012年第1期，第16页。

50. 郭丽君：郑怀兴历史剧中女性形象的分析，《艺苑》2012年第1期，第

36—38页。

51. 陈芝国：明清文姬戏的性别解读，《四川戏剧》2012年第1期，第33—35页。

52. 刘涛涛：议昭君故里兴山县旅游开发现状及建议，《商丘职业技术学院学报》2012年第1期，第41—42页。

53. 中国古代十大名曲背后的故事（下），《实用影音技术》2012年期3期，第93—101页。

54. 陈佳：试析“画图省识春风面”之“省”，《神州》2012年第8期，第17页。

55. 王红雨：杜甫《咏怀古迹》（其三）主旨探微，《青春岁月》2012年第6期，第16页。

56. 宋桂奇：“省”之释义辨，《咬文嚼字》2012年第4期，第38—39页。

57. 侯铁：相约昭君，《鸭绿江（下半月版）》2012年第4期，第64—68页。

58. 张玮仪：王安石翻案诗与“真”的探索，《东吴中文学报》2012年05月，第123—140页。

59. 王彬：服饰中的红楼人物，《名作欣赏》2012年第13期，第10—13页。

60. 王伟琴：《李陵变文》作时作者考论，《语文知识》2012年第2期，第6—8页。

61. 徐汪涓：论《破幽梦孤雁汉宫秋杂剧》的情感线索，《名作欣赏》2012年第20期，第29—30页。

62. 陈华文：楚河汉街的迷人“楚”味，《中国信用卡》2012年第6期，第88—91页。

63. 贺烨：“省”字作“曾经”解？《中学语文》2012年第18期，第89页。

64. 王玉侠：关于“省识”读音释义的探讨，《语文天地》2012年第13期，第37—38页。

65. 赵芳：汉恩自浅胡自深 人生乐在相知心——读王安石《明妃曲二首》，《实践（思想理论版）》2012第7期，第54页。

66. 赵仁珪：启功先生诗词三论，《紫禁城》2012年第7期，第43—48页。

67. 杨春花：不同的译者，不同的服饰美——以《红楼梦》第四十九回为例，《通化师范学院学报》2012年第7期，第101—104页。

68. 李君怡：试论曹禺剧作中女性观的流变，《山花》2012年第14期，第119—120页。

69. 白富念：叹昭君 寄悲情——杜甫《咏怀古迹》创新教学设计，《语数外学习（语文教育）》2012年第7期，第85页。

70. 胡德平：我谈《续琵琶》，《曹雪芹研究》2012年第1期，第7—12页。

71. 屠岸：再说“画图省识春风面”，《咬文嚼字》2012年第8期，第46—47页。

72. 陈志铭：徘徊昭君墓，《炎黄纵横》2012年第8期，第50—51页。

73. 陈芳：晚明女子头饰“卧兔儿”考释，《艺术设计研究》2012年第3期，第25—33页。

74. 郭楠楠：中国古代四大美女在声乐作品中的形象，《音乐天地》2012年第10期，第43—47页。

75. 于学剑：马致远戏剧：放逸酌奇，拔俗取安（上），《戏剧丛刊》2012年第5期，第78—85页。

76. 李彤：梁朝女诗人诗歌解读，《黔南民族师范学院学报》2012年第5期，第7—11+16页。

77. 郭慧：元杂剧《汉宫秋》赏析，《青春岁月》2012年第20期，第191+190页。

78. 齐致翔：美人大美 青冢长青 但为君故 拥抱陌生 京剧传统戏名作解读之七，《剧本》2012年第11期，第53—55页。

79. 杨洋：万里青冢义 千古一壶传——中国国家博物馆藏唐代长沙窑青釉褐彩诗句瓷壶赏析，《紫禁城》2012年第11期。

80. 王萃：对王志信四首声乐作品的民族性及钢琴伴奏的研究，《乐府新声（沈阳音乐学院学报）》2012年第4期，第265—275页。

81. 索晓海：任蒙历史文化散文里的感悟与哲理，《大连海事大学学报（社会科学版）》2012年第6期，第88—90页。

82. 史礼心：“驿馆夜惊尘土梦，宫车晓辗关山月”——乱离宫妃诗作论，《北方工业大学学报》2012年第4期，第40—45页。

83. 月玲芳：李治华夫妇《红楼梦》法译本《五美吟》典故翻译之探究，《华西语文学刊》2012年第2期，第129—140+251页。

84. 彭松乔：民间文学在建构鄂西生态文化旅游圈中的独特审美价值，《人文论谭》2012年，第105—110页。

85. 蔡凌蕙：《昭君出阁——传音剧场》创作理念，《关渡音乐学刊》2012年第16期，第149—166页。

86. 张玮仪：王安石翻案诗与“真”的探索，《东吴中文学报》2012年23期，第123—140页。

87. 廖唯晴：昭君出塞的真相——《王昭君形象之转化与创新》，《国文天地》2012年第27卷第12期，第108—111页。

88. 李佩贞：苗栗后龙新莲寺及昭君信仰研究，《苗栗文献》2012年第49卷，第296—310页。

2013年

1. 陈晓燕：女性主义视角下的郭沫若“王昭君”形象阐释，《科技信息》2013年第1期，第203页。

2. 张海燕，赵望秦：清代女性作家咏昭君诗探析，《古典文学知识》2013年第1期，第81—87页。

3. 唐建兵：汉唐“和亲”政策之比较——以王昭君和文成公主远嫁为端，《河南师范大学学报（哲学社会科学版）》2013年第1期，第74—78页。

4. 刘方政：《文成公主》、《王昭君》合说，《齐鲁学刊》2013年第1期，第152—156页。

5. 张宏生：《暗香》、《疏影》的历史评价与接受策略，《中国韵文学刊》2013年第1期，第51—57页。

6. 徐翠：昭君戏在民间社火中的传播形态，《民俗研究》2013年第1期，第65—70页。

7. 徐翠：昭君戏的故事合流现象研究（二）：王昭君与苏武、李陵故事的合流，《湖北民族学院学报（哲学社会科学版）》2013年第1期，第62—67页。

8. 翁敏华：孤雁·哭嫁·魂归——从民俗文化的视角论历代昭君剧，《上海师范大学学报（哲学社会科学版）》2013年第1期，第98—105页。

9. 王方，王小琴：《汉宫秋》中汉元帝的平民形象，《文学教育（下）》2013年3期，第116—117页。

10. 夏初蕾：王昭君：新时期传播城市品牌的形象大使，《东南传播》2013年第4期，第116—118页。

11. 夏昌琴："一上玉关道，天涯去不归"——试析王昭君悲剧产生的原因，《中学时代》2013年第8期，第208页。

12. 许松：敦煌《李陵变文》、《王昭君变文》释读析疑，《图书与情报》2013年第3期，第139—141页。

13. 苗连贵："昭君出塞"或另有其因，《炎黄纵横》2013年第7期，第58页。

14. 宋维佳：汉代琵琶在塞外民族外事交往上的功用初探，《兰台世界》2013年第21期，第107—108页。

15. 徐翠：王昭君文化内涵解读的雅俗趋同性，《三峡论坛（三峡文学·理论版）》2013年第4期，第25—29页。

16. 王进：略论楚文化对昭君精神的影响，《三峡论坛（三峡文学·理论版）》2013年第4期，第22—24页。

17. 刘济民：日本汉诗中王昭君的情感空间，《三峡论坛（三峡文学·理论版）》2013年第4期，第18—21页。

18. 谭小华，何艳华，吴明林：《王昭君变文》研究，《前沿》2013年第15期，第194—197页。

19. 林迎：塞北雄风在 青冢永留芳，《源流》2013年第8期，第58—61页。

20. 高道忠：瞻仰昭君冢（外一首），《华北民兵》2013年第8期，第60页。

21. 郭晓彤：琵琶诉怨，唱叹情深——陈与郊剧作《昭君出塞》评析，《长春理工大学学报（社会科学版）》2013年第9期，第132—133+144页。

22. 胡媛：浅谈中国男权统治下的女性的悲剧命运——以西施、王昭君、杨玉环为例，《金田》2013年第9期，第60页。

23. 刘洁：论先唐咏昭君诗的主题倾向与表述方式，《西北民族大学学报（哲学社会科学版）》2013年第5期，第163—168页。

24. 左兆玉，陈庆华：马致远《汉宫秋》与曹禺《王昭君》戏剧情境比较研究，《现代妇女（下旬）》2013年第9期，第151页。

25. 刘洁：唐代咏昭君诗的新变，《南京师范大学文学院学报》2013年第3期，第22—26页。

26. 王生和，威文军：昭君墓应在朔州青钟村——汉使杨少徵“行至蕃汉界头，遂见明妃之冢”，《今日中国论坛》2013年第16期，第58—61页。

27. 吴牧真：浅谈“昭君”形象的文化产业价值，《大众文艺》2013年第19期，第274页。

28. 余玲：《汉宫秋》王昭君形象分析，《语文天地》2013年第19期，第35—36页。

29. 高建立：昭君文化的核心价值理念及其现代价值评估，《商丘师范学院学报》2013年第10期，第31—34页。

30. 王绍东：农耕世界与游牧世界的“文明与野蛮”之辨——从昭君形象的悲剧化色彩说起，《商丘师范学院学报》2013年第10期，第24—27页。

31. 李莉：文学想象的昭君价值，《商丘师范学院学报》2013年第10期，第28—30页。

32. 徐鸿：探寻王昭君的琵琶情结，《吉林省教育学院学报（下旬）》2013年第10期，第138—139页。

33. 傅满仓：《梧桐雨》与《汉宫秋》之比较，《甘肃高师学报》2013年第6期，第22—24页。

34. 胡淑芳：论《汉宫秋》的反掠夺婚姻主题，《湖北大学学报（哲学社会科学版）》2013年第6期，第79—83页。

35. 王明：从《明妃曲》略论王安石，《青春岁月》2013年第22期，第25页。

36. 黄高锋：历史情境中的艺术真实——庞天舒长篇历史小说《王昭君》解读，《海南师范大学学报（社会科学版）》2013年第12期，第34—36页。

37. 徐亚洲：《哈姆雷特》中奥菲利亚与《汉宫秋》中王昭君命运之比较，《才智》2013年第15期，第185页。

38. 胡明明，张蕾：北方昆曲剧院建院初期演剧史考述（1956—1957），《戏曲艺术》2013年第S1期，第150—172页。

39. 李志艳：融通与新创：惟山汉语十四行抒情诗之“美”的境界，《世界文学评论（高教版）》2013年第1期，第187—190页。

40. 刘学锴：读唐诗名篇零札，《安徽师范大学学报（人文社会科学版）》2013年第3期，第265—281页。

41. 雷体洪，郑伟，张洋：探索现代建筑与传统文化的融合——以昭君客运站为例，《华中建筑》2013年第5期，第77—81页。

42. 黄晶：日本“唐事能”形、神、韵管窥，《艺苑》2013年第2期，第71—73页。

43. 杜甚彦：失声与分裂——元杂剧悲剧冲突中的女性，《剑南文学（经典教苑）》2013年第1期，第129+131页。

44. 张生泉：误读的红颜 舞台的知己 评陈云发著《历史误读的红颜》，《上海戏剧》2013年第1期，第38—39页。

45. 张素华：从民族文化交流角度探寻蒙古音乐的历史与发展，《音乐创作》2013年第1期，第142—143页。

46. 王蒙萌：谈王志信民族声乐作品中传统女性形象的塑造，《音乐大观》2013年第3期，第225页。

47. 陈小花：南朝女性代言体诗探析，《黑龙江生态工程职业学院学报》2013年第2期，第151—152页。

48. 李彤：南朝咏史诗创作题材浅论，《短篇小说（原创版）》2013年第5期，第109—110页。

49. 杨洁：从《汉书》中记载的和亲历史来看班固的史学思想，《成功（教育）》2013年第3期，第296—297页。

50. 董洁坤，姚奎：三峡大学第十三届“三峡之春”大学生文化艺术节开幕式暨话剧《王昭君》在我校公演，《三峡论坛（三峡文学·理论版）》2013年第2期，第151页。

51. 徐珣：神趣的“祝寿”火花，《钟山风雨》2013年第2期，第50—52页。

52. 韩永强：鱼·桃花·爱恋，《中国三峡》2013年第4期，第43—47页。

53. 尹五立，何源：论王志信叙事歌曲的艺术风格，《芒种》2013年第7期，第117—118页。

54. 谢刚：国族建构中的阶级、性别与族群意识——论20世纪50至70年代汉族作家的少数民族叙事，《民族文学研究》2013年第2期，第76—83页。

55. 弓亚斌：从历史人物的选择看唐代诗人的咏史情怀，《名作欣赏》2013年第14期，第103—105+139页。

56. 孙建光：用“春风面”指代女子美貌是杜甫的首创，《中学语文》2013年第15期，第99—100页。

57. 刘爽：琵琶弦上说相思——唐宋词中“琵琶”意象解读，《邢台学院学报》2013年第2期，第75—77页。

58. 王俊鸣：读古诗要做句法分析——以杜甫《咏怀古迹》之三为例，《中学语文教学》2013年第7期，第31—33页。

59. 唐敏：《三个叛逆的女性》反面角色塑造的得失，《绵阳师范学院学报》2013年第7期，第74—77页。

60. 解国旺：“画图省识春风面”中的“省”字新解，《长城》2013年第8期，第99—100页。

61. 邹安瑾：古代戏剧梦境场景的抒情作用，《四川戏剧》2013年第5期，第59—61页。

62. 王功清：《双凤奇缘》题材的文学性分析，《美与时代（下旬）》2013年第8期，第111—112页。

63. 张馨：以《昭君出塞》为例谈歌曲的演唱与处理，《大众文艺》2013年第16期，第144+250页。

64. 徐蕾：“画图省识春风面”中“省”字释义解析，《现代语文（教学研究版）》2013年第9期，第146—147页。

65. 唐敏：《三个叛逆的女性》配角的异质性体现，《郭沫若学刊》2013年第3期，第49—51页。

66. 齐从容：中国古代十大名曲背后的掌故（五），《小演奏家》2013年第9期，第32—34页。

67. 陈礼林：《琵琶行》与《咏怀古迹》的同型曲笔，《语文教学与研究》2013年第28期，第32—33页。

68. 张慧琴，徐珺：文化语境视角下的《红楼梦》服饰文化汉英翻译探索，《山东外语教学》2013年第5期，第98—101页。

69. 熊言安：同题诗中的绝唱——读《咏怀古迹（其三）》，《语文建设》2013年第31期，第51—53页。

70. 董旭：《白雪遗音》咏剧小曲的选剧因素初探，《戏剧之家（上半月）》2013年第11期，第30+29页。

71. 易栋：漫议元杂剧历史剧之审美特征，《戏剧之家（上半月）》2013年第11期，第98—99页。

72. 喻忠杰：敦煌世俗变文中戏剧性故事考述，《甘肃联合大学学报（社会科学版）》2013年第6期，第28—33页。

73. 李晓梅：儒家文化影响下的郭沫若历史剧，《戏剧文学》2013年第11期，第99—102页。

74. 郭国庆："画图省识春风面"中"省"字读音辨析，《中学语文》2013年第33期，第99—100页。

75. 肖倩：三峡民间传说与动画剧本改编研究——以《香水草》为例，《青年文学家》2013年第32期，第82页。

76. 钟焓：晚期蒙古编年史所见唐兀惕哈屯形象及事迹的来源考析，《民族研究》2013年第6期，第91—102+125页。

77. 刘畅：内蒙古文化节庆活动成效浅析，《实践（思想理论版）》2013年第12期，第47页。

78. 李京容：浅谈《昭君出塞》钢琴伴奏的艺术处理，《乐府新声（沈阳音乐学院学报）》2013年第4期，第278—284页。

79. 张巍：徒具悲情的元代悲剧，《科技视界》2013年第36期，第273+297页。

80. 许晓芳：白居易咏史诗艺术成就探析，《太原城市职业技术学院学报》2013年第12期，第190—192页。

81. 黄玲：人类学视阈下的中越民族戏剧交流，《广西社会科学》2013年第1期，第163—167页。

82. 王慧琳：戏曲舞蹈赏析——京剧《昭君出塞》，《艺术欣赏》2013年第9卷第1期，第80—87页。

2014年

1. 郭颖弟：从西汉和亲透析中国古代妇女的社会价值，《山西师大学报（社会科学版）》2014年第S1期，第65—66页。

2. 陈富祥：历代诗歌中的王昭君形象及其内涵，《长江大学学报（社科版）》2014年第1期，第13－14页。

3. 王平：论宋代的昭君诗作，《铜仁学院学报》2014年第1期，第92－94页。

4. 邹安瑾：古代戏剧中“昭君入梦”中的意蕴探析，《戏剧文学》2014年第1期，第65－68页。

5. 敖依昌，谭小华：《王昭君变文》原型及主题探析，《重庆三峡学院学报》2014年第1期，第72－76页。

6. 温淳秀，郑海涛：元人笔下的汉唐悲歌——《汉宫秋》《梧桐雨》抒情性共同点浅析，《长治学院学报》2014年第1期，第80－83页。

7. 林若瑜：对比分析两首不同版本的声乐作品——《昭君出塞》，《大众文艺》2014年第3期，第151页。

8. 赵卡：时光中不老的青冢，《环球人文地理》2014年第3期，第169－170页。

9. 黄高锋：论庞天舒长篇历史小说《王昭君》对王昭君艺术形象的再创造，《短篇小说（原创版）》2014年第6期，第29－30页。

10. 董元静：以斯帖与王昭君，《天风》2014年第2期，第32－33＋31页。

11. 钟洋：王安石诗歌中的女性描写，《湖南工业大学学报（社会科学版）》2014年第1期，第136－139页。

12. 卢志雄：从“和亲政策”看个人利益与国家利益的关系，《南昌教育学院学报》2014年第1期，第8－10＋26页。

13. 李樱桃：昭君的孤独与寂寞，《草原》2014年第3期，第70－73页。

14. 杨田春：异曲同工 相映成辉——陈与郊杂剧《昭君出塞》《文姬入塞》比较论略，《黄冈师范学院学报》2014年第2期，第46－49页。

15. 王继荣：从《王昭君变文》创作时间看敦煌吐蕃时期庶民像，《丝绸之路》2014年第6期，第24－26页。

16. 刘淮南：历史记载、文学想象与“文化之怨”——《王昭君变文》的价值，《民族文学研究》2014年第2期，第106－112页。

17. 陈启武：“一曲昭君怨，千古伤心人”——从《咏怀古迹五首其三》谈教师的文本研读，《教育研究与评论（中学教育教学）》2014年第4期，第77－79页。

18. 吴进森：王昭君美人迷人出塞迷人传说迷人，《中国地名》2014年第4期，第38—39页。

19. 王子今：关于王昭君北行路线的推定，《西北大学学报（哲学社会科学版）》2014年第3期，第17—25页。

20. 宋永祥：明清昭君诗主题的嬗变及其原因初探，《合肥学院学报（社会科学版）》2014年第3期，第47—50页。

21. 吴绪刚：蠡测长江文化对王昭君的重要影响，《三峡论坛（三峡文学·理论版）》2014年第3期，第12—15页。

22. 刘溢海：山西境内昭君出塞传说地名考释，《三峡论坛（三峡文学·理论版）》2014年第3期，第16—22页。

23. 吕秀琴：本刊资料：昭君出塞传千古，《文史月刊》2014年第6期，第74—75页。

24. 王璐，乔阳，张哲：关于《汉宫秋》主题的思考，《前沿》2014年第Z6期，第223—224页。

25. 付佳：王安石《明妃曲》在宋代的接受，《人文杂志》2014年第6期，第65—71页。

26. 李迎春：井上靖文学作品中的中国古代历史人物形象，《网友世界》2014年第11期，第89页。

27. 王萍萍：泉州南音曲《出塞和亲》的艺术特色，《乐府新声（沈阳音乐学院学报）》2014年第2期，第93—97页。

28. 段国华，苏君礼：传统戏剧“昭君出塞”的流变探析，《大舞台》2014年第6期，第3—4+60页。

29. 马春芳：敦煌变文与河西宝卷中的王昭君故事研究，《时代文学（下半月）》2014年第6期，第107+166页。

30. 郑子欣：王安石《明妃曲》“汉宫侍女暗垂泪”解，《名作欣赏》2014年第20期，第16—19页。

31. 孔月磊：关于《汉宫秋》故事的几点浅说，《广西师范学院学报（哲学社会科学版）》2014年第4期，第74—77页。

32. 翟勇：“四大美人”成说探源，《兰台世界》2014年第22期，第102—103页。

33. 李向苗：从昭君诗看耶律楚材的儒家观，《黑龙江史志》2014年第11

期，第319+321页。

34. 张海燕，赵望秦：千古一现的痴情汉单于——论《王昭君变文》中的单于形象，《敦煌研究》2014年第4期，第109—113页。

35. 张丽波，高霞：汉元帝形象改造原因分析，《前沿》2014年第Z9期，第218—219页。

36. 张熙莹：论《汉宫秋》的悲剧艺术，《芒种》2014年第17期，第81—82页。

37. 杨建兵：说不尽的王昭君——论20世纪90年代以来的昭君题材小说，《三峡大学学报（人文社会科学版）》2014年第5期，第41—44+53页。

38. 邓莹辉，邓艳华：一枝独秀领风骚 推陈出新占鳌头——评王安石《明妃曲》及其唱和诗，《三峡大学学报（人文社会科学版）》2014年第5期，第36—40页。

39. 张敏，曹旭：活在“怨诗”中的王昭君，《古典文学知识》2014年第5期，第50—56页。

40. 汪垚：论宋代诗人对毛延寿的解读，《焦作大学学报》2014年第3期，第46—48页。

41. 李芳，张翠英：文学接受视野下王昭君形象审美价值探究，《中国石油大学胜利学院学报》2014年第3期，第34—36页。

42. 陈秀征：如何看待昭君和亲——“和文化”专题阅读研究性学习活动，《中华活页文选（教师版）》2014年第10期，第4—7页。

43. 陈为人：王昭君：大漠青冢红颜怨，《名作欣赏》2014年第31期，第127—132页。

44. 李莉：民歌培育的女性意识——以昭君歌谣为例，《重庆文理学院学报（社会科学版）》2014年第6期，第57—61页。

45. 徐苏奕：明末清初昭君诗的变奏，《吉林省教育学院学报（中旬）》2014年第11期，第5—6页。

46. 孙玥，陆为为：泗州戏《昭君出塞》的探索创新，《大众文艺》2014年第21期，第184页。

47. 王进：昭君和亲线路考，《三峡论坛（三峡文学·理论版）》2014年第6期，第1—4页。

48. 赵旭忠：昭君墓随想，《小说林》2014年第6期，第100—104页。

49. 郑新超，岩山泰三：《唐物语》中的王昭君故事在日本的演变，《南京工程学院学报（社会科学版）》2014年第4期，第30—33页。

50. 孙竹：《西京杂记》及前代昭君形象演变研究，《桂林航天工业学院学报》2014年第4期，第464—467页。

51. 朱利华：敦煌本《王昭君变文》考述，《中国古代小说戏剧研究》2014年，第323—330页。

52. 喻进芳：从王安石《明妃曲》及欧阳修、曾巩和诗的撰写看其共性与个性，《人文论谭》2014年，第40—46页。

53. 向小金：湖南李祁题画诗研究，《辽东学院学报（社会科学版）》2014年第5期，第133—138页。

54. 马冀：论地域文化学的概念、研究路径和社会价值——以内蒙古为例，《鄂尔多斯学研究2014年增刊》，第46—53页。

55. 格雷戈尔·保罗，冯英：中国文化中的女性美一瞥，《江苏社会科学》2014年第3期，第164—166页。

56. 李家富，陈俐：曹禺戏剧中两类女性形象的再审视——在生命体验与生活体验之间，《文教资料》2014年第15期，第1—2页。

57. 王思敏：古代女子诗词的女性意识，《牡丹江教育学院学报》2014年第5期，第10+57页。

58. 韩文：从固阳秦长城说起，《中国长城博物馆（2014年合订本）》，第184—195页。

59. 陈茜：声乐作品《昭君出塞》的演唱分析与处理，《音乐大观》2014年第1期，第316页。

60. 李学敏，刘济民：吴柏森教授新著《古代昭君戏曲注评》出版，《三峡论坛（三峡文学·理论版）》2014年第1期，第133页。

61. 汤太祥：《易林》作者及其归属研究回顾与展望，《兰台世界》2014年第5期，第155—156页。

62. 李春江：对现行高中语文教材（人教版）《咏怀古迹·其三》中“省”字的注释商榷，《黔南民族师范学院学报》2014年第1期，第90—92页。

63. 甄自明，岳够明：鄂尔多斯汉代古城分布与研究，《鄂尔多斯学研究》

2014年增刊，第93—112页。

64. 余菲菲，安童，张潇：基于历史文化保护的小城镇景观特色研究，《湖北民族学院学报（哲学社会科学版）》2014年第1期，第13—16页。

65. 王芳：论歌曲的具体和抽象，《黄河之声》2014年第5期，第100—101页。

66. 刘娟：生态翻译学视角下的呼和浩特市旅游公示语翻译，《内蒙古师范大学学报（哲学社会科学版）》2014年第2期，第101—103页。

67. 刘聪聪：文化差异背景下景点展品说明文字英译研究——以内蒙古昭君博物院为例，《内蒙古农业大学学报（社会科学版）》2014年第2期，第100—103页。

68. 李骜：《歌录》佚文的辑校及有关问题，《乐府学》2014年第1期，第39—49页。

69. 宋平：艺术大师的美人情结，《收藏界》2014年第5期，第55—57页。

70. 程朝晖：李杜妇女诗对比分析，《名作欣赏》2014年第14期，第112—114页。

71. 方鸿秋：陶瓷绘画艺术意境浅析，《景德镇陶瓷》2014年第2期，第98—99页。

72. 陈占敏：唐诗笔记（下），《名作欣赏》2014年第13期，第20—25页。

73. 周裕锴：说"燕支"，《古典文学知识》2014年第3期，第65—69页。

74. 龚永新，黄德淼：文化契合协同助推茶产业发展对策研究——基于湖北兴山文化资源的整合与运用，《茶叶科学技术》2014年第2期，第34—37页。

75. 韩雪，龚耀年：香溪阿妹——献给王昭君，《词刊》2014年第5期，第62—63页。

76. 杜晓姣：浅析歌曲《昭君出塞》的音乐特征及情感处理，《音乐时空》2014年第9期，第72页。

77. 夏心言，曹立波：《续琵琶》的跨时空对话——评昆曲《续琵琶》2013年新舞台版，《曹雪芹研究》2014年第2期，第160—166页。

78. 肖笑波：浅探戏曲表演的程式特征和祁剧表演程式的传承与创新，《创作与评论》2014年第10期，第106—111页。

79. 刘从奇：“省识”注释管见，《文学教育（下）》2014年第5期，第143页。

79. 王聪：刍议高校音乐教学中钢琴伴奏与声乐演唱的配合要领——以声乐作品《昭君出塞》的弹唱配合为例，《音乐创作》2014年第6期，第190—191页。

80. 倪海燕：“民国机制”与男性作家的“女权思想”——以郭沫若《三个叛逆的女性》为例，《成都大学学报（社会科学版）》2014年第3期，第75—78页。

81. 陈桥：杂技在汉代外交中所起作用探究，《兰台世界》2014年第18期，第110—111页。

82. 耿玉英：二胡声腔化的演奏与分析，《艺术科技》2014年第6期，第212页。

83. 刘禹迪，刘聪聪，张惠英：从短语层面浅议昭君博物院展品说明文字的英汉对译，《赤峰学院学报（汉文哲学社会科学版）》2014年第6期，第217—218页。

84. 褚芬芳：浅谈歌曲《昭君出塞》的演唱处理，《音乐时空》2014年第12期，第107—108页。

85. 萧笑波：对传承戏曲表演艺术的理解和实践，《艺海》2014年第7期，第65—68页。

86. 王虹：瑰丽多姿的城市名片——呼和浩特市重要文物古迹再认识，《内蒙古教育（职教版）》2014年第7期，第78页。

87. 张惠英，刘禹迪，刘聪聪：谈旅游景点展品说明英译中的语义流失问题——以昭君博物院为例，《赤峰学院学报（汉文哲学社会科学版）》2014年第8期，第208—209页。

88. 孙海露，刘子殷：论音乐作品中情感性内容的表现——以声乐作品《昭君出塞》为例，《大众文艺》2014年第17期，第121页。

89. 段菁艺：声乐作品二度创作之我见——以《昭君出塞》为例，《音乐时空》2014年第18期，第81页。

90. 王琛：浅析华彦钧三首琵琶曲——《大浪淘沙》《昭君出塞》《龙船》，《剧影月报》2014年第5期，第66—67页。

91. 王世昌：突出特色 创新载体——湖北宜昌兴山县扎实推进民族团结进步

创建活动，《民族大家庭》2014年第5期，第26—28页。

92. 单浩杰：呼和浩特市城市文化品牌内涵探析，《现代营销（下旬刊）》2014年第9期，第106—107页。

93. 李昌集：戏曲写作与戏曲体演变——古代戏曲史一个冷视角探论，《文艺理论研究》2014年第6期，第104—129页。

94. 袁九生：宋初僧人释智圆咏史诗研究，《开封教育学院学报》2014年第11期，第3—5页。

95. 任晓霏：越南《昭君贡胡书》故事源流考，《东南亚南亚研究》2014年第2期，第70—74+109页。

96. 张高评：题画王昭君与清诗之因革——以宋人题画昭君为参照，《师大学报：语言与文学类》2014年第59卷第1期，第123—158页。

2015年

1. 江佳慧：从王昭君的婚姻看西汉时期胡汉婚俗差异，《民族论坛》2015年第1期，第64—68页。

2. 侯波：诗内诗外说昭君，《鸭绿江（上半月版）》2015年第1期，第71—75页。

3. 田恩铭：从《咏怀古迹》（之三）看男性笔下的王昭君形象，《古典文学知识》2015年第1期，第150—153页。

4. 沉鱼落雁、闭月羞花：中国古代四大美女，《知识文库》2015年第1期，第20—23页。

5. 丛海霞：《汉宫秋》人物形象分析，《戏剧之家》2015年第1期，第12—13页。

6. 姚生民：昭君出塞经地考，《咸阳师范学院学报》2015年第1期，第22—24页。

7. 申正：红颜薄命：我国古代四大美女的悲惨人生，《健康之路》2015年第2期，第40—42页。

8. 孟泽：千年未了“昭君怨”，《书屋》2015年第2期，第54—57页。

9. 陈娇华：性别视域中的昭君形象，《中华女子学院学报》2015年第1期，第70—75页。

10. 李莉：“认同”：女性的中国梦构建——以民歌想象的昭君形象为中心，

《中华女子学院学报》2015年第1期，第63—69页。

11. 李芬兰：读宋诗辨昭君、玉环之宋代际遇，《皖西学院学报》2015年第1期，第89—91+100页。

12. 姚昌炳：论元杂剧《汉宫秋》中的穿越现象，《长江大学学报（社科版）》2015年第2期，第17—20页。

13. 苏景春：胡汉和亲史上的《昭君出塞》与《美人查关》——二人转传统剧目流变考证，《戏剧文学》2015年第2期，第152—157页。

14. 彭茜：女性的反抗——郭沫若《王昭君》简析，《戏剧之家》2015年第5期，第23—24页。

15. 陈景春：从唐诗看和亲公主的命运及其民族关系，《贵州大学学报（社会科学版）》2015年第2期，第159—165页。

16. 虞金星："唱反调"的古诗和诗人们，《群言》2015年第3期，第47—48页。

17. 刘济民：越南汉诗《昭君出塞》简析，《三峡论坛（三峡文学·理论版）》2015年第2期，第114页。

18. 毛註註：美貌 落雁之美 美姿 幽怨之美 美誉 联姻之美 《昭君出塞》以中国古代"四大"美女仕女图之一使其地名更娇丽，《中国地名》2015年第3期，第10—11页。

19. 周静：《汉宫秋》中的王昭君形象分析，《名作欣赏》2015年第12期，第65—66页。

20. 王绍东，郑方圆：论秦直道是昭君出塞的最可能路线，《商丘师范学院学报》2015年第4期，第58—61页。

21. 曹珍：浅议古诗词主题"昭君出塞"，《情感读本》2015年11期，第12页。

22. 陆德阳：青冢之辨及其意象——兼论杜甫《咏怀古迹》之三的艺术特征，《学术界》2015年第6期，第197—208+328页。

23. 乔琛：20世纪60年代"王昭君形象"的生成及其影响，《江苏社会科学》2015年第3期，第219—225页。

24. 周安若：《汉宫秋》对史实的改写与创新，《北方音乐》2015年第12期，第95页。

25. 张敏，曹旭：活在"怨诗"中的王昭君，《金融博览》2015年第7期，第26—27页。

26. 曹珍：浅议有关昭君出塞的诗词主题，《时代文学（下半月）》2015年第7期，第115页。

27. 李爽：《汉宫秋》文化场中王昭君的爱恋悲喜剧初探，《安徽文学（下半月）》2015年第7期，第8－9页。

28. 徐翠：《青冢记》版本考辨，《艺术探索》2015年第4期，第115－118页。

29. 王平：崇高的理想女性形象——庞天舒长篇小说《王昭君·出塞曲》的昭君形象，《当代教育实践与教学研究》2015年第9期，第107－108页。

30. 邢春蕾：《汉宫秋》昭君形象之我见，《戏剧之家》2015年第18期，第20－21页。

31. 杨宗红：性别话语下明清小说戏曲中的昭君投江叙事，《理论月刊》2015年第10期，第66－71页。

32. 王绍东：多民族视角下昭君文化的传播研究，《青海民族大学学报（社会科学版）》2015年第4期，第70－74页。

33. 张淑君：从杜甫、王安石咏昭君诗看唐宋诗之异，《文教资料》2015年第30期，第1－3页。

34. 何海燕：透过历史文化还原昭君的多维价值——读《汉月边关万古情》有感，《博览群书》2015年第11期，第80－81页。

35. 杨永智：台闽沪流传王昭君图像析论，《年画研究》2015年，第47－57页。

36. 刘济民：论王昭君的政治才能和担当精神，《三峡大学学报（人文社会科学版）》2015年第6期，第12－14页。

37. 韩宝江：王昭君和亲故事旁议——走下神坛的和亲女，《社会科学论坛》2015年第11期，第196－205页。

38. 闫秦勤，阚如良，张晓燕：产业融合视角下的昭君文化旅游开发研究，《四川旅游学院学报》2015年第6期，第58－61页。

39. 赵明月：论《续琵琶》中的文姬形象，《合肥学院学报（社会科学版）》2015年第6期，第82－85＋94页。

40. 崔盼盼：《王昭君变文》与《汉宫秋》之比较，《唐山职业技术学院学报》2015年第4期，第57－60页。

41. 郭冬梅：祈向多元——呼和浩特城市文化品牌的塑造与构建，《城市学刊》2015年第6期，第91－94页。

42. 邹安瑾：古代戏剧梦境现象中的观念探析，《四川戏剧》2012年第10期，第114—116页。

43. 常业安：中国古诗中美女的独特功效，《长春工程学院学报（社会科学版）》2015年第2期，第81—84页。

44. 孙立权：聚讼纷纭是“省识”，《语文教学通讯》2015年第4期，第46—47页。

45. 徐昌才：杜甫《咏怀古迹》（其三）的炼字艺术，《语文月刊》2015年第2期，第87—89页。

46. 马慧：论游牧民族之非广源器乐文化，《神州民俗（通俗版）》2015年第1期，第73—75页。

47. 方英明：一上玉关道 天涯去不归——山桔盆景《昭君出塞》的改作过程，《花木盆景（盆景赏石）》2015年第1期，第56—57页。

48. 章桂周：杜诗的雄阔气象——以《杜甫诗三首》为例，《语文知识》2015年第1期，第77—79页。

49. 李梦圆：女性“他者”地位在敦煌变文中的具体呈现，《中华女子学院学报》2015年第1期，第93—97页。

50. 宝谙，邓垚：昭君，《当代音乐》2015年第4期，第20—24页。

51. 单浩杰：基于文化产业视角下提升呼和浩特城市品牌的对策研究，《物流科技》2015年第3期，第56—58页。

52. 甄自明，岳够明：鄂尔多斯汉代城址浅析，《草原文物》2015年第1期，第101—108页。

53. 胡芳：浅析《昭君出塞》的艺术特点，《北方音乐》2015年第5期，第215—216页。

54. 杨小平，阚如良，曾煜，张蓉：民族团结视角下的昭君文化旅游开发，《学习月刊》2015年第6期，第15—18页。

55. 吴绪久：三峡，淌流诗话无穷尽——读刘济民先生《三峡诗话》，《三峡论坛（三峡文学·理论版）》2015年第2期，第115—116页。

56. 黄文丽：从翦伯赞的历史剧评看文史关系，《史学月刊》2015年第3期，第132—136页。

57. 吴同和：楸怆伤心甚 青袍送玉珂——《泪》赏读，《语文知识》2015

年第3期，第81－82页。

58. 张馨：描写女性人物的扬琴音乐作品之解读——以项祖华、芮伦宝作品为例，《音乐创作》2015年第4期，第141－142页。

59. 王园园：浅谈声乐作品《昭君出塞》的演唱处理，《赤子（上中旬）》2015年第8期，第106页。

60. 叶隽：元曲德译与诗学之思——以德国汉学家与诗人对中国戏剧精神的阐释为中心，《国际中国文学研究丛刊》2015年，第167－183页。

61. 范庆超：战争叙述的启蒙追求与民族历史化实践——满族作家庞天舒战争小说论，《中国文学研究》2015年第2期，第18－19页。

62. 梁辰倩：呼和浩特市昭君文化旅游资源开发的历史与旅游价值探析，《内蒙古科技与经济》2015年第8期，第18－19页。

63. 古董鉴赏交流：元青花上的历史故事，《文苑》2015年第5期，第68－69页。

64. 王晓辉：李白对鲍照同题乐府诗的继承与发展策略研究，《鄂州大学学报》2015年第5期，第52－54页。

65. 马格侠，杨瑞瑞：河州北乡“财宝神”信仰初探，《宗教与民族》2015年，第280－291页。

66. 张晓燕，李中耀：文学地理学视野下《汉宫秋》“地理空间”解读，《文艺评论》2015年第6期，第40－44页。

67. 邵明珍：姜夔《疏影》主旨辨正——兼论姜夔词的评价问题，《词学》2015年第1期，第140－159页。

68. 王德清，冷新华：昭君出塞，《歌曲》2015年第7期，第48－50页。

69. 闫炳亮：浅谈林语堂翻译美学论视角下的景点外译分析——以内蒙古昭君博物院为例，《艺术科技》2015年第7期，第142页。

70. 吴淑元：试论中国古典音乐作品的结构美，《创作与评论》2015年第14期，第107－110页。

71. 常艳：声乐作品《昭君出塞》的演唱分析，《音乐时空》2015年第14期，第64页。

72. 侯江霞：论阿炳琵琶曲《昭君出塞》演奏技法与艺术情感，《音乐天地》2015年第8期，第48－50页。

73. 刘晨慧：一曲琵琶泪如雨——论琵琶之表情艺术，《昌吉学院学报》2015年第4期，第54—59页。

74. 徐子方：昆曲杂剧三题，《戏剧（中央戏剧学院学报）》2015年第4期，第80—87页。

75. 唐秋凤：探析民族声乐作品《昭君》的情感表达，《艺术教育》2015年第9期，第56页。

76. 乌云娜，郝静：从旅游人类学视角探究"游客—东道主"利益主体关系——以内蒙古昭君文化旅游为例，《商》2015年第33期，第267页。

77. 三元：明式家具与四大美人，《花溪（艺术财经）》2015年第9期，第92—94页。

78. 毛云岗：声声叹息寄乡愁 娓娓动听诉情思——对笛子大师俞逊发《妆台秋思》演奏艺术的研究，《乐府新声（沈阳音乐学院学报）》2015年第3期，第171—173页。

79. 伏涤修：南戏历史剧史源史事选择与处理特点摭论，《艺术百家》2015年第5期，第187—191页。

80. 刘晓凤，刘晓玲：元曲作家对杜甫及其诗歌的理解和接受——从马致远《汉宫秋》与杜甫《咏怀古迹五首》其三的比较谈起，《杜甫研究学刊》2015年第3期，第44—52页。

81. 刘伟：内蒙古昭君文化传承与开发策略分析，《内蒙古师范大学学报（哲学社会科学版）》2015年第5期，第81—84页。

82. 赛音其木格：简论舞蹈艺术与其他艺术之关系，《内蒙古艺术》2015年第2期，第44—46页。

83. 陈瑞娟：论北宋前中期唱和乐府诗的特点，《兰台世界》2015年第27期，第7—8页。

84. 王静雅：论方绩诗歌对杜诗的受容及其地域文化特征，《地方文化研究辑刊》2015年第2期，第159—165页。

85. 严晓星：《秋塞吟》《水仙操》《搔首问天》曲名演变考，《南京艺术学院学报（音乐与表演）》2015年第4期，第101—108页。

86. 郭雪妮：奈良诗僧弁正在唐汉诗考论，《外国文学评论》2015年第4期，第141—154页。

87. 李克凡：浅析艺术歌曲《昭君出塞》的钢琴伴奏，《黄河之声》2015年第22期，第80页。

88. 张淑娟：从“省”字谈中学语文教学中的反训现象，《新课程（下）》2015年第11期，第161页。

89. 朱良才：浅析《咏怀古迹》（其三），《学语文》2015年第6期，第60页。

90. 李晓：明万历戏曲选刊《大明天下春》南戏散出选考，《曲学》2015年，第331—365页。

91. 潘汝端：台湾北管与琉球御座乐之关系探讨，《关渡音乐学刊》2015年第22卷，第7—37页。

92. 林玉玫：高阳《汉宫春晓》对现代昭君故事的继承与再创，《衍学集》2015年第7期，第1—19页。

2016年

1. 任汝倩：《汉宫秋》与《长生殿》中爱情悲剧及其审美体验的比较研究，《戏剧之家》2016年第14期，第26页。

2. 尚烨：女性与古代阴山地区的民族融合，《才智》2016年第1期，第235—236页。

3. 徐海容：论唐代昭君诗的兴起与嬗变，《山西师大学报（社会科学版）》2016年第1期，第68—72页。

4. 谭芬芬：昭君出塞文化价值新探，《民族论坛》2016年第1期，第108—112页。

5. 刘晓伟：“和亲故事”电视剧中的国家认同建构研究，《西南民族大学学报（人文社科版）》2016年第3期，第179—184页。

6. 黄一玫：千载琵琶作胡语——对杜甫“昭君怨”诗的多角度解读，《辽宁工业大学学报（社会科学版）》2016年第2期，第49—51页。

7. 刘猛军：美人醉江山之落雁——王昭君，《五台山》2016年第3期，第61页。

8. 张璐：一曲琵琶泪如雨——论琵琶之表情艺术，《黄河之声》2016年第9期，第91页。

9. 王光福：非昭君也，乃苏武也——《芙蓉女儿诔》之“雁塞”浅释，《红楼梦学刊》2016年第3期，第327—331页。

10. 张天蔚：昭君何以“被牧羊”，《公关世界》2016年第9期，第64—65页。

11. 任汝倩：浅论古代帝妃爱情戏中女性悲剧命运的原因——以《汉宫秋》和《长生殿》为例，《知音励志》2016年第9期，第199—200页。

12. 宋军：浅析马致远《汉宫秋》的思想意蕴，《中学语文》2016年第15期，第134—135页。

13. 唐亚华：姜夔《疏影》《暗香》中的比兴寄托，《青年文学家》2016年第14期，第44—45页。

14. 刘剑飞："昭君牧羊"是对文化的亵渎，《新西部》2016年第5期，第4页。

15. 蒯伯赞：小人物背后的大历史——从"昭君出塞"说起，《月读》2016年第6期，第57—61页。

16. 肖倩：王昭君香水草传说，《艺术评论》2016年06期，第185页。

17. 余俊：二十一世纪《汉宫秋》研究综述，《文学教育（上）》2016年第6期，第182—183页。

18. 贾平凹，穆涛：和王昭君相关的一些事，《美文（上半月）》2016年第7期，第2页。

19. 韩宝江：光环背后的王昭君，《新课程研究（上旬刊）》2016年第7期，第39—42页。

20. 王雪梅：昭君出塞"怀抱琵琶"是后人附会，《文史杂志》2016年第4期，第82—85页。

21. 陈桂华：昭君传说中的自然伦理叙事，《湖北社会科学》2016年第7期，第195—198页。

22. 王建平：痛斥奸佞之可恶悲叹忠贤之不幸——《汉宫秋》主题新论，《湖北工程学院学报》2016年第4期，第58—63页。

23. 陈宁波：汉唐和亲公主形象比较研究，《四川职业技术学院学报》2016年第4期，第88—92页。

24. 蔡勇："伊尹扶汤"与"武王伐纣"——马致远《汉宫秋》中君臣文化研究，《湖北经济学院学报（人文社会科学版）》2016年第8期，第106—107页。

25. 付兴林：文同昭君诗的创作特色及文学地位，《兰州学刊》2016年第8期，第50—56页。

26. 马瑞芳：趣话美女（八）一去紫台连朔漠——王昭君（上），《文史知识》2016年第8期，第54—61页。

27. 岳晨璐：马致远《汉宫秋》中王昭君的爱情与婚姻，《青年文学家》2016年第23期，第107页。

28. 华晓雯，方静：一个昭君，两种命运——以马致远《汉宫秋》、曹禺《王昭君》为例，《语文学刊》2016年第8期，第77—78页。

29. 马瑞芳：塞外琵琶恩怨多——王昭君（中），《文史知识》2016年第9期，第97—104页。

30. 赵君英：我国戏剧音乐管窥——从元杂剧《汉宫秋》到现代话剧《王昭君》，《名作欣赏》2016年第26期，第160—161页。

31. 马瑞芳：独留青冢向黄昏——王昭君（下），《文史知识》2016年第10期，第74—81页。

32. 张洁：《汉宫秋》中王昭君的形象解读，《知识窗（教师版）》2016年第10期，第93—94页。

33. 裴风娟：戏曲王昭君，《上海戏剧》2016年第11期，第46—68页。

34. 张任：论石崇在昭君故事诗歌接受史上的意义，《三峡大学学报（人文社会科学版）》2016年第6期，第10—13+41页。

35. 阳耀芳：王昭君主题诗文演变中的文化意蕴探究，《名作欣赏》2016年第35期，第128—129+174页。

36. 魏占龙：昭君和亲中的三个伟大人物，《语文学刊》2016年第12期，第86—87页。

37. 寒黎：昭君与雁门关，《中国地名》2016年第12期，第38—39页。

38. 仇俊超：宋词的理解与误读三则，《文教资料》2016年第34期，第74—75+88页。

39. 孔令许：浅议南宋咏史组诗的三种变化，《现代语文（学术综合版）》2016年第12期，第22—23页。

40. 陈尧：剧有诗书气自华——唐诗对中国古典戏剧的影响，《安徽文学（下半月）》2016年第11期，第22—23页。

41. 赵西琴，黄莉：浅谈古诗文之“画面感”教学——以陈昭《明君词》为例，《中国校外教育》2016年第22期，第112—113页。

42. 邢培顺：摭采繁复 取材不竭——论葛洪《西京杂记》的文化价值增值现象，《滨州学院学报》2016年第3期，第80—87页。

43. 张燚：帷灯清影映美人——“帷灯留芳组壶”创作漫谈，《江苏陶瓷》2016年第3期，第59—60页。

44. 曲煜：小提琴的女性阴柔之美——解析陈钢的小提琴作品，《大众文艺》2016年第1期，第175—176页。

45. 丁宏武：“苏李诗文出自民间演艺节目”说平议，《西北师大学报（社会科学版）》2016年第2期，第36—44页。

46. 秦继仙：千年哭嫁歌——咏中国民族声乐作品《昭君出塞》，《黄河之声》2016年第2期，第80—81页。

47. 王海霞，胡淑芳：论元杂剧对敦煌变文人物塑造艺术的继承与发展，《湖北理工学院学报（人文社会科学版）》2016年第1期，第58—62页。

48. 孟妍：民族声乐作品《昭君出塞》创作特色赏析，《艺术研究》2016年第1期，第72—73页。

49. 王子今：直道与丝绸之路交通，《历史教学（下半月刊）》2016年第2期，第3—10页。

50. 余慈榕：互动对话 构建和谐课堂——以《咏怀古迹（其三）》为课例，《福建教育学院学报》2016年第2期，第12—13+23页。

51. 郭雪妮：帝京欲望与帝国恐惧——日本古代文学中的长安书写，《东北亚外语研究》2016年第1期，第22—28页。

52. 刘彧言：论古代政治婚姻中女性的命运及后世影响，《长江丛刊》2016年第9期，第41—42页。

53. 黎芸：《塞上曲》中推拉音“韵”的表达，《大众文艺》2016年第7期，第167—168页。

54. 王文轩：浅论艺术歌曲《昭君出塞》的演唱处理，《北方音乐》2016年第9期，第57页。

55. 陈芳：史传与小说的关系研究——以《西京杂记》为例，《集宁师范学院学报》2016年第3期，第13—18页。

56. 李媛：浅谈王志信作品的艺术风格——以《昭君出塞》为例，《音乐时空》2016年第8期，第12—13页。

57. 叶隽：“娜拉形变”与“妇女解放”——中国现代文学史与思想史上的《娜拉》之争，《鲁迅研究月刊》2016年第5期，第44—56+86页。

58. 道瑞：煌煌塞外青城史 三段巾帼英雄情，《老年世界》2016年第6期，第48—49页。

59. 杨蓉：昭君怨，《月读》2016年第7期，第54—56页。

60. 任冬生，阳东霖：赏析舞剧《昭君出塞》，《演艺科技》2016年第7期，第70—71页。

61. 曹慧媛：郑樵《乐府四怨》与《（怨为之）解》亡诗考辨，《乐府学》2016年第1期，第190—202页。

62. 穆涛：和王昭君相关的一些事，《小品文选刊》2016年第8期，第17页。

63. 张龙妹："唐"的变奏 评《永远的'唐土'——日本平安朝物语文学的中国叙述》，《日语学习与研究》2016年第5期，第124—127页。

64. 杨贺：初唐歌诗入乐与诗风演变新探——以女性形象描写为例，《交响（西安音乐学院学报）》2016年第3期，第61—67页。

65. 余贤宾：陶瓷仕女画探讨，《景德镇陶瓷》2016年第5期，第32—33页。

66. 范永干：马蹄与哀怨的完美结合——广东汉乐《昭君怨》意境浅析，《岭南音乐》2016年第5期，第29页。

67. 王雅静，孙逊：早期敦煌变文序跋与现代俗文学研究范式的建立，《文艺理论研究》2016年第6期，第123—129页。

68. 刘俊，王海：略论匈奴居次，《郑州师范教育》2016年第6期，第84—87页。

69. 谭辉琼：艺术歌曲《昭君出塞》的创作特色及情感体现，《艺海》2016年第12期，第44—45页。

70. 吴安妮：琵琶曲《昭君出塞》的演奏分析，《剧影月报》2016年第6期，第40—42页。

71. 朱洁：年画：最深入民间的戏曲图像——以戏曲为本位对年画的研究，《曲学》2016年，第349—409+7页。

72. 周仕慧：乐府诗中的对话体研究，《乐府学》2016年第2期，第229—271页。

2017年

1. 张高评：清代王昭君题咏之转化与创新——以和亲是非之主题为例，《语文学刊》2017年第1期，第26—39页。

2. 马冀：论王昭君，《语文学刊》2017年第1期，经40—53页。

3. 刘梅兰，张全山：汉匈关系与河西边塞诗，《忻州师范学院学报》2017年第1期，第10—15页。

4. 冯尚瞰：王昭君：行走在历史与传说中——《内蒙访古》教学札记，《课外语文》2017年第5期，第188页。

5. 张永祎：《汉宫秋》：昭君出塞的另一种艺术模样，《东方文化周刊》2017年第10期，第74—79页。

6. 韩伟林："美神"王昭君，《中国西部》2017年第3期，第52—57页。

7. 杨晋芳：元代昭君诗体现的民族文化冲突与融合，《北方文学》2017年第8期，第25—27页。

8. 黄婷婷：从汉元帝形象看《汉宫秋》的主题，《学语文》2017年第2期，第64—66页。

9. 付兴林：白居易昭君诗的文学审美价值及其启示意义，《西南大学学报（社会科学版）》2017年第2期，第151—160+200页。

10. 张耀武：宜昌市名人文化符号构建研究，《三峡论坛（三峡文学·理论版）》2017年第2期，第22—28页。

11. 滕莹：歌曲《昭君出塞》演唱及作品分析，《西部皮革》2017年第6期，第201页。

12. 安琪：昭君文化传播现状调查，《广播电视大学学报（哲学社会科学版）》2017年第1期，第52—56页。

13. 刘晓艳：《汉宫秋》人称代词探析，《汉字文化》2017年第7期，第22—24页。

14. 熊召政：兴亡千载说昭君，《语文学刊》2017年第2期，第20—24页。

15. 刘冰清：昭君传说与传统伦理道德，《语文学刊》2017年第2期，第25—28页。

16. 蔡长明：谈民间对"昭君和亲"认识的多样性，《语文学刊》2017年第2期，第29—33页。

17. 赵璐：琵琶文曲《昭君出塞》的人文情怀和艺术表现，《北方音乐》2017年第9期，第69页。

18. 高莉：昭君故里自然人文景观的文学建构，《黑龙江生态工程职业学院学报》2017年第3期，第33—34页。

19. 刘梦爽，王定勇：变文、宝卷中王昭君故事之比较，《常熟理工学院学报》2017年第3期，第40—45页。

20. 刘梦爽：《王昭君变文》中昭君故事与历史真实故事比较，《北方文学》2017年第15期，第31—32页。

21. 宋敏：论时代思潮与王昭君文学形象的嬗变——以《琴操》、《汉宫秋》、郭沫若《王昭君》、曹禺《王昭君》为例，《三峡论坛（三峡文学·理论版）》2017年第3期，第8—12页。

22. 张淑君，张强：论昭君诗的双重性别特征，《青年文学家》2017年第15期，第50—51页。

23. 张剑钊：中国古代和亲的文学传播及其特点，《衡水学院学报》2017年03期，第124—128页。

24. 马冀：安边长策是和亲，白草黄沙满地春——谈王昭君自请出塞和亲，《语文学刊》2017年03期，第43—65页。

25. 王前程，杨剑兵：从“昭君怨”到“和亲赞”——元代昭君文学作品主题的流变及其成因，《语文学刊》2017年第3期，第66—73页。

26. 冀文秀：草原文化中的昭君文化元素，《语文学刊》2017年第3期，第74—78页。

27. 王芳：中国古代和亲女性概述，《语文学刊》2017年第3期，第79—87页。

28. 张淑君，张强：论昭君诗与一般咏史怀古诗的差异，《明日风尚》2017年第13期，第259+342页。

29. 靳生禾：昭君出塞路线考辨，《中国历史地理论丛》2017年第3期，第30—35页。

30. 解雨晴：论古代诗歌中昭君题材的多方发展，《芒种》2017年第14期，第23—24页。

31. 张薇：基于游客感知价值的节庆旅游体验研究——以昭君文化节为例，《内蒙古师范大学学报（哲学社会科学版）》2017年第4期，第146—152页。

32. 崔明德：和亲·和亲文化·和亲文化馆，《烟台大学学报（哲学社会科学版）》2017年第4期，第67—72页。

33. 罗羽羚：论元昭君戏和明清昭君戏中雁意象的不同，《名作欣赏》2017

年第23期，第115—117页。

34. 赵可新：历代“昭君村”“昭君墓”诗歌解读，《语文学刊》2017年第4期，第40—48页。

35. 任志军，任贵：昭君事迹传播中的误读，《语文学刊》2017年第4期，第49—52页。

36. 蒋方：昭君三相——昭君题材在中国文学传播史上的特别意义，《语文学刊》2017年第4期，第34—39页。

37. 周爱金：昭君怨否？——古诗中的“昭君”形象，《读写月报》2017年第25期，第8—10页。

38 杨秀礼：昭君文化故里景观意象的诗歌叙事功能——以历代题咏昭君作品为例，《河南师范大学学报（哲学社会科学版）》2017年第5期，第124—128页。

39. 高宏洲：王安石《明妃曲》释疑，《理论月刊》2017年第9期，第57—61页。

40. 杨胜宽：历史的真实与艺术的虚构——兼及郭沫若历史剧《王昭君》的“和亲”问题，《郭沫若学刊》2017年第3期，第43—51页。

41. 邵文实：《王昭君变文》与唐咸安公主关系论考，《敦煌学辑刊》2017年第3期，第46—57页。

42. 王伟丽：从王昭君论历史留给我们的不都是认同，更多的是反思，《北方文学》2017年第27期，第225+227页。

43. 杜娟：文献学视角浅析王昭君形象的流变，《中国文艺家》2017年第10期，第94+97页。

44. 李蕙芳：昭君之美，《语文学刊》2017年第5期，第50—53页。

45. 马冀：汉恩自浅胡自深，人生乐在相知心——宋代昭君诗词的深化和拓展，《语文学刊》2017年第5期，第30—46页。

46. 姜彩云：浅析《破幽梦孤雁汉宫秋》中反面人物形象及作用，《名作欣赏》2017年第33期，第137—138页。

47. 刘大为：《昭君自有千秋在》，《世界知识画报（艺术视界）》2017年第11期，第82页。

48. 周游：昭君的变化，《吐鲁番》2017年第4期，第32—36页。

49. 杨勇，赵秀丽：论曹雪芹的咏昭君诗，《红楼梦学刊》2017年第6期，第

29—44页。

50. 邵文实：《王昭君变文》中的昭君出塞路线考，《鲁东大学学报（哲学社会科学版）》2017年第6期，第6—11页。

51. 甘发根，饶晓敏：《昭君和番》民间长篇叙事唱本的传承与演变，《语文学刊》2017年第6期，第44—51页。

52. 易行国：昭君之子死因史实初探，《语文学刊》2017年第6期，第52—57页。

53. 冀文秀：康乾秉笔写昭君，《语文学刊》2017年第6期，第39—43页。

54. 张锐，樊明山：基于非物质文化遗产的文创产品开发——以王昭君传说的衍生品设计为例，《美术教育研究》2017年第10期，第44—46页。

55. 朱晓琳：从《疏影》看姜夔咏物词的用典特征，《读与写（教育教学刊）》2017年第8期，第251+279页。

56. 王同书：诗词里的真、善、美，《江苏政协》2017年第2期，第52—53页。

57. 杨鸣：三首琵琶名作的女性形象塑造探究，《艺术科技》2017年第1期，第272页。

58. 米彦青：草原丝绸之路上的唐诗写作，《文学评论》2017年第1期，第131—140页。

59. 林云：当代女性作家历史书写的“人性化”建构，《鲁东大学学报（哲学社会科学版）》2017年第1期，第48—51页。

60. 夏阳，龚宝珣：浅析声乐作品《昭君出塞》的演唱艺术处理方法，《明日风尚》2017年第2期，第287页。

61. 李元洛：意象的组合——杜甫《咏怀古迹·明妃村》，《中华诗词》2017年第2期，第77—79页。

62. 伏涤修：古代作家创作历史剧的主要目的动机，《戏曲艺术》2017年第1期，第62—66+40页。

63. 董丽，朱绛：千载琵琶作胡语 曲中却有别样情 舞剧《昭君出塞》之我见，《舞蹈》2017年第2期，第26—29页。

64. 朱卉平：论《汉宫秋》对史实的改写，《北方文学》2017年第5期，第46页。

65. 樊双，金云琴：古代历史人物在军旅舞蹈编创中的介入，《北方音乐》2017年第4期。

66. 王雅静，孙逊：早期敦煌变文序跋与现代俗文学研究范式的建立，《社会科学文摘》2017年第2期，第114—116页。

67. 王欣洁：琵琶的演奏技能及意境的营造分析，《黄河之声》2016年第21期，第98—99页。

68. 李岭：乌禅幕相关史事还原——与林梅村先生商榷，《内蒙古社会科学（汉文版）》2017年第2期，第87—90页。

69. 董丽：历史人物的舞剧书写 人物题材类舞剧创作简论，《舞蹈》2017年第4期，第32—36页。

70. 胡艳：民族声乐演唱的艺术处理——以《昭君出塞》为例，《艺术评鉴》2017年第7期，第20—22页。

71. 罗尚荣，刘洁：敦煌民间文学中的民族观探析——以变文为中心，《海南热带海洋学院学报》2017年第3期，第93—97页。

72. 陶莎：基于王志信声乐作品女性形象的研究，《艺术品鉴》2017年第5期，第268页。

73. 毋冰鸽：王志信与张卓娅的《昭君出塞》之比较，《通俗歌曲》2017年第5期，第95—96页。

74. 赵友枫：《西京杂记》的史学价值与文学价值赏析，《人文天下》2017年第12期，第65—68页。

75. 张培阳：《昭君怨》格律与体式辨正，《南阳师范学院学报》2017年第5期，第39—44页。

76. 翟赫：对《昭君出塞》创作特色的赏析，《北方音乐》2017年第10期，第99页。

77. 王娅：从新旧两首作品谈王志信艺术歌曲人物形象的塑造——以《昭君出塞》和《文成公主》为例，《音乐创作》2017年第6期，第120—122页。

78. 王坤彤：歌曲《昭君出塞》的民族风格——兼论歌坛“王志信现象”，《解放军艺术学院学报》2017年第2期，第197—202页。

79. 孙冰：声乐作品《昭君出塞》的艺术特征分析，《北方音乐》2017年第11期，第90页。

80. 李季，徐杉，孙洪波，余蕾，董越：昭君文化博物馆结构设计，《建筑结构》2017年第S1期，第88—91页。

81. 田晓菲，寇陆：庾信的“记忆宫殿”：中古宫廷诗歌中的创伤与暴力，《上海大学学报（社会科学版）》2017年第4期，第52—64页。

82. 杨天星：《琴论》作者新考，《中国音乐》2017年第3期，第102—106页。

83. 范云峰：浅析“民歌新古典”作品《出塞曲》，《戏剧之家》2017年第14期，第67页。

84. 马丹：民族舞剧《昭君》赏析，《大众文艺》2017年第14期，第178页。

85. 王鹏：民族团结赞，《内蒙古人大》2017年第8期，第42—44页。

86. 张雅洁：论舞蹈本体意识的流失与重申——以舞剧《英雄格萨尔》《昭君出塞》为例，《西南科技大学学报（哲学社会科学版）》2017年第4期，第51—55页。

89. 白玉冬：“可敦墓”考——兼论十一世纪初期契丹与中亚之交通，《历史研究》2017年第4期，第158—170+193页。

88. 于平：舞剧撞上了孔德辛，《舞蹈》2017年第9期，第36—38页。

89. 言午：大黑河畔寻芳踪，《晚霞》2017年第17期，第33页。

90. 谢冰华：《昭君出塞》的演唱特点分析，《当代音乐》2017年第17期，第74—75页。

91. 丁典：昭君墓园区空间发展规划设计，《江苏建筑职业技术学院学报》2017年第3期，第29—31+81页。

92. 刘春山：四大美人，《曲艺》2017年第9期，第71—74页。

93. 张元：昭君悲歌对银行操作风险管理的启示，《中国银行业》2017年第10期，第88—89页。

94. 龚明德：艾芜八十二岁时的“鄂行”，《蜀学》2017年第2期，第216—230页。

95. 克冰：乌日勒春香的昭君情结，《语文学刊》2017年第5期，第47—49页。

96. 曹晓昕：昭君博物馆，《建筑学报》2017年11期，第74—78页。

97. 曹晓昕，尚蓉，梁力：关于昭君博物馆设计，《建筑学报》2017年11期，第79—81页。

98. 郭凯琪，张秀卿：呼和浩特市地标性景观调查研究，《现代园艺》2017年23期，第114—115页。

99. 乌日勒春秋：我与昭君，《语文学刊》 2017年第6期，第173页。

100. 罗红艳：不入乐之宋声诗研究，《乐府学》2017年第2期，第118—124页。

101. 欧阳宜文：20世纪越南“改良剧”创作与相关文艺政策的变迁，《戏剧之家》2017年第17期，第4—7页。

2018年

1. 刘妙：议汉元帝在胡汉和亲上的作为，《语文学刊》2018年第4期，第25—31页。

2. 曹丹睿：元代文人创作心态——以马致远《汉宫秋》为例，《大众文艺》2018年第12期，第28—29页。

3. 马晓丽，穆琛：新世纪以来中国古代和亲研究述评，《聊城大学学报（社会科学版）》2018年第3期，第60—69页。

4. 秦杰：诗中有戏，戏中有诗——《汉宫秋》的戏剧性与抒情性探析，《安徽文学（下半月）》2018年第5期，第61—63页。

5. 袁盛财：井上靖《明妃曲》的叙事艺术，《文教资料》2018年第1期，第36—37页。

6. 黄蔚：画工毛延寿小考，《艺术科技》2018年第1期，第115+194页。

7. 袁盛财：隐藏于历史背后的好战心态——井上靖《明妃曲》中的隐性叙事进程，《芒种》2018年第2期，第66—67页。

8. 李艳荣，张丽杰：毛延寿人物形象评价流变，《内蒙古电大学刊》2018年第3期，第58—61页。

9. 杨继武，杨东辉：昭君诗歌透射出的家国情怀，《中学语文》2018年第3期，第59—60页。

10. 钟书林：《王昭君变文》与唐蕃长庆会盟——《王昭君变文》作年考，《复旦学报（社会科学版）》2018年第1期，第89—95页。

11. 王世巍：《汉宫秋》昭君艺术形象的士人本质——兼论王国维的悲剧品评观，《湖北工程学院学报》2018年第1期，第54—62页。

12. 张津嘉：从“昭君出塞”看我国西汉和亲政策的政治效益，《文存阅刊》2018年第3期，第170页。

13. 罗嘉华：论古代昭君戏曲中的地理位置差异，《名作欣赏》2018年第5期，第146—148页。

14. 王俊桥：敦煌变文与酒泉宝卷王昭君故事比较研究，《天水师范学院学报》2018年第1期，第51—55页。

15. 钟响：两个时空，共同的匈奴情结——从井上靖《明妃曲》谈起，《佳木斯职业学院学报》2018年第2期，第66+68页。

16. 王晶：试论《汉宫秋》中王昭君三种角色的转换，《河南农业》2018年第6期，第52—54页。

17. 吴晓明：谈关于昭君和昭君出塞的民间传说，《语文学刊》2018年第1期，第61—65页。

18. 解婷婷：昭君诗的唐宋之变，《东方论坛》2018年第1期，第47—53页。

19. 梁燕：浅析昭君精神对高校民族团结教育的价值，《报刊荟萃》2018年第3期，第75+77页。

20. 葛祎：回天乏术的傀儡皇帝——《汉宫秋》中汉元帝人物形象分析，《名作欣赏》2018年第8期，第158—159页。

21. 曹雅欣：弦上说相思：唐宋诗词为何对琵琶情有独钟?，《金秋》2018年第6期，第27—29页。

22. 徐国华：《王昭君变文》与昭君故事流变研究，《兰州教育学院学报》2018年第3期，第1—2+5页。

23. 郭梅，张宇：云想衣裳花想容——唐诗与四大美人，《博览群书》2018年第4期，第78—84页。

24. 袁盛财：井上靖《明妃曲》的承文本性，《文学教育（上）》2018年第4期，第54—55页。

25. 孙家洲："最北方的汉式宫殿"与王昭君的女儿女婿，《文史天地》2018年第4期，第12—16页。

26. 王欣：《汉宫秋》的现代大众传播研究，《传播与版权》2018年第4期，第108—110页。

27. 王欣：《汉宫秋》舞台传播研究，《采写编》2018年第2期，第178—180页。

28. 杨由之：《青冢记·昭君出塞》中的昆弋合流现象，《汉字文化》2018年第9期，第61页。

29. 刘伟：昭君故事母题的民族融通意涵，《中央民族大学学报（哲学社会科学版）》2018年第3期，第127—135页。

30. 王琳深：浅析王安石《明妃曲》与杜甫《咏怀古迹》（其三）——王昭

君形象再考究，《长江丛刊》2018年第19期，第2页。

31. 杨晨：浅析《汉宫秋》元杂剧结构特点及发展，《黄河之声》2018年第9期，第39+41页。

32. 田胜利：《易林》“昭君”故实认定及爻辞辨证二则，《温州大学学报（社会科学版）》2018年第3期，第82—86页。

33. 李亦白：论《汉宫秋》的艺术新质，《佛山科学技术学院学报（社会科学版）》2018年第3期，第87—91页。

34. 杨勇：论程敏政的《明妃曲》，《语文学刊》2018年第3期，第8—13页。

35. 魏伯河：昭君故事解读的另一视角——清代诗人黄恩彤《昭君咏》评析，《语文学刊》2018年第3期，第1—7页。

36. 万一方，赵厚均：明清闺秀笔下的昭君形象探析，《中华诗学》2018年第2期，第37—55页。

37. 朱利华：敦煌本《王昭君变文》新论，《西华师范大学学报（哲学社会科学版）》2018年第4期，第9—15页。

38. 魏悦洋：人生乐在相知心——浅析王安石《明妃曲》中王昭君形象书写，《汉字文化》2018年第14期、第56—57+65页。

39. 刘召明：女神，还是间谍？——昭君和亲的跨文化解读，《三峡大学学报（人文社会科学版）》2018年第5期，第1—6页。

40. 黄雅婷：叙事权力与文体流变中的去经典化——以“昭君出塞”为例，《三峡大学学报（人文社会科学版）》2018年第5期，第7—12页。

41. 牟勇：打造昭君故里生态文化旅游品牌的路径思考，《三峡论坛（三峡文学·理论版）》2018年第4期，第10—16页。

42. 陆世初，徐志全，罗永腾：壮族“末伦”《昭君和番》的艺术特色与文化内涵，《广西职业技术学院学报》2018年第4期，第135—141页。

43. 陈文武，杜桂慧：历代画家描绘王昭君的作品研究（一），《语文学刊》2018年第4期，第17—24页。

44. 杨露：电视舞蹈《昭君出塞》的艺术魅力，《当代电视》2018年第9期，第89—90页。

45. 孙振涛，张慧，付月，高雅雯，余晓敏：地域文化视角下的《全唐诗》“昭君”意象考，《集宁师范学院学报》2018年第5期，第13—16页。

46. 黄蔚：画工毛延寿其人，《大众文艺》2018年第19期，第109—110页。

47. 李卫卫，张卫娣：王昭君故事在平安时代物语文学中的流变，《河南科技大学学报（社会科学版）》2018年第5期，第9—12+47页。

48. 姜云霞：顾影自怜请“君”入瓮——王安石《明妃曲二首》解析，《中华辞赋》2018年第11期，第245—246页。

49. 桂胜，刘婷：昭君故事蕴涵的群体文化与个体社会化现象探析，《中南民族大学学报（人文社会科学版）》2018年第6期，第106—109页。

50. 刘妙：昭君出塞线路考，《语文学刊》2018年第6期，第12—20页。

51. 易行国：史实“福德昭君”与虚构“悲怨昭君”的历史根源，《语文学刊》2018年第6期，第21—28页。

52. 李静：《王昭君变文》在昭君故事流变中的地位及意义，《河北工程大学学报（社会科学版）》2018年第4期，第57—59页。

53. 张欣：抱朴含真 器道合一——葛咏琵琶博士独奏音乐会述评，《中国音乐》2018年第6期，第186—192页。

54. 戴德刚：泰州古乐奏新韵，《江苏地方志》2018年第5期，第43—45页。

55. 杨晓慧：唐代俗文学的社会历史价值探析，《唐都学刊》2018年第5期，第14—18页。

56. 胡星亮：中国现代戏剧精神在香港剧坛的传承——香港作家李援华话剧创作论，《安徽大学学报（哲学社会科学版）》2018年第5期，第56—64页。

57. 李冰雁：香港邵氏黄梅调电影的文化想象，《华文文学》2018年第3期，第66—71页。

58. 黄佳：钢琴艺术指导与声乐演唱的协同配合探究，《音乐创作》2018年第6期，第182—184页。

59. 牟艳：《三个叛逆的女性》对《玩偶之家》的借鉴与超越，《绥化学院学报》2018年第6期，第66—70页。

60. 曹译丹：唐诗中的“汉月”意象，《焦作大学学报》2018年第1期，第19—22页。

61. 陈云升：论戏曲创作中史料与史剧的关系、《戏曲艺术》2018年第1期，第81—87页。

62. 郑红华：孤独老人的家国情怀——探寻《杜甫诗三首》的情感美，《中学语文教学参考》2018年第Z1期，第68—69页。

63. 黎国韬，周佩文：魏晋南北朝琴曲歌辞辑考，《中山大学学报（社会科学版）》2018年第3期，第19—29页。

64. 宫立：汪曾祺集外小文五篇及其释读，《当代文坛》2018年第3期，第91—99页。

65. 闫慧：清初遗民散曲意象探微，《潍坊工程职业学院学报》2018年第3期，第99—102页。

66. 王张静：王志信新编民歌的人物塑造与情感升华——以《孟姜女》《昭君出塞》为例，《当代音乐》2018年第1期，第131—132页。

67. 安佳：钢琴伴奏在声乐演唱中的角色体现——以声乐作品《昭君出塞》为例，《北方音乐》2018年第1期，第90页。

68. 刘尊明：东坡词中首见词调和创调的词史价值，《学术研究》2018年第4期，第162—169页。

69. 孙淑媛：论对学习演唱《昭君出塞》的分析与体会，《黄河之声》2018年第6期，第125页。

70. 刘玲：意得神传 笔精形似——杜甫诗三首炼字炼句例谈，《语文教学之友》2018年第7期，第38—40页。

71. 倪亦斌：中国传统画题《隋炀帝夜游》的瓷器图像，《陶瓷研究》2018年第4期，第28—34页。

72. 陈焱：大型民族文化节事活动对旅游目的地的影响研究——以内蒙古昭君文化节为例，《智库时代》2018年第35期，第124+126页。

73. 杨颖：声乐作品《昭君出塞》的演唱诠释与处理，《科学大众（科学教育）》2018年第9期，第162页。

74. 吴福辉：在北大听讲演，《新文学史料》2018年第3期，第4—11页。

75. 张锦秋：浅析《汉宫秋》主题中的悲剧性，《短篇小说（原创版）》2018年第26期，第68—70页。

76. 郭梅：美人远嫁泣西风，《青年文学》2018年第10期，第114—117页。

77. 田旭东：文旅融合 领略塞外青城独特魅力，《实践（思想理论版）》2018年第10期，第20—22页。

78. 田永胜：从《西京杂记》小说中看帝妃爱情故事的悲剧类型及成因，《名作欣赏》2018年第33期，第67—69页。

79. 路元敦，张华：金源灭亡的最早文学记录——李俊民《闻蔡州破》释证，《名作欣赏》2018年第32期，第25—26页。

80. 陈焱：节庆旅游对旅游目的地知名度的影响——以内蒙古昭君文化节为例，《旅游纵览（下半月）》2018年第11期，第90页。

81. 邱诤男：浅析艺术歌曲《昭君出塞》的二度创作，《黄河之声》2018年第20期，第44页。

82. 陈焱：节庆旅游推动旅游地经济发展的策略探讨——以内蒙古昭君文化节为例，《旅游纵览（下半月）》2018年第12期，第123页。

83. 黎跃进："丝绸之路"与中日文学、文化交流，《东方丛刊》2018年第2期，第29—44页。

84. 刘洁：日本古抄本《千载佳句》中的唐乐文化，《古典文献研究》2018年第1期，第88—99页。

85. 寇雅儒：井上靖笔下"异乡人"的西域浪漫，《青年文学家》2018年第36期，第130—132页。

86. 刘洁：日本平安朝汉诗文钞本所见乐府诗举隅，《乐府学》2018年第2期，第305—315页。

87. 毛小雨：东南亚戏剧的概况与特征，《戏曲研究》2018年第1期，第2—16页。

88. 阿部泰记：论唐代王昭君故事的时代特色和其对后代中日文学的影响，《兴大中文学》2018年第43期，第75—95页。

89. 林晓英：流播与异变：北管《和番》五牌与明清曲本关系初探，《戏剧学刊》2018年第27期，第31—59页。

2019年

1. 刘悦："大一统"：《王昭君变文》中史传精神的体现，《渭南师范学院学报》2019年第1期，第92—97页。

2. 薛凡："入胡"与"归汉"——《昭君出塞》与《文姬入塞》对比，《北方文学》2019年第5期，第56—57页。

3. 刘颖：昭君形象演变的历时性考察，《佳木斯职业学院学报》2019年第2期，第238—239页。

4. 吴正格："四美女"入馔记，《书屋》2019年第3期，第30—34页。

5. 王玉平：西汉和亲对当朝和西域各国的政治影响，《散文百家》2019年第3期，第14—16页。

6. 黄纪苏：青冢，《读书》2019年第3期，第137—145页。

7. 王旭东：浅谈民族歌剧《千古情缘》的创作特色，《音乐创作》2019年第3期，第98—102页。

8. 田纪伟：青冢为谁留——从《汉宫秋》看王昭君命运的悲歌，《戏剧之家》2019年第11期，第10—12+16页。

9. 韩永强：和平使者王昭君，《贵阳文史》，2019年第3期，第73—78页。

10. 朱怡雯：从诗、乐关系看唐代昭君诗的创作，《湖北社会科学》2019年第5期，第111—117页。

11. 梁丹玉：一上玉关道 天涯去不归——观舞剧《昭君出塞》有感，《黄河之声》2019年第7期，第135—136页。

12. 陈先娅：刘麟作词、王志信作曲的创作歌曲《昭君出塞》的情节设计及演唱处理，《戏剧之家》2019年18期，第69页。

13. 高胜利，史转康：汉魏六朝时期昭君故事流变考，《三峡大学学报（人文社会科学版）》2019年第4期，第9—13页。

14. 杨景贤：让经典剧目在移植中焕发新的生机——秦腔《昭君出塞》观后，《当代戏剧》2019年第4期，第74—75页。

15. 杨勇：从政治附庸到人文关怀：论明清昭君宫怨诗的兴起，《湖北大学学报（哲学社会科学版）》2019年第4期，第121—125页。

16. 陈嘉荣：《昭君出塞》作品的分析与诠释，《大众文艺》2019年第16期，第164—165页。

17. 李延军：此昭君非彼昭君，《文史天地》2019年第10期，第80—83页。

18. 张帆：女子也能忠、孝、义——观京剧《汉明妃》，《中国京剧》2019年第11期，第76—79页。

19. 马冀：近七十年昭君文化传播和研究的思考，《三峡大学学报（人文社会科学版）》2019年第6期，第1—8页。

20. 阚如良，周军：基于民族团结进步的昭君文化旅游线路开发研究，《三峡论坛（三峡文学·理论版）》2019年第6期，第1—5页。

21. 姚晶晶：试论王昭君文学形象在日本的流布，《日语教育与日本学研究》2019年，第250—256页。

22. 傅昀川：红颜二君照兴亡——《汉宫秋》《桃花扇》的艺术魅力，《课外语文》2019年第31期，第189—190页。

23. 张伟：汉代和亲诗考论，《湖南大学学报（社会科学版）》2019年第6期，第94—100页。

24. 天一：王昭君：维护汉匈和平友好的和亲使者，《月读》2019年第12期，第4—15页。

25. 朱冉琦：浅析王昭君的性格及其成因，《汉字文化》2019年第S2期，第114+116页。

26. 韩少云，方安豪：元青花《昭君出塞》图盖罐研究，《陶瓷研究》2019年第6期，第44—46页。

27. 杨波：明代戏剧中的昭君书写，《中国古代小说戏剧研究》2019年，第356—367页。

28. 张萌：古曲述传奇 旖旎吐心声——《秋塞吟》音乐分析与审美思考，《人民音乐》2019年第2期，第47—49页。

29. 陈兴才："思辨性阅读与表达"任务群案例：哀怨曲还是欢乐颂，《语文建设》2019年第3期，第14—18页。

30. 李红艳：家国离乱中的女性命运——姚金成的传统戏改编策略及成就，《戏剧文学》2019年第2期，9—13页。

31. 蔡丹：从徐渭咏史诗看其对世俗传统的悖逆，《安徽广播电视大学学报》2019年第1期，第89—92页。

32. 伏漫戈，于展东，杨晓慧：元杂剧中长安叙事的意蕴，《文化艺术研究》2019年第1期，第77—83页。

33. 薛若琳：谈谈历史剧的创作，《福建艺术》2019年第3期，第4—8页。

34. 寿山田黄石雕《昭君出塞图》，《文化产业》2019年第6期，第65页。

35. 康耀仁：李公麟《五马图》的高度和疑惑，《东方收藏》2019年第7期，第74—77页。

36. 齐琨：文献叠写分析——以相关琵琶源起的四条文献为例，《中国音乐学》2019年第2期，第84—98+107页。

37. 曾莉珠，龚宝珣：歌曲《昭君出塞》的演唱处理，《艺术科技》2019年第4期，第128页。

38. 李欣冉：《出塞纪略》：蒙汉文学交融视域下的清代北疆草原纪行写作，《集宁师范学院学报》2019年第3期，第40—43+47页。

39. 康保成：王季思先生晚年的学术情怀，《温州大学学报（社会科学版）》2019年第3期，第21—29页。

40. 甄自明，赵东升：论鄂尔多斯长城文化，《前沿》2019年第3期，第84—92页。

41. 于玲：路迢迢兮情更长——观舞剧《昭君》，《中国文艺家》2019年第6期，第54+196页。

42. 杨茜媛，柏林林：谈当代民族唱法如何演唱传统粤曲——以《昭君出塞》为例，《乐府新声（沈阳音乐学院学报）》2019年第2期，第139—151页。

43. 张玲：中国少数民族题材电视剧中的女性形象研究，《当代电视》2019年第8期，第57—60页。

44. 汪文艳：兴山踩堂戏考略，《戏剧之家》2019年第25期，第6—8+10页。

45. 张晓燕，周军，王华兴，杨文成：特色保护类村落旅游业助推文化振兴的困局与实现路径——基于兴山昭君村的观察，《三峡大学学报（人文社会科学版）》2019年第5期，第35—39页。

46. 丁书君：元代咏史诗研究综述，《新疆大学学报（哲学·人文社会科学版）》2019年第5期，第102—107页。

47. 潘斌：古代女性题材琴曲述考，《贵州大学学报（艺术版）》2019年第5期，第88—95页。

48. 政协兴山县委员会：善谋善议建立昭君旅游联盟 善作善成推动文旅深度融合，《湖北政协》2019年第11期，第39—41页。

49. 曲艺：阿瞒驻辔立多时，欲上花骢尚娇色——五版本《杨妃上马图》再考，《南京艺术学院学报（美术与设计）》2019年第6期，第20—26页。

50. 谭世芬：以“言”为据，理解古诗词——以《杜甫诗三首》为例，《语数外学习（高中版上旬）》2019年第8期，第17页。

51. 姚蕾：试析杜甫《咏古怀迹（三）》中的离愁别恨，《语数外学习（高中版下旬）》2019年第8期，第18页。

52. 王思倩：昭君情——以歌曲《昭君出塞》与《昭君》为例，《明日风尚》2019年第17期，第114+116页。

53. 刘坫鑫：结合古典戏曲史分析古典戏曲文化的精神内涵，《中国文艺家》2019年第12期，第44页。

54. 王聪："心境"对舞蹈人物形象塑造的意义——以舞剧《绝代佳人》中人物角色王昭君为例，《艺术品鉴》2019年第36期，第202—203页。

55. 阿部泰记：中日王昭君传说中的民俗描写，《文学新钥》2019年第30卷，第55—92页。

2020—2023年

2020年

1. 谢丹：谁为昭君定妆容？——王昭君文学形象探究，《黑龙江教育（教育与教学）》2020年第1期，第46—49页。

2. 唐传美：元杂剧《汉宫秋》悲剧内涵探析，《文化产业》2020年第11期，第32—33页。

3. 刘洁：昭君和亲文学景观的双重呈现——以昭君村、昭君墓、昭君庙为例，《地方文化研究》2020年第1期，第78—86页。

4. 薛鹏举：女性自我觉醒和家国情怀特质——浅析高甲戏《昭君出塞》中王昭君形象，《中国戏剧》2020年第2期，第67—68页。

5. 甘发根：讲好昭君故事 弘扬和美文化——兴山县昭君文化研究70年回顾，《三峡大学学报（人文社会科学版）》2020年第2期，44—48页。

6. 王绍东：昭君文化的旅游意蕴，《三峡大学学报（人文社会科学版）》2020年第2期，32—36页。

7. 曹英英，刘冰清：昭君故里五句子歌谣中的昭君形象探析，《品位·经典》2020年第3期，第1—5页。

8. 任晓阳：从《汉宫秋》对历代昭君戏的突破与创新看其悲剧意蕴，《青年文学家》2020年第9期，第151+153页。

9. 王前程：王昭君籍贯诸多异说及其成因述论，《三峡论坛（三峡文学·理论版）》2020年第2期，第1—5+10页。

10. 季雯静：明代咏昭君诗主题的时代特色，《名作欣赏》2020年第12期，第122—125页。

11. 龙成松：敦煌写卷安雅《王昭君》考论，《敦煌研究》2020年第2期，第75—83页。

12. 王欣：一曲悲歌千古传——《汉宫秋》传播原因探析，《采写编》2020年第2期，第167—168页。

13. 孔令茜，宋婉玥：浅析杨柳青木版年画中“昭君”题材作品，《流行色》2020年第3期，第49—50页。

14. 王禹然：浅论王昭君诗词中“怨”的艺术特征，《名作欣赏》2020年第14期，第134—135页。

15. 田丽萍，邓莹辉：《明妃曲》与王安石的人才思想，《三峡论坛（三峡文学·理论版）》2020年第3期，第55—59页。

16. 郭婷，刘冰清：昭君故里五句子歌谣的语言特色，《青年文学家》2020年第18期，第50—51页。

17. 刘洁：试论和亲联姻传说中的公主形象，《西北民族大学学报（哲学社会科学版）》，2020年第4期，第175—180页。

18. 李光泽，李一凡：昭君出塞故事对《源氏物语·须磨卷》的影响，《现代交际》2020年第12期，第127—129页。

19. 孔德辛：浅谈舞剧《孔子》《昭君出塞》的人物形象构建，《艺术评鉴》2020年第13期，第131—133页。

20. 王绍东：再论秦直道是昭君出塞的最可能路线，《南开学报（哲学社会科学版）》2020年第4期，第153—160页。

21. 陈颖：从“互文性”看清代昭君诗之新变，《辽东学院学报（社会科学版）》2020年第4期，第92—97页。

22. 姚晶晶，陆超：中日古典诗词中的王昭君形象及其演变，《大众文艺》2020年第16期，第31—32页。

23. 王绍东，汤国娜：历代文献记载中的昭君墓及相关问题，《烟台大学学报（哲学社会科学版）》2020年第5期，第85—93页。

24. 徐翠：昭君戏中王昭君与刘文龙故事合流现象研究，《戏曲研究》2020年第4期，第117—132页。

25. 刘博：《昭君出塞》的音乐分析，《艺术品鉴》2020年第3期，第333—

334页。

26. 谢丹：高中语文群文阅读教学探索——以探究王昭君文学形象及其文化内涵教学为例，《课外语文》2020年第6期，第123—124页。

27. 单选平，樊丽娜：《昭君出塞》的曲式结构与歌词分析，《中国文艺家》2020年第3期，第47+96页。

28. 贾红分：五四时期女性戏剧《三个叛逆的女性》对当下历史剧创作的启示，《今古文创》2020年第11期，第41—42页。

29. 张桐源：俄藏平阳版画《随朝窈窕呈倾国之芳容》探微，《新美术》2020年第3期，第124—127页。

30. 李嘉宝，韩璐：唐诗中西域民族音乐文化研究，《贵州民族研究》2020年第3期，第152—155页。

31. 陈兴才：思辨性阅读与表达“哀怨曲还是欢乐颂”课堂实录，《语文建设》2020年第7期，第23—28页。

32. 香溪河上的千年古音，《中国民族博览》2020年第9期，第76—81页。

33. 董丽：当代视阈下的历史叙事——关于人物类舞剧创作的思考，《舞蹈》2020年第3期，第52—56页。

34. 毛宇：试论丘濬题画诗，《海南广播电视大学学报》2020年第2期，第19—25页。

35. 郝赫：守规矩 开局面——小设曲艺创作中“原创”与“改编”的关系，《曲艺》2020年第6期，第16—17页。

36. 孔德辛：试论舞剧中的舞蹈编排和舞段设置——以《孔子》《关公》《昭君出塞》为例，《大众文艺》2020年第14期，第138—139页。

37. 吕露燕：杜甫《咏怀古迹》中的“省识”释疑，《中学语文》2020年第24期，第86页。

38. 张晓庆：论侯景之乱与庾信生平创作，《河南科技学院学报》2020年第9期，第48—54页。

39. 阿部泰记：中日王昭君故事的神话色彩，《兴大中文学报》2020年第48期，第53—92页。

2021年

1. 甘发根：昭君文化在山西民间的传播，《湖北文史》2021年第2期，第160—

167页。

2. 庄永平：唐曲《王昭君》研究，《交响（西安音乐学院学报）》2021年第40卷第4期，第5—10页。

3. 梁岷冬：王志信叙事歌曲《昭君出塞》的音乐分析和演唱研究，《艺术教育》2021年第12期，第91—94页。

4. 何文静：英语世界的昭君文学译介与昭君形象建构，《三峡大学学报（人文社会科学版）》2021年第43卷第6期，第13—18页。

5. 彭卫华：弘扬昭君文化 促进民族团结，《民族大家庭》2021年第5期，第40—41页。

6. 崔明德，刘子琪，雷振扬，李大龙，武沐，冉诗泽，刘洁，蔡燕："中国和亲历史与和亲文化"笔谈，《烟台大学学报（哲学社会科学版）》2021年第34卷第5期，第74—102页。

7. 张庆民，田雨：《红楼梦》中所涉王昭君诗刍议，《红楼梦学刊》2021年第5期，第135—153页。

8. 杨华：骚怨传统、文化记忆与王昭君形象的文学建构，《浙江学刊》2021年第4期，第228—238页。

9. 崔明德：论和亲文化，《中国边疆史地研究》2021年第31卷第2期，第182—193+216页。

10. 李娟：多彩的"昭君出塞"类古诗词题材主题，《中学语文教学参考》2021年第18期，第85—86页。

11. 李琳莉，李敏昌，陆大韦：多元一体民族观是昭君文化研究的根本遵循，《三峡大学学报（人文社会科学版）》2021年第43卷第4期，第1—4页。

12. 冯方：昭君精神及其当代青年国家认同研究，《三峡大学学报（人文社会科学版）》2021年第43卷第4期，第5—9页。

13. 陈雪，杨春艳：王昭君影视形象传播研究，《三峡大学学报（人文社会科学版）》2021年第43卷第3期，第99—103页。

14. 张小钢：唐代"王昭君"形象的建构——以白居易的诗句为中心，《山西高等学校社会科学学报》2021年第33卷第3期，第67—75页。

15. 杨勇：清代女性诗人对《红楼梦》"昭君诗"的接受，《长江大学学报（社会科学版）》2021年第44卷第2期，第66—70页。

16. 陆薏：论《王昭君变文》中昭君形象新变，《汉字文化》2021年第4期，期32—33页。

17. 许晶：史书中记载的昭君形象，《今古文创》2021年第3期，第34—35+61页。

18. 谭可欣：论声乐演唱中的二度创作——以艺术歌曲《昭君出塞》为例，《黄河之声》2021年第24期，第93—95页。

19. 陆媛媛，张莹：潮州筝派四个版本《昭君怨》中滑音的记谱分析，《当代音乐》2021年第12期，第98—100页。

20. 刘佳：中国艺术歌曲《昭君出塞》的演唱特色研究，《黄河之声》2021年第22期，第98—100页。

21. 吴琳娜：声乐作品《昭君出塞》中的演唱处理探讨，《黄河之声》2021年第18期，第83—85页。

22. 卢晓悦：诗意歌舞剧《昭君出塞》跨文化传播案例分析，《新纪实》2021年第17期，第94—96页。

23. 任安昀，秦珂欣：马致远《汉宫秋》的情感教育价值，《文学教育（上）》2021年第6期，第98—99页。

24. 胡朝敏：中国艺术歌曲《昭君出塞》艺术分析及演唱处理，《黄河之声》2021年第7期，第84—86页。

25. 安葵：历史叠加下的传承与创新 为广东汉剧《王昭君》点赞，《中国戏剧》2021年第4期，第34—35页。

26. 曹晓昕，张广源，孙海霆，吴清山：昭君博物馆，《当代建筑》2021年第1期，第114—119页。

2022年

1. 赵鑫钰：琵琶曲《昭君出塞》两版本之对比研究，《黄河之声》2022年第23期，第72—75页。

2. 刘文静：铸牢中华民族共同体意识视域下昭君传说资源的传承与保护，《民族大家庭》2022年第6期，第27—29页。

3. 傅绍磊，郑兴华：乌孙公主与汉唐王昭君形象的嬗变，《新疆地方志》2022年第3期，第56—58+60页。

4. 许沈紫："昭君出塞"美人瓶——"昭君出塞"组合瓶创作体会，《江苏陶瓷》2022年第55卷第5期，第38+41页。

5. 王前程：青冢源流及其符号象征意义，《三峡大学学报（人文社会科学版）》2022年第44卷第6期，第1—6页。

6. 张文平：从赵武灵王到王昭君——战国秦汉时期河套地区长城防御体系的演变，《内蒙古师范大学学报（哲学社会科学版）》，2022年第51卷第5期，第31—38+47页。

7. 熊长云：昭君镜考释，《文学遗产》2022年第5期，第132—143页。

8. 闫涛：朔州昭君墓真伪考辨，《阴山学刊》2022年第35卷第4期，第61—67页。

9. 王琮凯：从石崇《王明君辞》看昭君文学形象的确立，《大众文艺》2022年第15期，第13—15页。

10. 王前程：昭君文化符号生成原因考，《烟台大学学报（哲学社会科学版）》2022年第35卷第3期，第80—88+99页。

11. 张芹，都春屏："米姆"式传播：昭君形象经典化建构路径再探析，《三峡大学学报（人文社会科学版）》2022年第44卷第3期，第93—97页。

12. 张静琳：浅析琵琶曲《塞上曲》和《昭君出塞》中不同的昭君形象之美，《黄河之声》2022年8期，第158—160页。

13. 骆惠婷：以王昭君为题材的传统南曲之腔韵探究——以"最美十三腔"《山险峻》为例，《大众文艺》2022年第8期，第101—103页。

14. 江洁：从《汉宫秋》的文学改造看宋元易代时期的文人精神，《湖北文理学院学报》2022年第43卷第4期，第43—46+88页。

15. 赵玉荣，李世勇：从昭君出塞故事的多重书写看历史叙事中的后见之明，《中华历史与传统文化论丛》2021年，第87—106页。

16. 黄蔚：试论"毛延寿为王昭君画像"故事之可能性，《文物鉴定与鉴赏》2022年第1期，第129—131页。

17. 邓莹辉，罗帅："新学"语境下的宋代昭君诗——以王安石《明妃曲》二首为例，《福州大学学报（哲学社会科学版）》2022年第36卷第1期，第74—79+122页。

18. 刘金祥：湖北"昭君"状摹凤凰之子——读《沈从文评传》，《书屋》2022年第12期，第52—55页。

19. 曹晓昕，尚蓉，梁力，宋涛，詹红，范佳：内蒙古昭君博物院 中国内蒙古，《世界建筑导报》2022年第37卷第5期，第16—19页。

20. 蔡欣欣：返本开新的《昭君·丹青怨》，《福建艺术》2022年第7期，第49—50页。

215. 王景莹：扬琴曲《昭君怨》的作品及版本分析，《黄河之声》2022年第14期，第18—20页。

22. 郭美瑄，高微：论琵琶曲《昭君出塞》的艺术处理手法，《艺术教育》2022年第7期，第89—92页。

23. 薛海云：民族声乐作品《昭君出塞》的演唱呈现研究，《黄河之声》2022年第12期，137—139页。

24. 詹露露，朱黎冰：浅析艺术歌曲《昭君出塞》的演唱处理，《戏剧之家》2022年第17期，第66—68。

25. 叶丹青：新议民族声乐作品《昭君出塞》的演唱重点与技巧处理，《黄河之声》2022年第10期，第159—161页。

26. 赵轩艺：论舞剧《昭君出塞》中蒙古族舞蹈元素的运用，《中国民族博览》2022年第3期，第142—144页。

27. 马效卫，孙俊强：妙用比兴 托物言志——郑域《昭君怨》赏析，《课外语文》2022年第5期，第84—85页。

2023年

1. 邓莹辉，徐晓丽：从题画诗看近古昭君诗主题的嬗变——兼论明代理学家丘濬的昭君诗，《长江大学学报（社会科学版）》2023年第46卷第2期，第64—71页。

2. 杨勇：昭君题画诗刍论，《三峡大学学报（人文社会科学版）》2023年第45卷第2期，第35—39页。

3. 朱丹：昭君文化在当代的文化价值及意义，《戏剧之家》2023第6期，第182—183页。

4. 张祎：浅谈舞蹈中情感的抒发——以《昭君出塞》中的《序·烽烟》为例，《文学艺术周刊》2023年第1期，第69—72页。

5. 刘丽珺："现象"视域下竹马舞文化空间的"视觉修辞"言说，《贵州大学学报（艺术版）》2023年第37卷第6期，第113—124页。

6. 宁稼雨：叙事文化学故事类型研究论纲，《山西大学学报（哲学社会科学版）》2023年第46卷第6期，第28—38页。

7. 高忠严：重塑地方感：作为象征的昭君文化节和藏山大王庙会，《民族文学研究》2023年第41卷第6期，第39—48页。

8. 吕东亮：知识的魅与惑：重审20世纪60年代初期的“历史剧讨论”，《信阳师范学院学报（哲学社会科学版）》2023年第43卷第6期，第134—139页。

9. 包·苏那嘎：交往交流交融视域下昭君出塞及王昭君墓葬的若干问题辨析，《赤峰学院学报（汉文哲学社会科学版）》2023年第44卷第10期，第17—22页。

10. 全小国：传播与接受：试析王昭君故事在越南的演变，《三峡大学学报（人文社会科学版）》2023年第45卷第6期，第7—12+115页。

11. 黄祥深，谭雅云：昭君精神的内涵及彰显，《三峡大学学报（人文社会科学版）》2023年第45卷第 6期，第13—17+116页。

12. 张汉林：叙事类史料的分析框架及运用，《历史教学（上半月刊）》2023年第10期，第11—16页。

13. 程俊兰，王公为：遗址性博物馆景观叙事与游客认同建构——以昭君博物院为例，《干旱区资源与环境》2023年第37卷第11期，第201—208页。

14. 张琬悦：浅析《汉宫秋》中的“审美同情”——以第四折中汉元帝的形象塑造为例，《文学艺术周刊》2023年第18期，第20—22页。

15. 崔明德，宋涵：昭君传说与中华民族共同体意识，《湖北民族大学学报（哲学社会科学版）》2023年第41卷第5期，第1—15页。

16. 王前程，吴俊容：融昭君精神于中学语文教育的意义及路径，《长江论丛》2022年第3期，第215—227页。

17. 熊必荣：昭君文化在中学教育中的价值与实践途径，《长江论丛》2022年第3期，第228—235页。

18. 蔡长明：王昭君传说的类型及其价值，《长江论丛》2022年第3期，第164—173页。

19. 万国清：兴山县昭君传说故事的特性及价值，《长江论丛》2022第3期，第174—181页。

20. 李虎，张玉：昭君形象的文化符号学阐释，《长江论丛》2022年第3期，第193—205页。

21. 刘天一，张永禄：《王昭君变文》的民间情怀——兼谈昭君形象的变迁，《长江论丛》2022年第3期，第138—152页。

22. 刘冰清，马语瑄：昭君故里五句子歌谣的审美意蕴，《长江论丛》2022年第3期，第153—163页。

23. 史小军，彭彩玲：论明代的昭君诗，《长江论丛》2022年第3期，第1—18页。

24. 黄俊杰：宋词中昭君典故的运用，《长江论丛》2022年第3期，第19—32页。

25. 黄威，王先清：昭君赋刍论，《长江论丛》2022年第3期，第45—56页。

26. 石麟：《双凤奇缘》：昭君故事中的大俗之作，《长江论丛》2022年第3期，第57—72页。

27. 张芹，阮荣氏清：越南昭君故事的当代生产——以网络小说《昭君艳史》为个案，《长江论丛》2022年第3期，第73—86页。

28. 徐翠：时代新声：论当代王昭君题材戏曲创作的历史背景、叙事类型及其文化内涵，《长江论丛》2022，年第3期，第87—99页。

29. 杨波：从昭君文化品牌看中部六省推动文旅融合发展的探索实践，《长江论丛》2022，年第3期，第111—124页。

30. 包苏那嘎：文化线路遗产视域下昭君出塞和亲文化线路研究，《长江论丛》2022年第3期，第125—137页。

31. 甘发根：昭君文化在日本的传播，《长江论丛》2022年第3期，第206—214页。

32. 张海燕，裴玉：中华民族共同体建构视域下元代作家咏昭君诗研究，《长江论丛》2022年第3期，第33—44页。

33. 崔明德：和亲文化分布的广泛性及持续健康发展的路径，《长江论丛》2022年第3期，第100—110页。

34. 李敏昌，刘怡含：清末民初昭君形象符号特征研究，《长江论丛》2022年第3期，第182—192页。

35. 谭明珠：季节转换之内蕴探究——以《汉宫秋》《和戎记》为例，《今古文创》2023年第34期，第43—45页。

36. 徐阿兵：论历史剧的“文本性”——以四部《王昭君》的互文解读为中心，《戏剧艺术》2023年第4期，第73—85页。

37. 刘琥：“昭君出塞”中南匈奴视角下的民族融合实践，《四川民族学院学报》2023年第32卷第4期，第30—35页。

38. 李卓娅：袁枚咏史诗对历史多样性的书写，《华中学术》2023年第15卷第2期，第85—94页。

39. 长谷部刚，高倩艺：敦煌歌词与日本的关系，《中国文学研究（辑刊）》2022年第1期，第63—69页。

40. 孙月影：以《王昭君变文》为例浅析“昭君怨”的流变，《牡丹》2023年第12期，第25—27页。

41. 王柔丹：中国古典舞蹈中的女性特质研究——以《昭君出塞》和《宫·飞燕》为例，《文化创新比较研究》2023年第7卷第17期，第1—6页。

42. 谢海琴：从耳熟能详到耳目一新 评新编秦腔历史剧《昭君行》，《中国戏剧》2023年第6期，第43—44页。

43. 乔月：昭君文化融入地方高校文化育人体系的路径探索，《赤峰学院学报（汉文哲学社会科学版）》 2023年第44卷第5期，第115—118页。

44. 郑世鲜：论昭君题材历史剧的创作模式——从元杂剧《汉宫秋》到当代“昭君戏”，《民族艺林》2023年第2期，第35—44页。

45. 巫梦晓，许中康：王嫱与毛嫱的美人争胜——以典故运用为中心，《商丘职业技术学院学报》2023年第22卷第2期，第37—40页。

46. 崔明德：和亲文化的世界性及中外比较，《世界民族》2023年第2期，第24—35页。

47. 海峡两岸交流基地内蒙古呼和浩特昭君博物院，《两岸关系》2023年第4期，第61页。

48. 徐力，李兴华：网游语境下“四大美女”形象设计折射的女性地位变迁——以《王者荣耀》为例，《美与时代（上）》2023年第4期，第130—134页。

49. 江若曼：传承·交融·借鉴 由闽南文化圈观梨园戏的发展，《中国戏剧》2023年第4期，第79—81页。

50. 易红燕，周任重，孟小琴：地方文化背景下民宿发展研究，《河北旅游职业学院学报》2023年第28卷第1期，第15—21页。

51. 郝静颐：包头黄河国家湿地公园建设现状及发展对策，《内蒙古林业调查设计》2023年第46卷第2期，第56—59页。

52. 崔明德，王硕：中国古代和亲与各民族文化的兼收并蓄，《中南民族大学学报（人文社会科学版）》2023年第43卷第3期，第103—111+185页。

53. 江守义：明清历史小说叙事伦理之变化，《社会科学辑刊》2023年第2期，第198—204页。

54. 朱丹：昭君文化在当代的文化价值及意义，《戏剧之家》2023，年第6期，第182—183页。

55. 完家睿：百年哀乐寸心知（下） 简析王安祈对传统戏曲中女性角色的再发掘，《剧本》2023年第2期，第68—70页。

56. 李昱霖，张多勇：雁门关的研究现状与尚待解决的问题，《陇东学院学报》2023年第34卷第1期，第31—36页。

57. 完家睿：《梧桐雨》《汉宫秋》中帝王角色的悲剧性，《安徽警官职业学院学报》2023年第22卷第1期，第104—109页。

58. 李江敏，王青，魏雨楠：乡村非遗旅游活态传承的价值共创机制研究，《四川师范大学学报（社会科学版）》2023年第50卷第1期，第82—90页。

2. 报纸文章

1912—1949年

1. 王昭君杂说，《民国日报》1919年2月26日。

2. 王昭君杂说，《民国日报》1919年2月27日。

3. 王昭君杂说，《民国日报》1919年3月1日。

4. 怀人：王昭君出塞考证（十四），《世界晨报》1931年9月13日。

5. 何如：谈“昭君变”，《申报》1933年8月8日第0015版。

6. 饮光：昭君冢能变，《晶报》1934年3月25日第0002版。

7. 因昭君史说谈汉明妃，《京报》1935年1月21日第0008版。

8. 鸿左：关于王昭君，《盛京时报》1937年8月14日。

9. 白夏：关于昭君墓的传说，《申报》1937年1月5日第0022版。

10. 儒丐：王昭君考（1），《盛京时报》1939年1月21日。

11. 儒丐：王昭君考（2），《盛京时报》1939年1月22日。

12. 儒丐：王昭君考（3），《盛京时报》1939年1月23日。

13. 儒丐：王昭君考（4），《盛京时报》1939年1月24日。

14. 儒丐：王昭君考（5），《盛京时报》1939年1月25日。

15. 儒丐：王昭君考（6），《盛京时报》1939年1月26日。

16. 浪涛天：评“王昭君”，《社会日报》1944年7月14日。

17. 梁容若：关于王昭君的历史和文学，《益世报（天津版）》1946年10月15日。

18. 梁容若：关于王昭君的历史和文学，《益世报（天津版）》1946年10月22日。

19. 陆士雄：法国的昭君怨，《申报》1946年11月8日第0012版。

1950—2023年

1959年

1. 田汉：谈王昭君的塑造，《人民日报》1959年1月21日。

1961年

1. 翦伯赞：从西汉的和亲政策说到昭君出塞，《光明日报》1961年2月5日。

1962年

1. 舒振邦：对林幹同志“论昭君出塞”几点意见的商榷，《内蒙古日报（汉）》1962年3月24日。

2. 宋葆珊：论呼韩邪单于与王昭君的历史作用——与林幹、舒振邦同志商榷，《内蒙古日报（汉）》1962年4月3日。

3. 侯广峰：也论汉匈和亲与昭君出塞，《内蒙古日报（汉）》1962年8月30日。

1979年

1. 谢源远：《王昭君生籍地望辨析》，《文汇报》1979年5月13日。

2. 谢源远：《关于王昭君的史实与传说》，1979年5月13日。

2002年

1. 鄂平玲：走进昭君村 探游双神线，《人民日报海外版》2002年6月12日第006版。

2. 郝诚之：昭君文化是中华先进文化，《中国民族报》2002年7月23日第005版。

2003年

1. 易社，陈光松：打造三峡文化旅游新品牌，《湖北日报》2003年10月25日。

2. 带动三峡文化产业 撬动神农架大旅游经济，《湖北日报》2003年10月28日。

3. 青城涌动文化潮，《中国文化报》2003年11月04日。

2004年

1. 李术专：昭君自有千秋在，《西部时报》2004年5月19日第014版。

2. 海粼：昭君文化理论研讨会在呼举行，《内蒙古日报（汉）》2004年8月15日第002版。

3. 博尔姬·塔娜，杨金花，旭红等：弘扬民族优秀文化 建设民族文化大区，《内蒙古日报（汉）》2004年9月24日。

2005年

1. 王峻岭：昭君品牌热背后的文化潮，《呼和浩特日报（汉）》2005年7月5日第001版。

2. 张红梅：传统文化与现代文明接轨 民族文化与世界文化交流，《呼和浩特日报（汉）》 2005年7月21日第003版。

3. 杨光，谢雨辰：弘扬昭君文化 促进经济发展，《西部时报》2005年8月5日第001版。

4. 马芳：用文化打造产业新模式，《呼和浩特日报（汉）》2005年11月30日第002版。

2006年

1. 伏来旺：以昭君文化为载体积极推进统一战线凝聚力工程，《内蒙古日报（汉）》2006年3月3日第002版。

2. 弘扬昭君文化 增强民族团结，《中国文化报》2006年3月7日第003版。

3. 嘉鸣，张茂林：以昭君文化促民族和谐，《科技日报》2006年4月5日第003版。

4. 夏合琴：弘扬昭君文化 促进首府发展，《呼和浩特日报（汉）》2006年7月18日第002版。

5. 宋向华：昭君千古墓犹新，《呼和浩特日报（汉）》2006年7月18日第001版。

6. 赵峰：弘扬昭君文化 构建和谐社会，《中国旅游报》2006年7月31日第013版。

7. 伏来旺，郝诚之，苏钱印等：探索昭君“和合”文化 建设和谐进步首府，

《呼和浩特日报（汉）》2006年8月2日第003版。

8. 冷德熙：王昭君与昭君文化节，《科技日报》2006年8月10日第011版。

9. 高燕云，高志顺：历史题材剧能否这样离谱?，《河北日报》2006年8月17日第011版。

10. 张守敏：昭君文化节实现了文化与经济的有效链接，《呼和浩特日报（汉）》2006年8月23日第001版。

11. 万国清，刘洪进：湖北兴山传承保护“王昭君传说”，《中国文化报》2006年11月23日第003版。

2007年

1. 于文玉：挖掘历史文化资源 打造现代节庆品牌，《呼和浩特日报（汉）》2007年1月11日第007版。

2. 小明，万国清：兴山抢救王昭君传说，《湖北日报》2007年1月14日第004版。

3. 郭俊强：青城“旧八景” 塞外扬美名，《呼和浩特日报（汉）》2007年3月30日第007版。

4. 夏静，肖创权：构建三峡文化的“思想库”，《光明日报》2007年6月6日第001版。

5. 张西平：昭君文化高层论坛揭幕，《呼和浩特日报（汉）》2007年8月2日第001版。

6. 顾素健：青城拜谒昭君墓，《石家庄日报》2007年8月4日第002版。

7. 陈健雄，王政：《东方和平天使王昭君》出版反响强烈，《黄冈日报》2007年8月17日第001版。

2008年

1. 张西平：二千年呼和浩特因昭君而美丽，《呼和浩特日报（汉）》2008年9月2日第007版。

2. 赵敏：昭君文化：呼和浩特响亮的名片，《呼和浩特日报（汉）》2008年9月9日第007版。

3. 明锐，杜磊，查娜：挖掘昭君文化背后的品牌潜力，《经理日报》2008年9月11日第003版。

4. 马芳：昭君文化：十年研究 五大硕果，《呼和浩特日报（汉）》2008年9月23日第007版。

5. 崔小红：传承昭君文化 推进景区建设，《呼和浩特日报（汉）》2008年11月11日第007版。

2009年

1. 亢春燕：昭君文化节：科学定位确定了首府文化发展方向，《呼和浩特日报（汉）》2009年7月15日第002版。

2. 赵敏：十年积淀：彰显丰厚历史文化底蕴，《呼和浩特日报（汉）》2009年7月17日第001版。

3. 夏静，邹远景：昭君文化高层论坛举行，《光明日报》2009年11月1日第006版。

4. 夏静，陈芳，邹远景：湖北兴山“昭君传说”铸文化品牌，《光明日报》2009年11月2日第002版。

5. 一凡，溢海：我市两论文昭君文化论坛获奖，《大同日报》2009年11月13日第011版。

2010年

1. 冯燕平：不断提升首府文化软实力，《呼和浩特日报（汉）》2010年1月16日第001版。

2. 高平：傍着昭君奔小康，《光明日报》2010年2月7日第003版。

3. 罗毅：昭君故里绽新颜，《湖北日报》2010年3月28日第004版。

4. 陈熹：塞外与荆楚的对话，《湖北日报》2010年4月9日第005版。

5. 一曲琵琶几重意 骚人代代赋新诗，《中国文化报》2010年5月11日第019版。

6. 黎宏河：舞剧《王昭君》情动京城，《中国文化报》2010年7月8日第001版。

7. 本报评论员：亮出人文首府的风采，《呼和浩特日报（汉）》2010年7月16日第001版。

8. 昭君喜看沧桑巨变 天堂草原盛世欢歌，《内蒙古日报（汉）》2010年7月16日第005版。

9. 马瑞芳，李朝阳：扮靓“昭君”名片，《中国气象报》2010年07月21日第002版。

10. 李珊珊：《大漠昭君》：京胡马头琴同奏出塞曲，《中国文化报》2010年12月21日第001版。

2011年

1. 宋荟彧：古代朝鲜文人笔下的昭君形象，《中国社会科学报》2011年9月27日第011版。

2012年

1. 王健：两汉史学：传统文化的不竭渊薮，《光明日报》2012年6月28日第016版。

2. 磁州窑瓷枕上的人物故事，《中国文物报》2012年11月7日第005版。

2013年

1. 郑凤岐，齐宏亮：昭君坟茔今安在——王昭君葬在朔州市青钟村的几个证据，《山西日报》2013年8月21日。

2. 齐宏亮：昭君墓应在朔州青钟村，《朔州日报》2013年8月24日。

3. 王巾荣：对开发昭君文化的思考，《朔州日报》2013年10月31日。

2014年

1. 陈醉：意态由来画不成，《人民政协报》2014年4月28日。

2. 田云兵，曹阳，叶小梅，蔡亮：昭君文化充满正能量，《三峡日报》2014年11月18日。

2015年

1. 赵志伟：对东方美学的优美诠释，《中国艺术报》2015年4月24日第004版。

2. 尚大超：昭君出塞：留下汉匈和谐交往的千古佳话，《中国民族报》2015年5月1日。

3. 杨雅莲：是杨贵妃，还是王昭君?，《中国新闻出版广电报》2015年8月12日第008版。

4. 郝存柱，新德：昭君文化对人类文明的哲学思考，《呼和浩特日报（汉）》2015年8月24日。

5. 刘志尧：试析昭君文化在草原文化中的地位，《呼和浩特日报（汉）》2015年11月23日。

6. 王宏理：历史题材创作中的史学考证——以昭君初赛题材为例，《美术报》2015年12月26日，第016版。

2016年

1. 乔宗玉：《昭君出塞》：文人气息浓郁的古典舞剧，《中国艺术报》2016年

1月15日。

2. 陈旭霞：夕阳古道里的马致远，《河北日报》2016年3月11日。

3. 于平：孔子·关公·王昭君，《中国艺术报》2016年3月21日第004版。

4. 张国圣：白居易文化的当代价值，《光明日报》2016年4月16日第007版。

5. 陈广江："昭君牧羊"雕塑因何而来?，《长沙晚报》2016年5月23日。

6. 李先梓：广场雕塑用典要准确，《大连日报》2016年5月23日。

7. 周友武：城市雕塑不该有"昭君牧羊"式的嫁接，《中国艺术报》2016年5月25日。

8. 张磊：梦寻王昭君 走进昭君文化旅游区，《中国文化报》2016年7月23日。

2017年

1. 李能俍：元代散曲中的涉榆之作，《榆林日报》2017年7月17日。

2. 赵威：长城内外的和平使者，《学习时报》2017年12月4日。

2018年

1. 莫久愚："昭君文化"的现实意义，《内蒙古日报（汉）》2018年8月10日。

2. 谢娟：打造昭君文化旅游走廊的构想，《中国旅游报》2018年12月25日。

2019年

1. 王陌潇：精美展现昭君形象的复杂性——简评舞剧《昭君出塞》，《文艺报》2019年4月15日。

2. 曾江，张国庆：推进草原文化与燕赵文化综合研究，《中国社会科学报》2019年9月11日第002版。

3. 赵威："和平使者"王昭君，《学习时报》2019年9月20日。

2021年

1. 文静：昭君出塞：团结佳话传千载，《中国民族报》2021年1月19日第005版。

2. 宋献普，党俊莉：环佩何以喻美人，《语言文字报》2021年3月24日第003版。

3. 赵亮，曹玥：雍容国图 弦歌不辍，《工人日报》2021年7月1日第019版。

4. 郑从彦：马冀新解"昭君文化"，《藏书报》2021年10月18日第008版。

5. 兴山县委宣传部：绿水青山扮靓和美兴山，《湖北日报》2021年10月18日第008版。

2022年

1. 董庆森，柳洁：昭君故里绘新图，《经济日报》2022年6月23日第012版。

2. 肖新民，王鹏程：兴山：护航高铁建设 振兴昭君故里，《人民公安报》2022年7月4日第005版。

3. 秦毅，赵明楠：秦腔《昭君行》：古老故事，时代光彩，《中国文化报》2022年8月11日第005版。

4. 沈杰群，蒙曼：向诗词中充满智慧和能量的“女主”致敬，《中国青年报》2022年12月13日第007版。

2023年

1. 苗青，包苏那嘎：昭君博物院：凝聚文博多元力量 传播优秀传统文化，《呼和浩特日报（汉）》2023年3月2日第007版。

2. 汪思婷，梁时禹：非遗文化“活起来”区域协作“火起来”，《南方日报》2023年3月12日第012版。

3. 刘沙沙：美美与共！呼和浩特民族团结一家亲，《呼和浩特日报（汉）》2023年11月23日第001版。

4. 冯晓萌，王瑾，高亚男等：大河奔流 文旅脉动，《中国财经报》2023年11月23日第007版。

3. 学位论文

1980—2009年

1988年

1. 金容雅：昭君戏曲之研究，台北：台湾大学中国文学研究所硕士学位论文，1988年。

1994年

1. 陈盈妃：王昭君戏曲研究——以杂剧、传奇为范围，新北：辅仁大学中国文学研究所硕士学位论文，1994年。

1998年

1. 张哲俊：中日古典悲剧研究，北京：北京大学博士学位论文，1998年。

1999年

1. 黄秀兰：宫素然《明妃出塞图》与张瑀《文姬归汉图》析辨——金元时期昭君故事画研究，台北：台湾大学艺术史研究所硕士学位论文，1999年。

2000年

1. 李晓明：唐代咏史诗研究，武汉：华中师范大学博士学位论文，2000年。

2003年

1. 孙义梅：王昭君形象演变体现的民族文化冲突与融合，太原：山西大学硕士学位论文，2003年。

2. 吴蕴慧：《敦煌变文校注》校释零拾，苏州：苏州大学硕士学位论文，2003年。

3. 王庆宪：匈奴与西汉关系史研究，呼和浩特：内蒙古大学博士学位论文，2003年。

4. 李连生：明代弋阳腔研究，保定：河北大学博士学位论文，2003年。

5. 归青：南朝宫体诗研究，上海：上海师范大学硕士学位论文，2003年。

6. 薛隽雯：唐代各族和平交往边塞诗研究，上海：上海师范大学博士学位论文，2003年。

7. 王文娟：试论汉代女性文学，济南：山东师范大学硕士学位论文，2003年。

8. 聂心蓉：马致远杂剧研究，重庆：重庆师范大学硕士学位论文，2003年。

9. 朱崇志：中国古代戏曲选本研究，上海：华东师范大学博士学位论文，2003年。

10. 李锡龙：徘徊于幽暗与澄明之境，上海：华东师范大学博士学位论文，2003年。

11. 王萌：禁锢的灵魂与挣扎的慧心，开封：河南大学博士学位论文，2003年。

12. 张春丽：元杂剧“悲剧说”辨析，苏州：苏州大学博士学位论文，2003年。

13. 喻意志：《乐府诗集》成书研究，上海：上海师范大学博士学位论文，2003年。

2004年

1. 张文德：王昭君故事传承与嬗变，南京：南京师范大学博士学位论文，2004年。

2. 王英：南朝边塞乐府诗研究，南京：南京师范大学硕士学位论文，2004年。

3. 邵彦：《文姬归汉》图像新探，北京：中央美术学院博士学位论文，2004年。

4. 曹金贵：唐代宫怨诗诗歌艺术研究，南京：南京师范大学硕士学位论文，2004年。

5. 俞晓红：佛教与唐五代白话小说，上海：上海师范大学博士学位论文，

2004年。

6. 王立增：唐代乐府诗研究，扬州：扬州大学博士学位论文，2004年。

7. 高益荣：元杂剧的文化精神阐释，西安：陕西师范大学博士学位论文，2004年。

8. 刘荣丽：清代禁毁小说中的女性形象初探，苏州：苏州大学硕士学位论文，2004年。

9. 陈爽：中国古代早期的独幕剧，扬州：扬州大学硕士学位论文，2004年。

10. 刘东玲：文学体制化与作家创作转型，上海：复旦大学博士学位论文，2004年。

11. 苏敏：翦伯赞史学思想研究，桂林：广西师范大学硕士学位论文，2004年。

12. 刘杰：汉魏六朝咏史诗研究，重庆：西南师范大学硕士学位论文，2004年。

13. 魏倩玮：姜夔家世与诗歌考论，北京：首都师范大学硕士学位论文，2004年。

2005年

1. 崔彩红：元杂剧悲剧新探，武汉：武汉大学博士学位论文，2005年。

2. 孙爱月：试论虚无主义思想对马致远文学创作的影响，南京：南京师范大学硕士学位论文，2005年。

3. 柯黎：谢琳《太古遗音》研究，武汉：武汉音乐学院硕士学位论文，2005年。

4. 曾志东：谢启昆《树经堂咏史诗》校注，南宁：广西大学硕士学位论文，2005年。

5. 冷纪平：论唐代咏史诗艺术新变，青岛：青岛大学硕士学位论文，2005年。

6. 易小平：西汉文学系年，济南：山东大学博士学位论文，2005年。

7. 吴大顺：魏晋南北朝音乐文化与歌辞研究，扬州：扬州大学博士学位论文，2005年。

8. 俞世芬：唐代女性诗歌研究，杭州：浙江大学硕士学位论文，2005年。

9. 李彤：礼教形成中的汉代妇女生活，杭州：浙江大学博士学位论文，2005年。

10. 殷亚林：元杂剧文本结构研究，扬州：扬州大学博士学位论文，2005年。

11. 韦春喜：宋前咏史诗史，济南：山东大学博士学位论文，2005年。

12. 李辉：宋金交聘制度研究（1127—1234），上海：复旦大学博士学位论文，2005年。

13. 钟海波：中国通俗叙事文学繁荣的先声，西安：陕西师范大学博士学位论文，2005年。

14. 吴慧娟：浦东派、汪派琵琶艺术比较研究，福州：福建师范大学硕士学位论文，2005年。

15. 佘正松：中国边塞诗史论（先秦至隋唐），成都：四川大学博士学位论文，2005年。

16. 宋玉雯：良妇/娼妇间的可能性：酒家小姐的记忆与身份转换，新竹：台湾“清华大学”硕士学位论文，2005年。

17. 郑潮鸿：明代昭君诗研究，新竹：玄奘大学中国语文学系硕士班硕士学位论文，2005年。

18. 文淑菁：昭君戏曲之演变及其舞台艺术，台北：台湾师范大学中国文学系研究所硕士学位论文，2005年。

2006年

1. 轩蕾：中国传统戏曲时间问题研究，北京：首都师范大学硕士学位论文，2006年。

2. 张小丽：宋代咏史诗研究，西安：陕西师范大学博士学位论文，2006年。

3. 薛艳：汉代女性的文学创作，广州：暨南大学硕士学位论文，2006年。

4. 吴丹丹：郭沫若历史剧创作研究，兰州：兰州大学硕士学位论文，2006年。

5. 姚晓菡：秦汉后宫制度及后妃概况述论，西安：西北大学硕士学位论文，2006年。

6. 易勤华：戏曲诗性论，福州：福建师范大学博士学位论文，2006年。

7. 刘银昌：盖事虽《易》，其辞则诗——《焦氏易林》文学研究，西安：陕西师范大学博士学位论文，2006年。

8. 于英丽：隋代诗歌研究，福州：福建师范大学博士学位论文，2006年。

9. 黄惠铃：和番主题歌仔册研究——以《王昭君和番歌》、《陈杏元和番歌》为例，台中：逢甲大学中国文学所硕士学位论文，2006年。

2007年

1. 张辉：唐代王昭君题材的作品研究，南京：东南大学硕士学位论文，2007年。

2. 李洪蕾：清初易代省思剧研究，北京：首都师范大学硕士学位论文，2007年。

3. 何慧：论项祖华《国魂篇》的创作特征，北京：中国音乐学院硕士学位论文，2007年。

4. 王田田：唐人和亲诗研究，南京：南京师范大学硕士学位论文，2007年。

5. 金姗：郭沫若在韩国，长春：吉林大学硕士学位论文，2007年。

6. 张爽媛：试论中国古典帝王爱情戏曲中的悲剧性及其消解模式——以《汉宫秋》、《长生殿》为中心，成都：西南交通大学硕士学位论文，2007年。

7. 朱才璩：历代歌咏昭君诗对传统主题的接受与开拓，成都：四川大学硕士学位论文，2007年。

8. 曹会卿：两宋咏史词研究，保定：河北大学硕士学位论文，2007年。

9. 王娟：唐代宫怨诗研究，南昌：南昌大学硕士学位论文，2007年。

10. 海滨：唐诗与西域文化，上海：华东师范大学博士学位论文，2007年。

11. 王兴强：论曹禺剧作的戏剧化结构，济南：山东大学硕士学位论文，2007年。

12. 尤翔：敦煌讲史类变文的流变，杭州：浙江大学硕士学位论文，2007年。

13. 韩小菲：有关西域乐舞文献和文物的互证与研究，乌鲁木齐：新疆师范大学硕士学位论文，2007年。

14. 胡斌：陈与郊及其杂剧创作，合肥：安徽大学硕士学位论文，2007年。

15. 白小金：论元代婚恋杂剧中的女性世界，南昌：江西师范大学硕士学位论文，2007年。

16. 陈彩玲：现代语境中的历史剧创作——论1980年以后的中国历史舞台剧，北京：中国艺术研究院博士学位论文，2007年。

17. 苏佳文：六朝诗文中的王昭君、班婕妤现象研究，南投：暨南国际大学中国语文学系硕士学位论文，2007年。

2008年

1. 欧阳桂莲：性别视野下的古代昭君戏，厦门：厦门大学硕士学位论文，2008年。

2. 伏凌涛：论王昭君由人到神的演化，呼和浩特：内蒙古大学硕士学位论文，2008年。

3. 殷康焕：唐代昭君诗研究，兰州：兰州大学硕士学位论文，2008年。

4. 邵玉湾：古代诗歌中的昭君情结——以魏晋隋唐为例，银川：宁夏大学硕士学位论文，2008年。

5. 王艳艳：唐代爱情诗略论，兰州：西北师范大学硕士学位论文，2008年。

6. 向回：乐府诗本事研究，北京：首都师范大学博士学位论文，2008年。

7. 王姣：呼和浩特城市旅游形象研究，呼和浩特：内蒙古师范大学硕士学位论文，2008年。

8. 甄静：元明清时期《世说新语》传播研究，广州：暨南大学博士学位论文，2008年。

9. 李文娟：《西京杂记》文献价值研究，济南：山东师范大学硕士学位论文，2008年。

10. 赵先政：汉剧传承发展与保护研究，上海：上海戏剧学院博士学位论文，2008年。

11. 张兆颖：明、清南音传本曲牌研究，福州：福建师范大学博士学位论文，2008年。

12. 闫春娟：敦煌讲史变文叙事艺术再探，青岛：中国海洋大学硕士学位论文，2008年。

13. 赵德波：蔡邕《琴操》研究，曲阜：曲阜师范大学硕士学位论文，2008年。

14. 邹治慧：元代文人的心路历程，天津：天津师范大学硕士学位论文，2008年。

15. 陈美惠：中国女性悲剧使命的历史承载——从《汉宫秋》到《王昭君》，宜兰：佛光大学文学系硕士学位论文，2008年。

2009年

1. 刘丽：《汉宫秋》《长生殿》主题多样性探析，曲阜：曲阜师范大学硕士学位论文，2009年。

2. 蔡亮：汉唐和亲诗研究，重庆：西南大学硕士学位论文，2009年。

3. 王伟琴：敦煌变文作时作者考论，兰州：西北师范大学博士学位论文，2009年。

4. 常广玲：古代昭君戏结局研究，北京：首都师范大学硕士学位论文，2009年。

5. 陈珺：曹禺戏剧创作剧场性变化之研究，福州：福建师范大学硕士学位论文，2009年。

6. 李燕：闵惠芬演奏的二胡曲《宝玉哭灵》、《昭君出塞》声腔化技法表现分析，武汉：武汉音乐学院硕士学位论文，2009年。

7. 陈苹：论汉代女性的教育，郑州：郑州大学硕士学位论文，2009年。

8. 冯美霞：两汉史传文学中的汉代女性形象研究，长沙：湖南师范大学硕士学位论文，2009年。

9. 吴彤英：宋代乐府题边塞诗研究，石家庄：河北师范大学硕士学位论文，2009年。

10. 李佩贞：苗栗后龙新莲寺及昭君信仰研究，新竹：玄奘大学宗教学系硕士在职专班硕士学位论文，2009年。

2010—2019年

2010年

1. 过元琛：中国文学中王昭君形象的古今演变，上海：复旦大学博士学位论文，2010年。

2. 明童：中国古代四大美女戏曲悲剧性研究，福州：福建师范大学硕士学位论文，2010年。

3. 赵丽梅：昭君诗文与昭君戏研究，太原：山西师范大学硕士学位论文，2010年。

4. 马文莹：昭君戏考——论元代以来昭君戏中昭君形象的演变，昆明：云南艺术学院硕士学位论文，2010年。

5. 陈思路："昭君出塞"在元明清时期的文学讲述，长沙：湖南师范大学硕士学位论文，2010年。

6. 贺芬：略论历代戏剧中的王昭君形象，呼和浩特：内蒙古大学硕士学位论文，2010年。

7. 姜涛：古代戏曲同题材作品的文化嬗变与传播接受，太原：山西大学硕士学位论文，2010年。

8. 刘宇：内蒙古中西部地区纪念性空间展示设计研究，呼和浩特：内蒙古师范大学硕士学位论文，2010年。

9. 赵洁：汉魏六朝诗歌中的女性心灵研究，济南：山东师范大学硕士学位论文，2010年。

10. 王兴芬：唐前传说研究，兰州：西北师范大学博士学位论文，2010年。

11. 石莉：男权语境中的"四大美女"戏曲研究，苏州：苏州大学硕士学位论文，2010年。

12. 刘恋：琵琶曲《塞上曲》两种演奏版本比较研究，北京：中国音乐学院硕士学位论文，2010年。

13. 曹迪：曹禺前后期戏剧转变之探析，重庆：西南大学硕士学位论文，2010年。

14. 孟静：宋代古题乐府研究，石家庄：河北师范大学硕士学位论文，2010年。

15. 宋寒冰：元杂剧与佛教母题研究，长春：吉林大学博士学位论文，2010年。

16. 李文胜：清初兴亡悲剧研究，桂林：广西师范大学硕士学位论文，2010年。

17. 闵海霞：匈奴发展史研究，兰州：兰州大学博士学位论文，2010年。

18. 杨成忠：敦煌变文的审美文化研究，青海：青海师范大学硕士学位论文，2010年。

19. 李佩贞：苗栗后龙新莲寺及昭君信仰研究，新竹：玄奘大学宗教学系硕士在职专班硕士学位论文，2010年。

2011年

1. 饶晓敏：王昭君民间传说美人叙事研究——来自香溪河畔的田野调查，上海：华东师范大学硕士学位论文，2011年。

2. 李红：昭君文学与贾探春结局之影响研究，大连：辽宁师范大学硕士学位论文，2011年。

3. 王小燕：中古诗歌中的女性形象研究，上海：复旦大学博士学位论文，2011年。

4. 李阳：昭君戏研究，兰州：西北师范大学硕士学位论文，2011年。

5. 殷素芬：小提琴协奏曲《王昭君》创作研究，兰州：西北师范大学硕士学位论文，2011年。

6. 张圣进：试论初中历史教学中民族团结意识的培养，太原：山东师范大学硕士学位论文，2011年。

7. 孙建美：俞正燮考据学研究，淮北：淮北师范大学硕士学位论文，2011年。

8. 张波：北宋中后期士大夫的女性观，石家庄：河北大学硕士学位论文，2011年。

9. 杨文才：古代三峡诗的文化解读，武汉：中南民族大学硕士学位论文，2011年。

10. 陈丽芬：新时期以来历史剧观念的解放，南京：南京大学博士学位论文，2011年。

11. 周剑之：宋诗叙事性研究，北京：北京大学博士学位论文，2011年。

12. 张焕玲：宋代咏史组诗研究，西安：陕西师范大学博士学位论文，2011年。

13. 吕晓莹：从《琴操》看琴文化与东汉末年诗歌的创作研究，昆明：云南大学硕士学位论文，2011年。

14. 朱利华：吐蕃攻占时期的敦煌文学研究，兰州：西北师范大学硕士学位论文，2011年。

15. 贾利波：中学语文教材中的女性价值观研究，西安：陕西师范大学硕士学位论文，2011年。

16. 陈雪：初唐文人乐府诗研究，哈尔滨：黑龙江大学硕士学位论文，2011年。

17. 霍海娇：魏晋南北朝咏史诗研究，济南：山东大学硕士学位论文，2011年。

18. 刘玲玲：杨维桢咏史诗研究，沈阳：辽宁大学硕士学位论文，2011年。

19. 蒲素：《世说新语》在中国古代的传播和接受，青海：青海师范大学硕士学位论文，2011年。

20. 陈涛：陈钢小提琴协奏曲《王昭君》音乐研究，石家庄：河北师范大学硕士学位论文，2011年。

21. 王丽丽：戏曲家陈与郊研究，南京：南京师范大学硕士学位论文，2011年。

22. 邱乙珊：台湾戒严时期禁戏初探——以国光剧团禁戏汇演剧目为例，台北：台湾师范大学国文学系在职进修硕士班硕士学位论文，2011年。

23. 黄纹芳：蔡文姬文学形象与“归汉”故事研究，台中：中兴大学中国文学系所硕士学位论文，2011年。

2012年

1. 邢春蕾：戏曲中的昭君形象嬗变研究，北京：中国艺术研究院硕士学位论文，2012年。

2. 赵晓方：昭君文化传播研究，重庆：重庆大学硕士学位论文，2012年。

3. 邱丽元：呼和浩特城市形象的构建与传播，呼和浩特：内蒙古大学硕士学位论文，2012年。

4. 刘佳鑫：以《王昭君》为例，西安：西安音乐学院硕士学位论文，2012年。

5. 姜文娟：郑怀兴历史剧研究，福州：福建师范大学硕士学位论文，2012年。

6. 张雅丽：唐宋词与琵琶关系研究，保定：河北大学硕士学位论文，2012年。

7. 周怡：湖北宜昌地区旅游整体开发研究，广州：华南理工大学硕士学位论文，2012年。

8. 王静：试论初中历史教学中的中国古代民族关系史的教学，北京：首都师范大学硕士学位论文，2012年。

9. 杨晓慧：唐代俗文学研究，西安：陕西师范大学博士学位论文，2012年。

10. 郑广薰：说故事传统和唐代中后期文学变革，北京：北京大学博士学位论文，2012年。

11. 崔敏：郭沫若历史剧语气词研究，保定：河北大学硕士学位论文，2012年。

12. 宋海清：曹禺剧作与民族国家想象，长沙：湖南师范大学硕士学位论文，2012年。

13. 张弛：历史与神话题材之当代创作歌曲论略，上海：上海音乐学院硕士学位论文，2012年。

14. 薛欢庆：秦腔与元杂剧同题材文本研究，西安：陕西师范大学硕士学位论文，2012年。

15. 郭慧：《玉台新咏》女性诗人研究，济南：山东大学硕士学位论文，2012年。

16. 胡祥华：汉魏六朝代言体诗探析，芜湖：安徽师范大学硕士学位论文，2012年。

17. 陈雯：中国戏曲中"男弱女强"模式及成因研究，合肥：安徽大学硕士学位论文，2012年。

18. 郭小转：多元文化背景中元代边塞诗的发展，北京：中央民族大学博士学位论文，2012年。

19. 李春芳：白居易女性诗研究，汉中：陕西理工学院硕士学位论文，2012年。

20. 王平：《论二十世纪昭君的审美形象》，宜昌：三峡大学硕士学位论文，2012年。

2013年

1. 徐明慧：析三个不同版本的《塞上曲》所表达的琵琶传统文曲的悲与情之美，北京：中央音乐学院硕士学位论文，2013年。

2. 周静：析井上靖《明妃曲》中的昭君形象，长沙：湖南大学硕士学位论文，2013年。

3. 罗玉立：论王志信叙事歌曲中两个典型女性形象的塑造——以《昭君出塞》、《木兰从军》的演唱为例，武汉：武汉音乐学院硕士学位论文，2013年。

4. 沈秀莉：浅析歌曲演唱中情感因素的诠释——以歌曲《昭君出塞》为例，福州：福建师范大学硕士学位论文，2013年。

5. 孙至端：呼和浩特市玉泉区旅游营销研究，呼和浩特：内蒙古大学硕士学位论文，2013年。

6. 王莉莉：浅述《塞上曲》陈永禄琵琶演奏风格及文化论析，福州：福建师范大学硕士学位论文，2013年。

7. 许松：敦煌变文语言文学研究，兰州：兰州大学博士学位论文，2013年。

8. 李娜：阿炳琵琶作品的研究，太原：山西大学硕士学位论文，2013年。

9. 常娜：内蒙古“呼包鄂”地区文化旅游业发展现状及开发路径研究，昆明：云南大学硕士学位论文，2013年。

10. 潘斌：琴曲中的女性母题研究，武汉：武汉音乐学院硕士学位论文，2013年。

11. 陈晓娟：苦闷精神的寄托：试论曹禺戏剧中的女性形象，乌鲁木齐：新疆大学硕士学位论文，2013年。

12. 廖韬：《玉台新咏》角色诗研究，成都：四川师范大学硕士学位论文，2013年。

13. 童芳：宜昌历史名人旅游资源开发研究，桂林：广西师范大学硕士学位论文，2013年。

14. 杨翠翠：唐代昭君诗研究，保定：河北大学硕士学位论文，2013年。

15. 郭楠楠：新世纪中国声乐作品之女性形象（2000—2010），西安：陕西师范大学硕士学位论文，2013年。

16. 萧海川：唐前故事乐府源流史，济南：山东大学硕士学位论文，2013年。

17. 韩洪波：从变文到元明词话的文体流变研究，扬州：扬州大学博士学位论文，2013年。

18. 余晓雪：唐代琵琶诗研究，南京：南京师范大学硕士学位论文，2013年。

19. 黄亚清：新编历史剧生产体制研究（1942—1978），杭州：浙江大学博士学位论文，2013年。

20. 刘晓耕：马致远戏剧作品研究，上海：上海戏剧学院硕士学位论文，2013年。

21. 杨溢：汉魏六朝女性诗歌研究，银川：宁夏大学硕士学位论文，2013年。

22. 刘书璇：苗栗县后龙新莲寺之信仰扩张与地方社会变迁，新竹：台湾交通大学硕士学位论文，2013年。

2014年

1. 赵云龙：解析昭君文化“和”元素，试论昭君博物院旅游纪念品开发设计，呼和浩特：内蒙古师范大学硕士学位论文，2014年。

2. 王继荣：敦煌变文与日本古代相关讲史类题材文学作品比较研究，兰州：兰州大学硕士学位论文，2014年。

3. 刘艳妮：《王昭君变文》的民间写作与文化学阐释，重庆：重庆大学硕士学位论文，2014年。

4. 刘娜：《双凤奇缘》研究，重庆：西南大学硕士学位论文，2014年。

5. 田羽：中日古典戏剧中王昭君形象的比较研究——以元杂剧《汉宫秋》与能乐《昭君》为例，天津：天津师范大学硕士学位论文，2014年。

6. 王哲：从《中国古代十大悲剧》看元、明、清三代文人反抗意识的变迁，西安：陕西师范大学硕士学位论文，2014年。

7. 王雪辉：唐诗中汉代人物形象研究，呼和浩特：内蒙古大学硕士学位论文，2014年。

8. 岑雪峰：呼和浩特市文化产业品牌化发展对策研究，呼和浩特：内蒙古大学硕士学位论文，2014年。

9. 蒋宸：清人笔记中戏曲文献史料研究，南京：南京大学博士学位论文，2014年。

10. 陶成涛：边塞诗生成研究，南京：南京大学硕士学位论文，2014年。

11. 张海燕：清代咏史创作论稿，西安：陕西师范大学博士学位论文，2014年。

12. 段王静：敦煌变文中的女性形象研究，扬州：扬州大学硕士学位论文，2014年。

13. 唐锋：唐诗死亡主题研究，青海：青海师范大学硕士学位论文，2014年。

14. 陈小花：南朝女性文学创作研究，福州：师范大学硕士学位论文，2014年。

15. 吴小然：明清小说女英雄形象的演变，汉中：陕西理工学院硕士学位论文，2014年。

16. 张晓阁：初盛唐“代言体”诗歌研究，汉中：陕西理工学院硕士学位论文，2014年。

17. 段玉婷：《元曲选》《元曲选外编》之梦文化研究，汉中：陕西理工学院硕士学位论文，2014年。

18. 周刘备：唐代诗人眼中的汉代边疆问题，武汉：华中师范大学硕士学位论文，2014年。

19. 赵艳平：关于内蒙古节庆开发的探索，呼和浩特：内蒙古大学硕士学位论文，2014年。

20. 喻忠杰：敦煌写本中戏剧发生研究，兰州：兰州大学博士学位论文，2014年。

21. 王玉珏：当代我国以女性为重要角色的宫廷剧中女性形象的演变，重庆：重庆大学硕士学位论文，2014年。

22. 李旋：元代剧家民族意识研究，天津：天津师范大学硕士学位论文，2014年。

23. 李萌萌：古典帝妃爱情戏研究，曲阜：曲阜师范大学硕士学位论文，2014年。

24. 关宇：曹寅《续琵琶》研究，沈阳：辽宁大学硕士学位论文，2014年。

25. 陶慧：宋代咏史词研究，南京：南京师范大学硕士学位论文，2014年。

26. 肖仲华：中西文化下的曹禺戏剧研究，乌鲁木齐：新疆师范大学硕士学位论文，2014年。

27. 郑莉：明代宫廷乐事与戏剧活动编年要录（1367—1645），上海：华东师范大学博士学位论文，2014年。

28. 廖育君：中西扬琴作品分析与诠释——以《昭君怨》、《云端》、《Dumka—Shumka》、《78 Eaton wood Green》为例，台北：中国文化大学音乐学系中国音乐组硕士学位论文，2014年。

2015年

1. 顾一鸣：闺中的“奇女”想象——略论清代女性诗歌中的王昭君、花木兰、秦良玉等形象，上海：华东师范大学硕士学位论文，2015年。

2. 马春芳：和亲在雅俗文学中的表现——以汉唐和亲为例，兰州：西北民族大学硕士学位论文，2015年。

3. 张娜娜：古代叙事文学中呼韩邪单于形象的演变，扬州：扬州大学硕士学位论文，2015年。

4. 檀晶：论两首《昭君出塞》艺术形象的演唱处理，呼和浩特：内蒙古师范大学硕士学位论文，2015年。

5. 范佩佩：基于居民感知视角的内蒙古昭君文化节实证研究，呼和浩特：内蒙古大学硕士学位论文，2015年。

6. 李昀艳：宋代昭君诗研究，汉中：陕西理工学院硕士学位论文，2015年。

7. 王慧慧：浅谈琵琶曲中的女性形象，昆明：云南艺术学院硕士学位论文，2015年。

8. 张鹏：试论清代“时剧”剧目在昆曲和京剧中的发展演变——以《思凡》、《出塞》、《贵妃醉酒》、《霸王别姬》为例，北京：中国戏曲学院硕士学位论文，2015年。

9. 闫卫荣：初中历史史料探究型学案与三维目标达成研究初探，天津：天津师范大学硕士学位论文，2015年。

10. 郭璇：昭君湖旅游公司营销战略研究，西安：西安科技大学硕士学位论文，2015年。

11. 陈文敏：扬琴曲《昭君怨》的演奏技法与艺术特征探析，西安：西安音乐学院硕士学位论文，2015年。

12. 伊昕舟：敦煌变文中的教化思想研究，济南：山东师范大学硕士学位论文，2015年。

13. 邵静：唐人观汉——以唐代诗文为中心的两汉史论研究，保定：河北大学硕士学位论文，2015年。

14. 朱浩：明清戏曲图像研究，南京：南京大学博士学位论文，2015年。

15. 黄文丽：历史与文学——以翦伯赞著述为中心的探讨，济南：山东大学博士学位论文，2015年。

16. 贺俏慧：唐代诗人视野下的汉代宫廷女性形象，武汉：华中师范大学硕士学位论文，2015年。

17. 王丹丽：清代女性咏史诗研究，南昌：南昌大学硕士学位论文，2015年。

18. 王慧琳：戏曲舞蹈《昭君出塞》中马鞭身段之流变——以京剧名伶尚小云、顾正秋、魏海敏、唐瑞兰之演出版本为范畴，新北：台湾艺术大学舞蹈学系硕士学位论文，2015年。

2016年

1. 黄晓：声乐作品《昭君》的演唱分析，成都：四川师范大学硕士学位论文，2016年。

2. 万一方：明清女性诗词中的昭君形象，上海：华东师范大学硕士学位论文，2016年。

3. 张寒冰：明清杂剧中的人物传说研究，开封：河南大学硕士学位论文，2016年。

4. 盖芸杰：《王昭君变文》研究，太原：山西师范大学硕士学位论文，2016年。

5. 王海霞：敦煌变文与元杂剧同题材作品研究，黄石：湖北师范大学硕士学位论文，2016年。

6. 魏媛媛：刘麟作词、王志信作曲的创作歌曲《昭君出塞》的情感表达，哈尔滨：哈尔滨师范大学硕士学位论文，2016年。

7. 王丹：两首不同版本的声乐作品《昭君出塞》的艺术处理与演唱分析，南昌：江西师范大学硕士学位论文，2016年。

8. 宁子涵：琵琶文曲《昭君出塞》中人文情怀与审美探微，南昌：江西师范大学硕士学位论文，2016年。

9. 李婷：词调《昭君怨》研究，广州：广东外语外贸大学硕士学位论文，2016年。

10. 全珮蓉：常德丝弦《昭君出塞》演唱研究，武汉：武汉音乐学院硕士学位论文，2016年。

11. 刘碧波：清代湖湘女性文学研究，南京：南京大学硕士学位论文，2016年。

12. 许已濛：曹禺戏剧的当代转变及其成因研究，金华：浙江师范大学硕士学位论文，2016年。

13. 房琪：郭沫若早期文学对谷崎润一郎文学的接受研究，烟台：鲁东大学硕士学位论文，2016年。

14. 徐瑞：论琵琶艺术与中国古典文学的融合，南昌：江西师范大学硕士学位论文，2016年。

15. 余永春：郭沫若历史剧现代性与民族性的双重变奏，漳州：闽南师范大学硕士学位论文，2016年。

16. 赵菲：郭沫若话剧创作的民族化实践，济南：山东大学硕士学位论文，2016年。

17. 郑宏宇：南朝后期边塞诗研究，南京：南京大学硕士学位论文，2016年。

18. 蒋雪萌：汉魏六朝女诗人乐府研究，沈阳：沈阳师范大学硕士学位论文，2016年。

19. 戴悦：从图文关系看明清仕女画新特征，南京：南京大学硕士学位论文，2016年。

20. 张薇：杜牧诗歌中的人物评论研究，湘潭：湘潭大学硕士学位论文，2016年。

21. 朱利华：敦煌文学嬗变研究——以吐蕃统治时期为中心，兰州：西北师范大学博士学位论文，2016年。

22. 陈安梅：中国说唱文学在日本的传播，扬州：扬州大学博士学位论文，2016年。

23. 丁薇：论郭沫若历史剧的戏剧性，保定：河北大学硕士学位论文，2016年。

24. 邓泰：宋代僧人咏史诗研究，大连：辽宁师范大学硕士学位论文，2016年。

25. 卢婷婷：明代题仕女画诗词研究，南京：南京师范大学硕士学位论文，2016年。

26. 李晓凯：清代内蒙古边塞诗研究，呼和浩特：内蒙古大学硕士学位论文，2016年。

27. 张晨荷：宋前诗歌“长门事”典故流变研究，桂林：广西师范大学硕士学位论文，2016年。

28. 李赛萍：明清文姬戏研究，桂林：广西师范大学硕士学位论文，2016年。

29. 宁雅娣：郭沫若日本时期文学创作研究综述（2009—2015），银川：宁夏大学硕士学位论文，2016年。

30. 赵明月：《续琵琶》研究，温州：温州大学硕士学位论文，2016年。

31. 刘伊涵：军记物语中中国人物故事之受容与变容——以平家物语为中心，台北：台湾大学文学院硕士学位论文，2016年。

2017年

1. 林茵：西汉和亲公主考述，南京：南京师范大学硕士学位论文，2017年。

2. 张淑君：唐宋昭君诗研究，湘潭：湖南科技大学硕士学位论文，2017年。

3. 陈宁波：多重视角下的汉唐和亲公主形象研究，兰州：西北民族大学硕士学位论文，2017年。

4. 骆惠婷：以王昭君为题材的活态传统南曲之唱腔探究，泉州：泉州师范学院硕士学位论文，2017年。

5. 于盈：《昭君出塞》音乐特征及演唱处理探析，南昌：江西科技师范大学硕士学位论文，2017年。

6. 陈阳：不同版本《昭君出塞》的艺术处理与演唱分析，南昌：江西科技师范大学硕士学位论文，2017年。

7. 孙凯民：中华民族共同体认同建设研究，呼和浩特：内蒙古大学博士学位论文，2017年。

8. 陈黎方：近30年古代历史题材电视剧创作及价值取向的转变，广州：广州大学硕士学位论文，2017年。

9. 王赫：国图藏残钞本《续琵琶》研究，济南：山东大学硕士学位论文，2017年。

10. 曹俊杰：论敦煌变文的通俗化特征，乌鲁木齐：新疆师范大学硕士学位论文，2017年。

11. 范玉婵：山西侯马碗碗腔名家刘秀珍之《昭君出塞》艺术研析，天津：天津音乐学院硕士学位论文，2017年。

12. 袁劲：中国文化关键词“怨”的审美生成，武汉：武汉大学博士学位论文，2017年。

13. 张妍妍：湖北兴山县昭君故里景观设计，北京：清华大学硕士学位论文，2017年。

14. 余大金：《琴操》研究，昆明：云南大学硕士学位论文，2017年。

15. 陈芳：《西京杂记》新探，武汉：武汉大学硕士学位论文，2017年。

16. 肖静：马克思主义家庭观视域下的郭沫若历史剧研究，成都：西华大学硕士学位论文，2017年。

17. 鄢炜：元杂剧中“困境书写”研究，杭州师范大学硕士学位论文，2017年。

18. 许珂：汉唐五大乐府古题流变研究，武汉：武汉大学硕士学位论文，2017年。

19. 黄艳：宋代三峡诗研究，南京：南京师范大学硕士学位论文，2017年。

20. 王丹阳：内蒙古电视台对蒙古族节庆文化的报道研究，西安：西北大学硕士学位论文，2017年。

2018年

1. 邵莹：昭君题材影视剧研究，扬州：扬州大学硕士学位论文，2018年。

2. 陆世初：壮族“末伦”《昭君和番》文本研究，南宁：广西民族大学硕士学位论文，2018年。

3. 祁蓓：有吉佐和子的中国题材小说研究，新乡：河南师范大学硕士学位论文，2018年。

4. 董舒心：汉魏六朝婚恋小说研究，济南：山东大学博士学位论文，2018年。

5. 陈鹏：呼和浩特市旅游形象定位研究，呼和浩特：内蒙古师范大学硕士学位论文，2018年。

6. 钟楚婷：中国小提琴作品中戏曲音乐元素运用研究，成都：四川师范大学硕士学位论文，2018年。

7. 郝健：边塞文化在景观创意设计中的应用，西安：西安建筑科技大学硕士学位论文，2018年。

8. 张思梦：鸦片战争与太平天国时期的女性诗史创作，无锡：江南大学硕士学位论文，2018年。

9. 李韫琳：《创造》季刊的历史书写研究，南宁：广西大学硕士学位论文，2018年。

10. 张莹：探析我国宫廷剧的美学衍变及其成因，武汉：武汉纺织大学硕士学位论文，2018年。

11. 吴晓桐：高中历史教材中女性人物分析及教学策略研究，烟台：鲁东大学硕士学位论文，2018年。

12. 黄茂玲：白居易忠州诗与杭州诗比较研究，重庆：重庆师范大学硕士学位论文，2018年。

13. 吕杏子：当代中国女性传记片叙事研究，重庆：西南大学硕士学位论文，2018年。

14. 陈圆圆：曹禺戏剧中的秩序建构研究，长沙：湖南大学硕士学位论文，2018年。

15. 颜建良：敦煌变文文体研究，扬州：扬州大学硕士学位论文，2018年。

16. 刘世琪：汉代女性作家诗歌研究，长春：东北师范大学硕士学位论文，2018年。

17. 熊嵬：湖北省兴山县乡村生态旅游开发研究，武汉：华中师范大学硕士学位论文，2018年。

18. 曾夏：文成公主实景剧公共艺术创作研究，成都：西南交通大学硕士学位论文，2018年。

19. 黄彪：情感与书写：明清时期朝鲜燕行使笔下的女性形象，长春：东北师范大学硕士学位论文，2018年。

20. 许欢：中国古风艺术歌曲演唱的美学特征研究，成都：西南交通大学硕士学位论文，2018年。

21. 林珣如：历史与艺术——郑怀兴历史剧创作论，福州：福建师范大学硕士学位论文，2018年。

22. 岳宸：子弟书女性形象管窥，呼和浩特：内蒙古师范大学硕士学位论文，2018年。

23. 张梦石：《琴曲集成》中的明代琴歌研究，上海：上海音乐学院硕士学位论文，2018年。

24. 张希僮：琵琶名曲中女性形象构建，长春：吉林艺术学院硕士学位论文，2018年。

25. 华泓嘉：汉代歌诗乐舞之异域元素与文化阐释，台北：台湾大学硕士学位论文，2018年。

2019年

1. 吴雪：三部和亲题材历史剧的研究，杭州：浙江工业大学硕士学位论文，2019年。

2. 蒋宇晴：昭君故里传说的当代表述研究，重庆：重庆三峡学院硕士学位论文，2019年。

3. 张淼：以昭君为题材的三首声乐作品演唱比较研究，兰州：西北师范大学硕士学位论文，2019年。

4. 陈骁：两宋昭君诗研究，西安：陕西师范大学硕士学位论文，2019年。

5. 刘悦：唐前史传人物在敦煌变文中的书写，西安：陕西师范大学硕士学位论文，2019年。

6. 焦馨卉：井上靖作品中的中国古代女性形象研究——以《明妃曲》《褒姒的笑》《杨贵妃传》为中心，新乡：河南师范大学硕士学位论文，2019年。

7. 张付云：文化、应用与审美：昭君文化旅游区文创产品设计研究，呼和浩特：内蒙古师范大学硕士学位论文，2019年。

8. 薛凡：王昭君故事的传承与流变，锦州：渤海大学硕士学位论文，2019年。

9. 曹雅超：尤侗杂剧《吊琵琶》研究，呼和浩特：内蒙古大学硕士学位论文，2019年。

10. 范文婧：千载琵琶作胡语，分明怨恨曲中论——琵琶曲《昭君出塞》艺术鉴赏，太原：山西大学硕士学位论文，2019年。

11. 王雅岚：歌曲《昭君》的演唱探析，成都：四川师范大学硕士学位论文，2019年。

12. 鲍可涵：基于讲好“青城故事”的呼和浩特旅游开发研究，呼和浩特：内蒙古师范大学硕士学位论文，2019年。

13. 李涓涓：湖北省兴山县昭君镇的特色功能变迁与未来发展研究，武汉：中共湖北省委党校硕士学位论文，2019年。

14. 史慧慧：北京人民艺术剧院创演的历史剧研究，太原：山西师范大学硕士学位论文，2019年。

15. 高燕：北宋词女性形象研究，济南：山东师范大学硕士学位论文，2019年。

16. 王洁：《创造》季刊文学作品中的情爱书写研究，南宁：广西大学硕士学位论文，2019年。

17. 邱雪惠：婚恋戏曲悲剧性研究，开封：河南大学硕士学位论文，2019年。

18. 丁瑜：元悲剧之团圆结局研究，昆明：云南大学硕士学位论文，2019年。

19. 吴思灵：元杂剧中的功能性角色研究，桂林：广西师范大学硕士学位论文，2019年。

20. 邹雪洁：《唐诗三百首》中的唐代女性研究，大连：辽宁师范大学硕士学位论文，2019年。

21. 谭雅琪：丝路题材舞剧《丝路花雨》与《传丝公主》的戏剧性比较研究，西安：西北大学硕士学位论文，2019年。

22. 潘元秀：《敦煌变文集》称谓词探析，济南：山东大学硕士学位论文，2019年。

23. 胡雁翎：论“滑音”在小提琴演奏中的情感表现，黄石：湖北师范大学硕士学位论文，2019年。

24. 张付云：文化、应用与审美：昭君文化旅游区文创产品设计研究，呼和浩特：内蒙古师范大学硕士学位论文，2019年。

25. 闻影：民国文学视阈下的郭沫若历史剧研究，大连：大连理工大学硕士学位论文，2019年。

26. 郑倩芸：南筝语汇探析之闽筝，上海：上海音乐学院硕士学位论文，2019年。

27. 陶冉：《琴操》的文本生成与影响流变，南京：南京大学硕士学位论文，2019年。

28. 罗米：唐代诗人笔下的秦汉史，武汉：华中师范大学硕士学位论文，2019年。

29. 黄婉莹：乡村振兴背景下昭君镇镇村统筹发展研究，宜昌：三峡大学硕士学位论文，2019年。

30. 张淼：以昭君为题材的三首声乐作品演唱比较研究，兰州：西北师范大学硕士学位论文，2019年。

31. 刘冰心：现存元杂剧中“掠夺婚”剧本研究，黄石：湖北师范大学硕士学位论文，2019年。

32. 段雅婷：潮州筝派林毛根作韵技法研究，武汉：武汉音乐学院硕士学位论文，2019年。

33. 谭雪霏：文化生态视域下的三峡宜昌库区文化资源保护研究，武汉：华中师范大学硕士学位论文，2019年。

34. 谭茹：敦煌俗赋写本同卷内容研究，成都：西华师范大学硕士学位论文，2019年。

35. 张怡雯：历史题材舞剧的叙事研究，北京：中国艺术研究院硕士学位论文，2019年。

36. 苏丹：唐代女性妆饰文化与诗歌研究，成都：四川师范大学硕士学位论文，2019年。

37. 白羽然：魏晋南北朝咏史诗的体式与叙事，上海：上海大学硕士学位论文，2019年。

38. 李鹤丽：“同题诗词创作”现象研究，南京：南京师范大学硕士学位论文，2019年。

39. 刘俐伶：《王昭君》与《文成公主》笙协奏曲之分析与诠释，新北：台湾艺术大学中国音乐学系硕士学位论文，2019年。

2020—2023年

2020年

1. 郭晓彤：试论刘德海改编版本琵琶曲《昭君出塞》中的继承与创新，北京：中国音乐学院硕士学位论文，2020年。

2. 杨淑文：王志信《昭君出塞》的音乐分析及演唱处理，南昌：江西师范大学硕士学位论文，2020年。

3. 李煜湄：梨园戏遗存散出研究，泉州：华侨大学硕士学位论文，2020年。

4. 张美琪：孔德辛舞剧创作研究，南京：南京艺术学院硕士学位论文，2020年。

5. 孙文文：有吉佐和子文学中的中国女性形象，烟台：鲁东大学硕士学位论文，2020年。

6. 乔耀华：地域视野下文旅特色小镇建筑风貌策略研究，荆州：长江大学硕士学位论文，2020年。

7. 李昉：中国当代舞剧典型形象研究，南京：南京艺术学院硕士学位论文，2020年。

8. 钱磊：符号学理论视角下呼和浩特市旅游目的地形象感知研究，呼和浩特：内蒙古大学硕士学位论文，2020年。

9. 黄玲玲：两汉往来西北文士与西北文学研究，银川：北方民族大学硕士学位论文，2020年。

10. 王坤：隋代诗歌中的女性形象研究，西安：陕西师范大学硕士学位论文，2020年。

11. 彭海萌：平安初期日本对《玉台新咏》的接受研究，西安：陕西师范大学硕士学位论文，2020年。

12. 潘怡冰：文学作品启示下的舞蹈作品研究，西安：陕西师范大学硕士学位论文，2020年。

13. 高安琪：先秦两汉题材元杂剧研究，桂林：广西师范大学硕士学位论文，2020年。

14. 韦婉明：汉魏六朝宫廷女性文学研究，兰州：西北师范大学硕士学位论文，2020年。

15. 李晓洁：唐代婚恋诗研究，上海：上海师范大学硕士学位论文，2020年。

16. 张佼：四唐咏史诗比较研究，兰州：西北民族大学硕士学位论文，2020年。

17. 聂晶：明清刊本昭君故事图像叙事研究，重庆：西南大学硕士学位论文，2020年。

18. 陈莹：1949年后曹禺戏剧创作探析，北京：中国艺术研究院硕士学位论文，2020年。

19. 张宏儒：歌曲《出塞曲》的创作特征及演唱技巧研究，聊城：聊城大学硕士学位论文，2020年。

20. 刘梓媛：论传统琵琶文曲中的悲情元素，长春：吉林艺术学院硕士学位论文，2020年。

21. 潘晓爽：敦煌变文与河西宝卷比较研究，上海：上海师范大学硕士学位论文，2020年。

2021年

1. 杨阳：呼和浩特市昭君博物院文创产品开发设计研究，呼和浩特：内蒙古大学硕士学位论文，2021年。

2. 李思柳：论华彦钧琵琶曲《昭君出塞》的演奏技法与人文阐释，天津：天津音乐学院硕士学位论文，2021年。

3. 洪哲鹏：闽台歌仔册与明清白话小说比较研究，福州：福建师范大学硕士学位论文，2021年。

4. 魏冉冉：华彦钧与刘德海之琵琶曲《昭君出塞》版本探究，开封：河南大学硕士学位论文，2021年。

5. 高铭：剧本《昭君出塞》及创作阐述，大连：辽宁师范大学硕士学位论文，2021年。

6. 季雯静：清代昭君诗研究，呼和浩特：内蒙古大学硕士学位论文，2021年。

7. 李佳璇：琵琶三重奏《青冢望乡》的创作与表演“对话”，呼和浩特：内蒙古大学硕士学位论文，2021年。

8. 许晶：试论平安时代汉诗中的王昭君形象，大连：大连外国语大学硕士学位论文，2021年。

9. 赵鑫博：探究传统笙独奏曲《昭君和亲》的音乐特征及艺术特色，北京：中国音乐学院硕士学位论文，2021年。

10. 韦云鹤：明清易代之际文人戏曲创作承变研究，青岛：青岛大学硕士学位论文，2021年。

11. 沈祺：曹禺戏剧作品影视改编探析，南昌：南昌大学硕士学位论文，2021年。

12. 骆名青：元杂剧悲剧作品中悲剧制造者形象研究，黄石：湖北师范大学硕士学位论文，2021年。

13. 徐萌：唐代“拟闺音”诗中的女性形象研究，长春：东北师范大学硕士学位论文，2021年。

14. 侍光浩：初盛唐边塞乐府诗研究，南京：南京师范大学硕士学位论文，2021年。

15. 吴梦雅：魏晋至隋唐琵琶文学研究，北京：中国社会科学院研究生院硕士学位论文，2021年。

16. 李沛盈：顾冠仁琵琶协奏曲《王昭君》之作品分析与演奏诠释，台北：中国文化大学中国音乐学系硕士学位论文，2021年。

2022年

1. 赵萨仁满都拉：昭君博物院导游词汉英交传实践报告，呼和浩特：内蒙古大学硕士学位论文，2022年。

2. 黄羽鹏：昭君博物院汉译英导游口译实践报告，呼和浩特：内蒙古大学硕士学位论文，2022年。

3. 高月：昭君博物院“匈奴历史博物馆”展厅陪同口译实践报告，呼和浩特：内蒙古大学硕士学位论文，2022年。

4. 邹竞：从历代昭君题材诗作看士人群体心态的转变，南昌：南昌大学硕士学位论文，2022年。

5. 蒋秀宁：两首“昭君”题材歌曲演唱探究，重庆：西南大学硕士学位论文，2022年。

6. 王杨阳：《昭君出塞》与《出塞曲》演唱风格比较分析，哈尔滨：哈尔滨师范大学硕士学位论文，2022年。

7. 袁英：魏晋南北朝三峡文学研究，重庆：重庆大学硕士学位论文，2022年。

8. 孙露婷：《汉宫秋》的戏曲情境研究，长春：东北师范大学硕士学位论文，2022年。

9. 毕凤泽：日本战后王昭君题材作品研究，大连：大连外国语大学硕士学位论文，2022年。

10. 罗学龄：美声唱法在粤剧唱段《昭君出塞》演唱中的借鉴研究，南宁：广西艺术学院硕士学位论文，2022年。

11. 张宇茹：呼和浩特市玉泉区昭君路道路绿地景观改造设计，呼和浩特：内蒙古农业大学硕士学位论文，2022年。

12. 杨晨：元杂剧西汉历史戏研究，汉中：陕西理工大学硕士学位论文，2022年。

13. 高琰：王昭君图像研究，南充：西华师范大学硕士学位论文，2022年。

14. 胡杰：日本中世古辞书视阈下的中国女性形象研究，沈阳：辽宁大学硕士学位论文，2022年。

15. 全素娟：历代昭君剧作中的君王形象研究，宜昌：三峡大学硕士学位论文，2022年。

2023年

1. 彭心如："昭君戏"变迁史研究，济南：山东大学硕士学位论文，2023年。

2. 王雄贵.清代至民国地方昭君戏曲研究，宜昌：三峡大学硕士学位论文，2023年。

3. 张晓："衰年变法"——汪曾祺戏剧观的文学化改造，青岛：青岛科技大学硕士学位论文，2023年。

4. 陈蕾：敦煌变文中的史传故事研究，贵阳：贵州师范大学硕士学位论文，2023年。

5. 赵月爱：唐代诗人对和亲的认识及评价研究，烟台：烟台大学硕士学位论文，2023年。

6. 刘可欣：粤曲《昭君出塞》的声腔特征和演唱分析，南宁：广西艺术学院硕士学位论文，2023年。

7. 杨柳：探究现代油画中的装饰元素的运用——以克里姆特为例，大连：辽宁师范大学硕士学位论文，2023年。

8. 李媛媛：乡村振兴背景下湖北兴山县生态旅游发展研究，桂林：广西师范大学硕士学位论文，2023年。

9. 陈玉梅：呼和浩特市昭君博物院文化景观符号网络传播与游客感知调查研究，呼和浩特：内蒙古师范大学硕士学位论文，2023年。

10. 戴继元：清代蒙古地区纪行日记研究，通辽：内蒙古民族大学硕十学位论文，2023年。

11. 张泽嵘：从《昭君回塞》中看传统乐器与电子音色的融合，哈尔滨：哈尔滨师范大学硕士学位论文，2023年。

12. 陈海玲：王昭君形象的演变及对外传播策略研究，太原：山西大学硕士学位论文，2023年。

13. 李江霞：咏史诗在培育中学生家国情怀素养中的运用研究，昆明：云南师范大学硕士学位论文，2023年。

14. 周文婷：文学景观研究，汉中：陕西理工大学硕士学位论文，2023年。

15. 于宁：现当代民族关系题材历史剧研究，开封：河南大学硕士学位论文，2023年。

16. 胡可：合阳跳戏剧本研究，西安：西安建筑科技大学硕士学位论文，2023年。

17. 粟镜蓉：顾曲斋《古杂剧》研究，桂林：广西师范大学硕士学位论文，2023年。

18. 周可心：舞蹈剧目中女性角色塑造分析，沈阳：沈阳师范大学硕士学位论文，2023年。

18. 杨亚蓉：和亲公主后代研究，烟台：烟台大学硕士学位论文，2023年。

19. 张淑瑜：帕纳休克《红楼梦》95版俄译本副文本研究，呼和浩特：内蒙古师范大学硕士学位论文，2023年。

20. 郑祎：唐宋玉门关诗文整理研究，济南：山东师范大学硕士学位论文，2023年。

21. 林婉心：晚唐李咸用诗歌论稿，长春：吉林大学硕士学位论文，2023年。

22. 马璇：以作品透视中国传统文化视域下古典舞女性形象塑造，兰州：西北民族大学硕士学位论文，2023年。

23. 杨程程："四大美人"形象在君妃高端酒品中的迭代设计与应用研究，大庆：东北石油大学硕士学位论文，2023年。

24. 李悦：从敦煌变文看唐代民间伦理思想，哈尔滨：黑龙江大学博士学位论文，2023年。

25. 盛予欣：泓口丝弦的音乐特征及当代传承探析，上海：上海音乐学院硕士学位论文，2023年。

4. 会议论文

1. 林幹：近六十年来（1919—1980）国内研究匈奴的概况，《中国蒙古史学会会议论文集》，1981年，第336—352页。

2. 陈鹏翔：主题学理论与历史证据：以王昭君传说为例，《中国神话与传说学术研讨会论文集》，1996年3月，第337—367页。

3. 孙子威：文艺与反映辨识，《全国马列文艺论著研究会会议论文集》，2001年，第150—166页。

4. 赵维江：宋辽夏鼎立格局下的北宋文学进程，《第三届宋代文学国际研讨会论文集》，2003年，第16—29页。

5. 张海斌：包头出土的“单于天降”和“单于和亲”瓦当，《中国·内蒙古首届草原文化研讨会论文集》，2004年，第240—256页。

6. 孙利中：青冢考，《中国·内蒙古第二届草原文化研讨会论文集》，2005年，第161—171页。

7. 向回：本事对文人古题乐府创作的影响，《乐府与诗歌国际学术研讨会论文集——乐府学（第三辑）》，2007年，第236—263页。

8. 王安祈：台湾新编京剧的女性意识——从女性形象为何需要重塑谈起，《京剧与中国文化传统——第二届京剧学国际学术研讨会论文集》，2007年，第481—502页。

9. 王利俊，王东辉：“和文化”：草原文化的核心价值——兼论呼和浩特市昭君文化的当代意义，《中国·内蒙古第四届草原文化研讨会论文集》，2007年，第135—146页。

10. 李独醉：谒昭君墓——论历史文化与现代人的绵绵情丝，《贵州省写作学会会议论文集》，2007年，第41—44页。

11. 董恒宇：草原城市：漫润在海草原文化中的艺术品——城市文化的核心理念：文脉传承与形象设计，《中国·内蒙古第四届草原文化研讨会论文集》，2007年，第15页。

12. 王光文：草原文化与呼和浩特市城市文化定位，《中国·内蒙古第四届草原文化研讨会论文集》，2007年，第18页。

13. 宝音满达胡：草原文化是内蒙古旅游之魂——内蒙古旅游业持续发展的思考，《中国·内蒙古第四届草原文化研讨会论文集》，2007年，第21页。

14. 苗怀明：不谈六经爱五剧 西厢浪子是前身——王季思和他的戏曲研究，《“非物质文化遗产保护视野下的传统戏剧研究”国际学术研讨会论文集（上）》，2008年，第81—92页。

15. 张学元：昭君悲剧情结初探，《昭君文化高层论坛暨中国民族学学会昭君文化研究分会成立大会论文集》，2008年，147—150页。

16. 郭自宝：昭君传说的摇篮——兴山，《昭君文化高层论坛暨中国民族学学会昭君文化研究分会成立大会论文集》，2008年，第140—146页。

17. 马冀：论昭君文化的价值，《昭君文化高层论坛暨中国民族学学会昭君文化研究分会成立大会论文集》，2008年，第1—12页。

18. 贺清海：昭君如何出塞，《昭君文化高层论坛暨中国民族学学会昭君文化研究分会成立大会论文集》，2008年，185—187页。

19. 蔡长明：浅谈昭君性格的形成，《昭君文化高层论坛暨中国民族学学会昭君文化研究分会成立大会论文集》，2008年，第151—153页。

20. 黄德炎：昭君自古在民间——兴山歌咏昭君的民歌浅析，《昭君文化高层论坛暨中国民族学学会昭君文化研究分会成立大会论文集》，2008年，第136—139页。

21. 潘照东：论王昭君之美，《昭君文化高层论坛暨中国民族学学会昭君文化研究分会成立大会论文集》，2008年，第13—21页。

22. 罗丹平：昭君形象演变的成因探析，《昭君文化高层论坛暨中国民族学学会昭君文化研究分会成立大会论文集》，2008年，第127—131页。

23. 王兴军：昭君文化呼唤和谐社会，《昭君文化高层论坛暨中国民族学学会昭君文化研究分会成立大会论文集》，2008年，第193—194页。

24. 鲁歌：《历代歌咏昭君诗词选注》前言，《昭君文化高层论坛暨中国民族学学会昭君文化研究分会成立大会论文集》，2008年，第207—210页。

25. 可永雪，余国钦：有关王昭君的几个问题（续篇），《昭君文化高层论坛暨中国民族学学会昭君文化研究分会成立大会论文集》，2008年，第22—31页。

26. 王满喜：团结友好和平是昭君文化的本质，《昭君文化高层论坛暨中国民族学学会昭君文化研究分会成立大会论文集》，2008年，第108—109页。

27. 王作良：简论满族传说中的昭君故事，《昭君文化高层论坛暨中国民族学学会昭君文化研究分会成立大会论文集》，2008年，第178—184页。

28. 沈昌炜：对"昭君传说"申遗的思考和对策——兼论昭君文化与非物质文化遗产关系，《昭君文化高层论坛暨中国民族学学会昭君文化研究分会成立大会论文集》，2008年，第74—78页。

29. 武高明：浅谈昭君文化在昭君博物院建设中的体现与发展，《昭君文化高层论坛暨中国民族学学会昭君文化研究分会成立大会论文集》，2008年，第88—92页。

30. 刘颖：怀抱筝筑的王昭君——日本画家山本琴谷的绘画作品《王昭君》，《昭君文化高层论坛暨中国民族学学会昭君文化研究分会成立大会论文集》，2008年，第71—73页。

31. 郭其炳：昭君歌曲新唱——从为董老昭君墓题词谱曲说起，《昭君文化高层论坛暨中国民族学学会昭君文化研究分会成立大会论文集》，2008年，第132—135页。

32. 王绍东：论历代悲悯昭君诗中所包含的文化意蕴，《昭君文化高层论坛暨中国民族学学会昭君文化研究分会成立大会论文集》，2008年，第32—37页。

33. 贺金娥：《王昭君——献身民族友好事业的奇女子》编后记，《昭君文化高层论坛暨中国民族学学会昭君文化研究分会成立大会论文集》，2008年，第211—212页。

34. 陈爱国：大力弘扬昭君文化 强化教育基地作用，《昭君文化高层论坛暨中国民族学学会昭君文化研究分会成立大会论文集》，2008年，166—169页。

35. 万国清：试析中国古代四大美女的佼佼者——王昭君，《昭君文化高层论坛暨中国民族学学会昭君文化研究分会成立大会论文集》，2008年，第162—165页。

36. 李志阳：民族的使节 和平的象征——文化视角下的昭君出塞，《昭君文化高层论坛暨中国民族学学会昭君文化研究分会成立大会论文集》，2008年，第188—192页。

37. 王芳：浅析王昭君朴素的唯物主义认识观，《昭君文化高层论坛暨中国民族学学会昭君文化研究分会成立大会论文集》，2008年，第154—158页。

38. 王亚男：弘扬昭君文化提升呼和浩特软实力，《昭君文化高层论坛暨中国民族学学会昭君文化研究分会成立大会论文集》，2008年，第84—87页。

39. 伏凌涛：论王昭君由人到神的演化，《昭君文化高层论坛暨中国民族学学会昭君文化研究分会成立大会论文集》，2008年，第38—64页。

40. 王志刚：《文华秀丽集》昭君母题创作初读——九世纪日本嵯峨天皇君臣咏昭君诗，《昭君文化高层论坛暨中国民族学学会昭君文化研究分会成立大会论文集》，2008年，第65—70页。

41. 王胜久：以昭君文化推动金融发展——把昭君文化作为软实力促进金融兴市的速度，《昭君文化高层论坛暨中国民族学学会昭君文化研究分会成立大会论文集》，2008年，第79—83页。

42. 郭梅：休道画工鬼蜮 倾国翻成报国——论历代女性咏昭君之诗词曲，《昭君文化高层论坛暨中国民族学学会昭君文化研究分会成立大会论文集》，

2008年，第195—206页。

43. 李世馨：和平共处和谐共存共同发展共同繁荣是昭君文化的核心价值，《昭君文化高层论坛暨中国民族学学会昭君文化研究分会成立大会论文集》，2008年，第93—107页。

44. 吴绪久：独留青冢向明天——关于王昭君形象评价的再认识，《昭君文化高层论坛暨中国民族学学会昭君文化研究分会成立大会论文集》，2008年，第110—115页。

45. 谢娅萍：民间文学题材的交融与民间文学样式的整合——以王昭君民间传说与民间歌谣为例，《昭君文化高层论坛暨中国民族学学会昭君文化研究分会成立大会论文集》，2008年，第116—126页。

46. 王作栋：五句子歌谣在县域流布的当代文本记录——《昭君故里五句子歌谣选》序，《昭君文化高层论坛暨中国民族学学会昭君文化研究分会成立大会论文集》，2008年，第213—220页。

47. 吴瑶林：万里长城杨柳绿 织成蒙汉一家春——浅谈昭君文化在呼和浩特与湖北兴山的传播特色及成因，《昭君文化高层论坛暨中国民族学学会昭君文化研究分会成立大会论文集》，2008年，第170—177页。

48. 王锋："良家子"初探，《昭君文化高层论坛暨中国民族学学会昭君文化研究分会成立大会论文集》，2008年。

49. 王德功：西口古道——民族和谐交融的通道，《"地域文化与城市发展"国际学术研讨会论文集》，2009年，第485—500页。

50. 金文京：王昭君变文考，《第三届中国俗文化国际学术研讨会暨项楚教授七十华诞学术讨论会论文集》2009年，第254—258页。

51. 朱凤玉：敦煌本《前汉刘家太子传》情节在平话与演义之运用，《第三届中国俗文化国际学术研讨会暨项楚教授七十华诞学术讨论会论文集》2009年。

52. 沈昌伟：佳人有佳节 十年书华章—对十届昭君文化节的思考，《2010中国会展经济研究会学术年会论文集》，2010年，第361—370页。

53. 张文冠：《王昭君变文》校释拾零，《百年敦煌文献整理研究国际学术讨论会论文集（上册）》，2010年，第229—233页。

54. 刘航：诗、乐、舞对乐府人物传说流播与演变的影响，《2010年中国文学传播与接受国际学术研讨会论文汇编（中国古代文学部分）武汉大学中国文学传播与接受研究中心会议论文集》，2010年，第491—498页。

55. 闫利霞：发展具有内蒙古民族特色的文化会展业，《论草原文化（第八辑）内蒙古自治区社会科学院会议论文集》，2011年，第82—93页。

56. 张立环：元杂剧的主题倾向与时代之关系，《新规划·新视野·新发展——天津市社会科学界第七届学术年会优秀论文集〈天津学术文库〉（上）》，2011年，第453—458页。

57. 钟响：关于《明妃曲》的一点思考，《日语教育与日本学研究——大学日语教育研究国际研讨会论文集》，2013年，第352—354页。

58. 马冀：论地域文化学的概念、研究路径和社会价值——以内蒙古为例，《论地方学建设与发展——中国地方学建设与发展研讨会文集》，2013年，第33—37页。

59. 周锡山：中国古代神秘主义文艺理论论纲，《中国古代文学理论学会第十八届年会暨国际学术研讨会论文集》，2013年，第279—284页。

60. 李世萍：古代诗歌视域中的阴山及其文化意蕴，《中国文学地理学会第四届年会论文集》，2014年，第361—365页。

61. “鲜花插在牛粪上”最先形容谁?，《2014年07月民俗非遗研讨会论文集》，2014年，第40页。

62. 韩文：风雨怀朔，《北魏六镇学术研讨会论文集·中国人民大学历史学院》，2014年，第246—262页。

63. 李晓：明万历戏曲选刊《大明天下春》南戏散出初探，《第六届国际南戏学术研讨会论文集·温州大学人文学院》，2014年，第376—398页。

64. 马慧：论游牧民族之非广源器乐文化，《2015年01月民俗非遗研讨会论文集》，2015年，第72—74页。

65. 杨小叶：试论郭沫若历史剧《三个叛逆的女性》中女性主义精神，《第二十九届荆楚学术研讨交流会论文集》，2019年，第93—95页。

66. 候云舒：从史传到舞台——昭君故事叙事多层次覆载，《第十一届汉代文学与思想国际学术研讨会论文集》，2019年，第449—470页。

67. 刘怀荣：西晋故事体歌诗与后代说唱文学之关系考论，《中国诗歌与音乐关系研究——第一届与第二届“中国诗歌与音乐关系”学术研讨会论文集》，2022年，第226—237页。

5. 资料汇编文章

1. 傅正乾：郭沫若史剧理论的结构核心——兼论郭沫若历史悲剧观的形成，《郭沫若研究（第三辑）·中国郭沫若研究会专题资料汇编》，1987年，第23页。

2. 蔡震：郭沫若与郁达夫悲剧观比较，《郭沫若研究（第六辑）·中国郭沫若研究会专题资料汇编》，1988年，第169—185页。

3. 杨明：由昆曲《昭君出塞》说传承，《中国演员中国戏曲表演学会专题资料汇编》，2010年，第45页。

4. 胡芝风：小议《昭君出塞》，《中国演员（2010年第5期总第17期）中国戏曲表演学会专题资料汇编》，2010年，第41—42页。

5. 刘庆安：庾信入北诗歌中的流水意象，《古代文学理论研究（第三十二辑）——中国文论的古与今，中国古代文学理论学会专题资料汇编》，2011年，第413—427页。

6. 王育：百年诞辰更思君与曹禺交往的两三件事兼谈“向曹禺前进”的口号，《曹禺诞辰100周年纪念文集·中国戏剧家协会专题资料汇编》，2011年，第109—116页。

7. 韩俊峰：占花名诗出自曹寅，《红楼文苑（2011.4）江苏省红楼梦学会专题资料汇编》，2011年，第46—52页。

8. 宝音：鄂尔多斯市昭君坟考辩，《〈鄂尔多斯学研究成果丛书〉历史类·鄂尔多斯市鄂尔多斯学研究会专题资料汇编》，2012年，第211—216页。

9. 甄自明，岳够明：浅论红庆河古城、秦直道与昭君出塞，《〈鄂尔多斯学研究成果丛书〉历史类·鄂尔多斯市鄂尔多斯学研究会专题资料汇编》，2012年，第172—177页。

10. 韩俊峰：占花名诗出自曹寅，《红楼文苑（2012.3）江苏省红楼梦学会专题资料汇编》，2012年，第42—48页。

11. 马格侠，杨瑞瑞：河州北乡“财宝神”信仰初探，《宗教与民族（第十辑）·中央民族大学哲学与宗教学系专题资料汇编》，2016年，第291—302页。

6. 专题论文集

1. 郝存柱主编：《中国·呼和浩特昭君文化节昭君文化理论研讨会第一—三届论文集》，中共呼和浩特市委宣传部，2002年。

2. 中国民族学学会昭君文化研究分会编：《昭君文化高层论坛暨昭君文化十年成就表彰大会论文集》，2010年。

3. 甘发根，韩兴浒主编：《2019昭君文化高层论坛论文集》，武汉：湖北科学技术出版社，2020年。

二、国外昭君文化研究论著

（一） 日本

1. 著作

1. 堀江キョウ子著：『敦煌変文「王昭君変文」『明妃伝』の研究：中国における〈王昭君説話〉の変遷』，東京：白帝社，2008年。

2. 藤野月子著：『王昭君から文成公主へ：中国古代の国際結婚』，福岡：九州大学出版会，2012年。

2. 论文

（1） 期刊论文

1950—1969年

1. 吉沢忠：菱田春草筆・王昭君，『國華』（通号835）1961年10月，第460—465页。

2. 根本誠：王昭君変文の成立年代考，『東洋文学研究』（通号9）1961年03月，第57—80页。

3. 川口久雄：敦煌変文の素材と日本文学——王昭君変文と我が国における王昭君説話，『金沢大学法文学部論集（文学編）』（通号11）1964年05月，第1—20页。

4. 杤尾武：中国説話——王昭君説話について，『都大論究』（通号6）1966年12月，第25—35页。

1970—1989年

1. 星野鈴：中林竹渓筆王昭君図，『国華』（通号963）1973年11月，第21—25页。

2. 山内春夫：李白「王昭君」詩における「払玉鞍」について，『東方学』（通号58）1979年07月，第71—79页。

3. 黎波：曹禺の新作「王昭君」，『悲劇喜劇』1979年第32巻（1979年04月），第58—60页。

4. 豊崎卓：菱田春草と王昭君，『茨城大学五浦美術文化研究所報』1979年第7巻（1979年03月），第2—3页。

5. 石田博：中国の文学に現われた琵琶——王昭君を中心に，『国学院雑誌』1980年第81巻（1980年12月），第1—20页。

6. 小林健二："昭君"考，『国文学研究資料館紀要』1981年第7巻（1981年03月），第1—31页。

7. 岡本和子：曹禺の新作『王昭君』：その劇本について，『東洋文化学科年報』1986年第1巻（1986年10月），第44—48页。

8. 上田設夫：〈今昔物語集〉震旦説話の日本的要素の考察——王昭君説話を中心に，『説話文学研究』（通号23）1988年第6期，第17—28页。

9. 比嘉こずえ：王昭君について，『大正史学』1989年第19巻（1989年03月），第22—28页。

10. 山田勝久：王昭君に於ける史実と虚構性の系譜について，『語学文学』（通号27）1989年，第41—51页。

1990—2009年

1. 米田孝子：悲劇の漢女 王昭君の生涯，『岐阜女子大学国文学会会誌』1990年第19巻（1990年03月），第59—69页。

2. 西田禎元：『源氏物語』における中国の美人たち，『創大アジア研究』1991年第12巻（1991年03月），第75—86页。

3. 上原作和：光源氏の秘琴伝授：若菜巻の女樂をめぐって，『日本文

学』1991年第40卷第4期，第11—21页。

4. 金文京：敦煌本「王昭君变文」校注，『慶應義塾大学言語文化研究所紀要』（通号24）1992年12月，第173—191页。

5. 尾上兼英：虚構の中の「王昭君」，『日本中國学會報』（通号45）1993年，第154—161页。

6. 金文京：「王昭君变文」考，『中国文学報』1995年第50卷（1995年04月），第81—96页。

7. 岡崎真紀子：平安期における王昭君説話の展開，『成城国文学』1995年第11卷（1995年03月），第37—60页。

8. 繰井潔：論考「王昭君は悲劇のヒロインであったか」，『金蘭短期大学研究誌』（通号29）1998年12月，第45—53页。

9. 植木朝子：王昭君と尺八——謡曲「籠尺八」の詞章から，『国語国文』（通号782）1999年第68卷第10期（1999年10月），第40—53页。

10. 生田優子：『うつほ物語』における王昭君伝承，『時の扉：東京学芸大学大学院伝承文学研究レポート』1999年第3卷（1999年03月），第1—7页。

11. 岩山泰三：一休の王昭君像，『日本学研究』2001年，第281—297页。

12. 齋藤奈美：「長恨歌、王昭君などやうなる絵は」——絵合巻の引用と秋好中宮，『中古文学』2002年第69卷（2002年05月），第23—33页。

13. 松本肇：王昭君の顔——中唐詩の意義，『文藝言語研究 文藝篇』（通号42）2002年，第180—197页。

14. 木村香織：現代からみた古典の中の女性たち——班［ショウヨ］・王覇妻・王昭君（高二），『漢文教育』（通号28）2003年11月，第14—27页。

15. 山本敏雄：王昭君説話と琵琶，『愛知教育大学研究報告・人文・社会科学』2004年第53卷（2004年03月），第13—21页。

16. 于華：日本戦国時期婚姻戦場上的女性——兼対比中国的“政治聯姻”，『下関市立大学論集』2004年第47卷第3期（2004年01月），第99—110页。

17. 脇坂淳：熊本城本丸御殿の障壁画——昭君の間，若松の間の復元ちなんにで，『京都教育大学紀要』2005年第106卷（2005年03月），第103—124页。

18. 松尾肇子：古典に見る漢族女性の形象——王昭君考（特集 漢民族をどう見るか），『中国』2006年第2125卷（2006年09月），第201—220页。

19. 竹村則行：『鶯鴻記』を襲用した『天宝曲史』の梅妃故事について，『文学研究』2006年第103巻（2006年03月），第1—26页。

20. ミリオーレ，M.C.：王昭君説話について，『語学教育研究論叢』2006年第23巻（2006年02月），第261—276页。

21. 西野入篤男：『白氏文集』「傳戎人」の重層性——元［シン］「傳戎人」・王昭君説話との関わりから（明治大学学術フロンティア推進事業「日本古代文化における文字・図像・伝承と宗教の総合的研究」第3サブプロジェクト「伝承・宗教文化研究」），『古代学研究所紀要』2006年第4巻，第113—128页。

22. 溝口貞彦：『王昭君（寄稿・投稿論文）』，『二松学舎大学人文論叢』2007年第79巻（2007年10月），第42—66页。

2010—2019年

1. 阿部泰記：対比中日王昭君故事の演變，『アジアの歴史と文化』2010年第14巻（2010年03月），第121—135页。

2. 佐藤和彦：「王昭君図」と大スリコギ——山形県鶴岡市の善宝寺における出会い，『高志路』2010年第375巻（2010年02月），第8—15页。

3. 金睿：中日「王昭君説話」の相互比較による考察—〈怨〉の方向性・単于の愛情描写・漢帝の後悔について，『梅花日文論叢』2011年第19巻（2011年02月），第1—9页。

4. 山崎覚士：書評 藤野月子著『王昭君から文成公主へ：中国古代の国際結婚』，『九州歴史科学』2012年第40巻（2012年12月），第73—79页。

5. 西村富美子：杜甫「詠懷古跡五首」之三：「王昭君」像の形成と白居易の繼承（杜甫誕生一千三百年特刊），『中國文學報』2012年第83巻（2012年10月），第96—110页。

6. 佐々木満実：藤野月子著『王昭君から文成公主へ：中国古代の国際結婚』（九州大学人文学叢書1），『史学雑誌』2012年第121巻第12期，第2094—2095页。

7. 河上麻由子：書評・新刊紹介 藤野月子著『王昭君から文成公主へ：中国古代の国際結婚』，『唐代史研究』2013年第16巻（2013年08月），第

91—98页。

8. 山下将司：書評 藤野月子『王昭君から文成公主へ：中国古代の国際結婚』(九州大学人文学叢書1)，『歴史学研究』2013年第908巻（2013年08月)，第58—60，64页。

9. 蕭家如：書評 藤野月子著『王昭君から文成公主へ：中国古代の国際結婚』，『七隈史学』2013年第15巻（2013年03月)，第147—153页。

10. 石見清裕：書評 藤野月子著『王昭君から文成公主へ：中国古代の国際結婚』，『法制史研究：法制史學會年報』2013年第63巻，第243—248页。

11. 李宇玲："王昭君"と平安物语，『日语教育与日本学研究』2013年，第188—191页。

12. 田中裕理：『琵琶伝』に見る鏡花の恋愛至上主義：婚姻制度に対する問題提起，『富大比較文学』2013年第6期（2013年12月)，第15—26页。

13. 坂野学：曹禺『王昭君』小考：創作エピソードをめぐって，『函館大学論究』2014年第45巻（2014年03月)，第105—124页。

14. 村中菜摘：「二見浦百首」雑部「楊貴妃」・「王昭君」・「陵園妾」詠における『唐物語』摂取（特集古代)，『解釈』2014年第60巻第3期（2014年03月)，第48—55页。

15. 山田勅之：中国内モンゴル自治区における観光文化創生の実情，『総合観光研究』2014年第13巻，第13—28页。

16. 飯倉洋一，イイクラ ヨウイチ：《王昭君詩と大石良雄：『新斎夜語』第一話の「名利」説をめぐって》，『語文』2015年第105巻（2015年02月)，第1—11页。

17. 北山円生：『平家物語』大宰府落と漢詩文：王昭君説話などの利用について，『神女大国文』2015年第26巻（2015年03月)，第1—10页。

18. 西川ゆみ：辺境と京都—六朝楽府作品に見える空間認識，『序説』(奈良女子大学日本アジア言語文化学会）2015年第42巻（2015年03月)，第50—67页。

19. 坂野学：曹禺「王昭君」の孫美人について，『函館大学論究』2016年第47巻（2016年03月)，第3—14页。

20. 小林宏光：王昭君降嫁の新たな絵画化：大和文華館所蔵『明妃出塞

図巻』の諸特質について，『大和文華』2016年第129巻第1期，第9—24页。

21. 飯倉洋一：王昭君詩と大石良雄：『新斎夜語』第一話の「名利」説をめぐって，『語文』2016年第105巻（2016年12月），第1—11页。

22. 阿部泰記：日本における王昭君故事の受容，『異文化研究』2017年第11巻，第1—17页。

23. 日並彩乃：東洋的歴史画の研究：菱田春草筆『王昭君』を中心に，『関西大学東西学術研究所紀要』2018年第51巻（2018年04月），第273—293页。

24. 蘇洋：井上靖「明妃曲」論：匈奴への憧れの物語，『関西大学東西学術研究所紀要』2018年第51巻（2018年04月），第171—187页。

25. 大上正美：王昭君は「賢媛」か（篠原進教授退任記念号），『青山語文』2018年第48巻（2018年03月），第229—239页。

26. 楊海英（大野旭）：王昭君をめぐる中国人の苦悩：観光資源における歴史の政治利用の一例（国際シンポジウム東アジアの観光動態に関する学際的研究），『アジア研究』2018年第13巻（2018年03月），第99—108页。

27. 伊澤亮介：ベトナムにおける王昭君関連文学作品，『滋賀短期大学研究紀要』2018年第43巻，第195—202页。

28. 阿部泰記：日本近現代文学における王昭君の形象，『異文化研究』2018年第12巻，第1—14页。

29. 山口一樹：『うつほ物語』俊蔭女の尚侍就任と王昭君説話・長恨歌・竹取物語，『東京大学文学部国文学论集』2019年第14巻（2019年03月），第37—51页。

30. 李育娟：『類林』の再編について：「王昭君伝承」を糸口に，『詞林』第2019年第65巻（2019年04月），第1—16页。

2020—2023年

1. 阿部泰記：中日王昭君故事的神話色彩，『異文化研究』2020年第14巻（2020年03月），第1—14页。

2. 竹村則行：王昭君の故郷帰州で詠んだ白居易の「青塚」詩，『九州大学中国文学会』2021年，第50页。

3. 田村隆：王昭君説話の語り方，『九州大学国語国文学会』2021年，第

130—131页。

4. 勝倉壽一：井上靖「明妃曲」論，『福島大学人間発達文化学類論集』2023年第37卷（2023年01月），第92—85页。

5. 阿部泰記：現代中国における王昭君劇，『異文化研究』2023年第17卷（2023年03月），第1—20页。

（2）学位论文

1. 三村晃功：中世類題集の研究，大阪：大阪大学博士学位論文（文学）乙，1994年第6467号。

2. 佐藤志乃：朦朧体についての研究：菱田春草の作品を中心に，筑波：筑波大学博士学位論文（芸術学）甲，2001年第2705号。

（3）会议论文

1. 李宇玲：王昭君坛承と平安文学——平安韵文を中心に，『上海外国语大学.日语教学的本土化研究——2011年度上海外国语大学日本学国际论坛纪念文集』，华东理工大学出版社（East China University of Science and Technology Press）2011年，第332—336页。

2. 李宇玲："王昭君"と平安物语，『日语教育与日本学研究——大学日语教育研究国际研讨会论文集（2012）』，第195—198页。

（二）韩国

1. 期刊论文

1980—1999年

1. 鄭元祉：《漢宮秋》研究，《中國人文科學》1984年。

2. 洪瑀欽：中國人對漢宮女王昭君的情感，《女性問題研究》1984年。

3. 洪寅杓：王昭君故事的發展和其詩論，《東方古典文學研究》1990年。

4. 兪泰揆：《王昭君變文》研究，《中國文學研究》1990年。

5. 兪泰揆：《王昭君變文》創作思維體系考，《中國文學研究》1990年。

6. 姜啓哲：馬致遠雜劇創作研究，《中國研究》1994年。

7. 鄭雲采：接受王昭君故事的漢詩所呈現的忠臣戀主之詞的心理特徵，《古詩歌研究》1998年。

2000—2009年

1. 田寶玉：中國敘事詩的故事成立背景考察———以昭君出塞故事為背景，《中國語文學論集》2000年。

2. 呂運弼：韓國漢詩對王昭君故事的接受情況，《韓國漢詩研究》2001年。

3. 尹浩鎮：韓中日漢詩所呈現的人物形象比較研究——以王昭君詩中的王昭君形象為主，《南冥學研究》2002年。

4. 李澤東：朝鮮後期的政治現實和以王昭君為題材的詠史詩，《韓國古典研究》2003年。

5. 오세정：건국신화의 제의적 서사구조 연구，《한국고전연구》2003年第9卷。

6. 俞泰揆：王昭君出嫁和親의主要原因，《중국문화연구》2006年第9卷。

7. 이상덕：곽말약 초기 희극에 나타난 인물형상 연구：역사극 《三個叛逆的女性》을 중심으로，《中國學論叢》2007年第24卷。

8. 韓相德：曹禺의 「王昭君」 研究，《南冥學研究》2007年第23卷。

9. 한상덕：왕소군（王昭君） 형상（形象）의 변용（變容）과 그 의의（意義） 연구（研究） —곽말약（郭沫若）과 조우（曹우）의 동명사극（同名史劇）「왕소군（王昭君）」을 중심으로，《世界文學比較研究》2008年第23卷。

10. 金英敏：中華秩序的內部：《漢宮秋》裏所隱含的國際政治思想，《亞細亞研究》2008年。

2010—2019年

1. 柳江夏：틈새를 메우는 문학적 상상력 ‘리텔링’：‘王昭君 故事’의 리텔링을 例로，《중국어문학논집》2012年第63号。

2. 임금복：기획주제：춘향전 사설에 등장하는 중국 여성 연구 —열녀춘향 수절가를 중심으로，《한국문예비평연구》2012年第39号。

3. 유병례：서찬（徐燦）의 《영사（詠史）》詩，《中國文學研究》2012年第49卷。

4. 구성희：為和親嫁到匈奴的漢王昭君的歷史性貢獻，《文學、史學、哲學》2012年。

5. 손대현：채문희 관련 문학적 형상화와 그 의미，《국어국문학》2013年第164号。

6. 유태규：西漢의 和親 역사와 王昭君 흉노 출가의 背景，《중국문화연구》2014年第25卷。

7. 임금복：박근모의『춘화가향 사랑가』에 나타난 중국여성 비유 연구，《한국문예비평연구》2014年第44卷。

8. 문선주：中國《文姬歸漢圖》和《明妃出塞圖》引入到朝鮮和接受的意義，《美術史學研究》2015年。

9. 문선주：중국《文姬歸漢圖》와《明妃出塞圖》의 조선유입과 수용의 의미，《美術史學研究》2015年第287号。

10. 손대현：왕소군 이야기의 근대적 전유와 욕망의 충돌，《语文学》2015年第130卷。

11. 김승우：『추안급국안（推案及鞫案）』 소재 국문시가 자료의 분포와 특징，《어문연구（語文研究）》2018年第95卷。

12. 俞泰揆：明妃曲的再度評估，《人文科學論叢》2018年。

2020—2023年

1. 朴良華：同中有異的王昭君故事——以馬致遠的《漢宮秋》和尤侗的《吊琵琶》為中心，《中國文學》2020年。

2. 서주영，Seo，Joo young，권응상，Kwon，Ueng sang：王昭君 형상의 문학적 轉形，《인문연구》2021第95卷。

3. 김임숙，Kim Im Sook：칙찬한시집의 여성화자시 연구——반첩여（班婕妤）와 왕소군（王昭君） 시를 중심으로，《일어일문학》2021年第90卷。

4. 唐潤熙：對元雜劇皇帝和後妃愛情悲劇敘事的治癒性考察，《中國學報》2021年。

5. 柳惠英：琴曲《怨曠思惟歌》的主題和東漢王昭君故事的誕生和流行所具有的時代意義，《東亞細亞古代學》2021年。

2. 学位论文

1. 林東春：馬致遠雜劇研究，光州：全南大學博士學位論文，1995年。

2. 朴孝淑：곽말약의《三個叛逆的女性》연구，首爾：梨花女子大學碩士學位論文，1998年。

3. 李弘子：元代四大悲劇研究，首爾：首爾大學博士學位論文，2000年。

4. 尹日受：중국 연극의 수용 양식에 관한 연구，慶山：嶺南大學博士學位論文，2011年。

5. 이소현：王昭君 故事 변천과정 研究，首爾：東國大學校教育大學院碩士學位論文，2004年。

6. 강아름：《漢宮秋》的作品背景以及華夷思想研究，首爾：慶熙大學碩士學位論文，2008年。

7. 김은정：中國文學作品中的王昭君形象考察：以馬致遠《漢宮秋》郭沫若《王昭君》曹禺《王昭君》為中心，全州：全北大學碩士學位論文，2014年。

8. 강리：왕소군의 이미지 변천과 화이관념 연구，全州：全北大學一般研究生院碩士學位論文，2014年。

9. 김정희：혼인 이주사를 통한 다원적 관점의 역사학습，清原：韓國教員大學教育研究生院碩士學位論文，2015年。

10. 李季妍：韓國漢詩的王昭君故事接受樣貌研究，光州：全南大學碩士學位論文，2019年。

11. 朴良華：明清更替期文人戲曲中所投射的現實意識研究——以王夫之、吳偉業、尤侗為中心，首爾：首爾大學博士學位論文，2020年。

12. 손료：王昭君形象的形成和變容研究：以繪畫題詩為中心，首爾：成均館大學博士學位論文，2021年。

（三） 其他国家

1. 专著

1. Lei，Daphne Pi—Wei. *Uncrossing the Borders：Performing Chinese in Gendered （Trans） Nationalism*. Ann Arbor：University of Michigan Press，2019. 39—240.

2. Wilson，Epiphanius. *Chinese Literature*.New York：P.F. Collier，1900. 281—284.

3. YE Xiaoqing. *Ascendant Peace in the Four Seas：Drama and the Qing Imperial Court*. Hong Kong：The Chinese University Press，2012.2.

2. 论文

1. Pollard，David. “A New Demanding Role for the Lady Zhaojun.” *The Contemporary Review*（1979）：35—42.

2. Kimberly Besio. “Gender，Loyalty，and the Reproduction of the Wang Zhaojun Legend：Some Social Ramifications of Drama in the Late Ming.” *Journal of the Economic and Social History of the Orient* 40.2（1997）：251—282.

3. Lei，Daphne Pi—Wei. “Wang Zhaojun on the Border：Gender and Intercultural Conflicts in Premodern Chinese Drama.” *Asian Theatre Journal* 2（1997）：229—237.

4. Eoyang，Eugene. “The Wang Chao—chün Legend：Configurations of the Classic.” *Clear* 1（1982）：3—22.

5. Lei. “The Faces of a Chinese Beauty.” *Rendition*（2003）：50—60.

6. Yoo Tai—Kyu. “The Major Cause of Friendly Relations Made by Wang—Zhao Jun.” *The Journal of Chinese Cultural Research* 9（2006）：307—324.

7. Xiaoshan Yang：“Wang Anshi’ s ‘Mingfei qu’ and the Poetics of Disagreement.” *Chinese Literature：Essays，Articles，Reviews（CLEAR）* 29（2007）:55—84.

8. Jinghong Zhou. “The Visualization of Wang Zhaojun in the Vicissitude of Time.” *Frontiers of History in China* 4.3（2009）：470—478.

9. Leo Shingchi Yip. “Portrait of a Chinese lady：recasting Wang Zhaojun in noh.” *Japan Forum* 22.1—2（2010）：1—21.

10. Yu Kang—ha. “A Study on Literary Imagination，‘Retelling’ — An Analysis of the ‘Wang Zhaojun’ Story.” *The Journal of Chinese Language and*

Literature 63（2010）：445—469.

11. Patterson，Gregory M. “Du Fu’s Ethnographic Imagination：Local Culture and its Contexts in the Kuizhou Poems.” *Clear*（2015）：29—65.

12. Yingjun Zhu. “The Modernization of Feminist Consciousness—Female Narrative of Zhaojun Dramas in Cantonese Opera.” *2020 International Conference on Educational Innovation and Philosophical Inquiries*（2020）：294—299.

13. 熊贤关；Hsiung，Ann—marie H. K. “Examining Wang Zhaojun in Hangong Qiu as Fiction of Woman.” *Asian Culture Quarterly* 24.3（1996）：61—70.

附录1　民国时期昭君题材文艺资料

（一） 著作

1. 上海世界书局编：《中国第一美人 昭君全传》，上海：上海世界书局，1921年。

2. 中国第一书局编：《昭君全传 中国四大美人》，中国第一书局，不详。

（二） 期刊

1911年

1. 王昭君墓，《蒙边西北画刊》1911年第1期，第4页。

2. 何泽：诗（甲）：吊王昭君，《学生文艺丛刊汇编》1911年第2卷第2期，第477页。

3. 薛觉先，上海妹：王昭君（舞台名剧），《新兴粤曲集》1911年第4期，第106—107页。

4. 冬荣：故事诗十六首：昭君出塞，《华安》1911年第7期，第44页。

5. 江纫兰：诗：吊古六章：吊虞美人、吊王昭君，《妇女时报》1911年第4期，第86—87页。

1912年

1. 南社词录：昭君怨（七夕），《南社》1912年第7期，第14页。

1913年

1. 老谈：新闻中十二曲：昭君怨，《香艳集》1913年第1期，第160页。

2. 楚伧：文苑：词：昭君怨（七夕），《大同周报（上海1913）》1913年第1期，第10页。

3. 可生：文苑：词：昭君怨（素珍病寄此），《大同周报（上海1913）》1913年第2期，第10页。

1914年

1. 毘陵董剑厂：落花词：昭君怨，《滑稽杂志》1914年第3期，第115页。

2. 毋我：短篇著作：记传小说：昭君外传，《娱闲录：四川公报增刊》1914年第3期，第15—16页。

3. 裘凌仙：闺雅：词：昭君怨，《香艳杂志》1914年第5期，第18页。

4. 颜希源：百美新咏：王昭君，《香艳小品》1914年第1期，第6页。

5. 黄松厂：诗选：题玉壶山人昭君出塞图，《东社》1914年第1期，第7页。

6. 王纫佩：闺雅：诗：怀古二十首：王昭君，《香艳杂志》1914年第4期，第8页。

7. 槐园旧主：词：昭君怨：宝马香车依嫁，《游戏杂志》1914年第9期，第3页。

1915年

1. 谜录：昭君红颜薄命，《莺花杂志》1915年第3期，第152页。

2. 陈彬子：清芬集：昭君，《妇女时报》1915年第16期，第86页。

3. 舒淑华：香奁：昭君怨（闺情），《繁华杂志》1915年第6期，第100页。

4. 起予：诗：沁园春（题昭君出塞图），《民权素》1915年第11期，第12—13页。

5. 饭牛郎：尺牍：拟古：代王昭君寄毛延寿书，《销魂语》1915年第2期，第61—62页。

6. 张碧琴：名媛集：曲选：五色丝：题昭君出塞图用尤悔庵满装美人韵，《女子世界（上海1914）》1915年第4期，第12页。

1916年

1. 遯伧：诗：昭君墓，《民权素》1916年第16期，第4页。

2. 东园：谐薮：游戏文章：戏拟王昭君杨贵妃序赞，《小说新报》1916年第2卷第5期，第1—2页。

3. 又陵：读世说刘孝标注辨正王昭君事感赋，《小说月报（上海1910）》1916年第7卷第7期，第2页。

4.中泠，云槎：诗录：昭君，《文星杂志》1916年第4期，第3—4页。

5.镜湄：艺府：墨隐庐词选：昭君怨，《小说新报》1916年第2卷第2期，第11页。

6.绛珠：艺府：墨隐庐曲选：五色丝：题昭君出塞图用尤西堂韵，《小说新报》1916年第2卷第2期，第13页。

1917年

1.定夷：王昭君墓，《小说新报》1917年 第3卷第7期，第1—7页。

2.昭君和戎，《国立北京农业专门学校校友会杂志》1917年第2期，第511—512页。

3.诗圃：艺府：词选：昭君怨，《小说新报》1917年第3卷第4期，第10页。

4.刘贻炘：词录：昭君怨（游紫霞说法二洞），《中华编译社社刊》1917年第8期，第15—16页。

5.袁淡雨：词录：昭君怨：题印夫人史剑尘女士海棠轩遗集，《同南》1917年第6期，第139页。

6.定夷：谈荟：墨隐庐漫墨：王昭君墓，《小说新报》1917年第3卷第7期，第1—7页。

7.一雁：文苑：奈何词：玉女摇仙佩（无题）、添字昭君怨（晚妆）、临江山（狐恨）、虞美人、蛱蝶儿（本意）、相见欢（家书）、蝶恋花（相思愿），《寸心》1917年第2期，第19—20页。

1918年

1.郎蟾：文苑：昭君，《文友社杂志》1918年 第2集期，第32页。

2.周浩泉：昭君怨：夏夜，《消夏集》1918年第2期，第12页。

3.剑飞：诗选：拟昭君怨用子夜四时歌原韵，《沪江大学月刊》1918年第7卷第6期，第10—11页。

1919年

1.牗云：王昭君词，《小说新报》1919年第5卷第11期，第4页。

2.恂子：诗：昭君村，《文友社第二支部月刊》1919年第20期，第1页。

3.高晓岚：诗文：昭君，木兰，《北京女子高等师范文艺会刊》1919年第2期，第7页。

4.徐梦鸥：说汇：昭君四首，《小说新报》1919年 第5卷第7期，第16页。

5. 刘钟：诗词：游昭君墓诗（续），《民治报》1919年第3期，第10页。

6. 织云：词录：昭君怨（秋雨），《铁路协会会报》1919年第79期，第159页。

7. 周浩泉：词：昭君怨：春老，《锡秀》1919年第3卷第2期，第39页。

8. 一厂：文苑：观梅兰芳演昭君出塞，《春柳》1919年第7期，101—102页。

9. 朱大可：词：昭君怨：记得郁金堂外，长共伊人情话，《槜李》1919年第1卷第2期，第114页。

1920年

1. 王怡亲：诗（甲）：昭君，《学生文艺丛刊汇编》1920年第1卷第2期，第474页。

2. 胡竹溪：诗：题昭君出塞图，《教育潮》1920年第1卷第9期，第101页。

3. 顾滢：昭君怨（对菊持螯），《启明女学校校友会杂志》1920年第1期，第120—121页。

4. 萧远：题陈樾昭君出塞图，《约翰声》1920年第31卷第7期，第16页。

5. 谢霳：诗：昭君怨（秋波寄居杨园作），《学生》1920年第7卷第1期，第103页。

1921年

1. 柴连复：郎世宁绘昭君出塞图说，《新民报》1921年第8卷第2期，第31页。

2. 孟雄：反昭君怨，《小说新报》1921年第7卷第4期，第4页。

3. 慧瑛：题昭君出塞图，《嘉兴教育杂志》1921年第1编，第122—123页。

4. 樊山：词录：昭君怨：一味向人烟媚，《铁路协会会报》1921年第106期，第182页。

1922年

1. 李宗表：王昭君歌，《华语学校刍刊》，1922年第1卷第6期，第16—17页。

2. 成祖：释题（答自昭君），《清华周刊：文艺增刊》1922年第2期，第3—4页。

3. 徐承昭：徐承昭君绘稿：画图两幅，《南汇县立城南女校校友会杂志》1922年第2期，第1页。

1923年

1. 甘时雨：昭君怨（古调），《世界画报》1923年第41期，第39页。

2. 吴承绪：文艺：咏美人：昭君，《洞庭波杂志》1923年第1卷第1期，第77页。

3. 侯藩：拾遗：王昭君，《铸强月刊》1923年第3卷第2期，第16页。

4. 罗五洲，詹功祐：学员课艺：昭君怨：冬夜闻警，《文学研究社社刊》1923年第10期，第24—25页。

5. 罗五洲，潘逸园：学员课艺：昭君怨：楼头半弓残月，《文学研究社社刊》1923年第10期，第25页。

1924年

1. 王怡亲：诗（甲），昭君，《学生文艺丛刊》1924年第1卷第9期，第86页。

2. 石骨：昭君怨（落红），《湘君》1924年第3期，第132页。

3. 玉衡：文苑：诗词：昭君出塞，《金钟杂志》1924年创刊号，第49页。

4. 郭沫若：王昭君（二幕剧），《创造季刊》1924年第2卷第2期，第4—26页。

5. 庄慧因：校友文艺：词：昭君怨（别意），《南汇县立城南女校校友会杂志》1924年第4期，第128页。

1925年

1. 寄尘：诗歌：昭君，《崇善》1925年第17期，第31页。

2. 冯延铸：昭君冢，《西北汇刊》1925年第1卷第12期，第40页。

3. 廷璋：诗：昭君青冢，《西北汇刊》1925年第1卷第9期，第38页。

4. 豁公：昭君出塞图，《三日画报》1925年 第14期，第1页。

5. 词：昭君怨，《文艺会刊》1925年第2期，第15页。

6. 哲父：读学昭君的倦旅，《湖州月刊》1925年第1卷第6期，第24—27页。

7. 昭君墓：照片二幅，《远东（北京）》1925年第1卷第2期，第0，2—3页。

8. 何泽：诗（甲）：吊王昭君，《学生文艺丛刊》1925年 第2卷第7期，第94页。

9. 吕梓芬：文艺：窗梅（调寄昭君怨），《铸强月刊》1925年第5卷第2期，第13页。

10. 周瘦鹃：美国舞台上的王昭君，《紫葡萄》1925年第5期，第1页。

11. 六桥：词录：昭君怨：题王郎瑶卿画梅，《铁路协会会报》1925年第154—155期，第123页。

12. 诗选：变风集（续第八期）：朱新仲咏昭君，《大成会丛录》1925年第9期，第54页。

1926年

1. 徐景逸：游昭君墓，《妇女杂志（上海）》1926年第12卷第8期，第77—80。

2. 朱湘：昭君出塞，《晨报副刊：诗刊》1926年第2期，第20页。

3. 丘鹤俦：古调：昭君怨，《精武杂志》1926年第10期，第34—36页。

4. 刘信秋：诗：昭君（即王嫱），《国大周刊》1926年第28期，第6页。

5. 姚华：词录：题道人京俗画册十七阕：昭君怨：二弦师，《学衡》1926年第54期，第147页。

6. 森沧浪：摛藻扬芬：第二门：上峡过香溪上有昭君村为赋，《辽东诗坛》1926年第18期，第12—13页。

1927年

1. 龙疲鹤：隔院歌声：昭君怨，《暨南周刊》1927年第10期，第22页。

2. 辛幼安：昭君怨：长记潇湘，《紫罗兰》1927年第2卷第18期，第4页。

3. 盛哭庵：祝辞：昭君怨（祝珠溪秋棠月刊），《秋棠》1927年第2期，第2页。

4. 胡君鲁：王昭君墓，《晨报星期画报》1927年第3卷第104期，第0页。

5. 三先生：汉明妃王昭君墓：青冢，《工商画报》1927年第2期，第1页。

6. 徐景逸：游昭君墓（续），《信义报》1927年第15卷第17期，第7—8页。

1928年

1. 诗词：昭君（旧作），《广西留京学会学报》1928年第6—7期，第131页。

2. 唐锦云：咏昭君出塞，《暨南周刊》1928年第3卷第3期，第109页。

3. 张壬士：词选：添字昭君怨，《虞社》1928年第143期，第8页。

4. 高柱江：曲谱：古调昭君怨，《天趣画报》1928年第2期，第19页。

5. 汪少怀：昭君怨：秋夜过雁，《沪江大学月刊》1928年第17卷第10期，第19页。

6. 宋韵冰：文艺：诗钟：分咏：蝶（王昭君），《国立京师大学校女子第一部周刊》1928年第25期，第2页。

7. 清内府藏郎世宁绘昭君出塞图，《上海画报》1928年第373期，第2页。

8. 汪企张：艺文：蓬窗独啸（节录）：伤春调寄昭君怨，《医药学》1928年第5卷第5期，第91页。

9. 与戏剧有关之塞外名迹（其二）：昭君冢，《北洋画报》1928年第182期，第3页。

10. 莫松：昭君墓在绥远城南廿余里小黑河滨高廿余丈广十数亩：照片，《图画时报》1928年第485期，第0页。

1929年

1. 黄滋：昭君，《金陵女子大学校刊》1929年第11期，第60页。

2. 朱雯：昭君怨（闺情），《东吴年刊》1929年第1期，第331页。

3. 方堃森：昭君怨：秋雨怀人，《浙江省立第七中学校友会半月刊》1929年第1—2期，第24—25页。

4. 曾祖荫：诗：咏昭君：琵琶马上怜才技，《学生文艺丛刊》1929年第5卷第10期，第125页。

5. 吴嘉猷：王昭君，《妇女杂志（上海）》1929年第15卷第10期，第84页。

6. 云涛：古迹：昭君墓，《正风》1937年第4卷第5期，第455页。

7. 汪孟舒君：归绥溪王昭君冢，《艺林旬刊》1929年 第58期，第3页。

8. 金俊仁：青灯余滴：从来谈昭君嫁匈奴事者，《紫罗兰》1929年第4卷第12期，第8页。

9. 姚贵源：歌剧家张云霞女士表演昭君投崖时之化装小影，《精武画报》1929年第2卷第6期，第0页。

10. 郑醴泉：汉昭君青冢（在归化城西南廿里高十余丈阔数亩寒草离离孤坏独存）：照片，《北京画报》1929年第2卷第54期，第2页。

11. 怀古：昭君出塞中之“穿花”舞，《北洋画报》1929年第8卷第374期，第2页。

1930年

1. 念空：绥远归化城西南之汉古迹昭君青冢，《大亚画报》1930年第253期，第2页。

2. 瑾秋：昭君怨，《两路党声》1930 年第10期，第70页。

3. 徐化尘：诗：昭君咏，《学生文艺丛刊》1930年第6卷第6期，第172页。

4. 吴镜芙女士：昭君怨（落花），《大夏月刊》1930年第3卷第2期，第83页。

5. 江介散人：王昭君墓，《蜀镜画报》1930年 第99期，第1页。

6. 北平伦池斋：樊与恬绘“昭君梦怀汉宫图”，1930年第10卷第468期，第2页。

7. 李尧生：绥远昭君墓为归绥八景之一曰“青冢拥黛远望如山”高二十余丈，其下有碑文曰“汉明妃昭君之墓”，《图画时报》1930年 第723期，第2页。

8. “青冢拥黛”（归绥八景之一·即汉昭君墓），《天津商报图画周刊》1930年第1卷第10期，第1页。

9. 散人：昆伶庞世奇之“昭君出塞”，《北洋画报》1930年第10卷第494期，第2页。

10. 戏曲：昭君出塞：拟曲景陵，《青天汇刊》1930年第1期，第68页。

11. 马如飞南词小引（二）：昭君传，《说书杂志》1930年第1卷第2期，第36—37页。

12. 郑远：北京中央电台今日昆曲：双红记青门饯别，青家记昭君出塞，《立言画刊》1940年第81期，第27页。

1931年

1. 张长弓：王昭君，《岭南学报》1931年第2卷第2期，第114—137页。

2. 黄蕴珍：文：哀昭君，《苏州振华女学校刊》1931年12月，第55—56页。

3. 吕文成，尹自重，陈德巨：昭君怨，《新月》1931年第3期，第86—87页。

4. 则鸣：昭君墓之新点缀，《新嘉坡画报》，1931年第134期，第8页。

5. 孟：余兴：小说：昭君的悲哀，《邮声》1931年第5卷第6期，第81—84页。

6. 吕仁甫：昭君村，《师亮随刊》1931年第三集，第46页。

7. 王圣谟：昭君墓，《采社杂志》1931年第6期，第137页。

8. 仲骞：昭君怨，《铁大学生》1931年第1卷第1期，第36页。

9. 昭君墓与黄昏城，《兴华》1931年第28卷第36期，第12页。

10. 组同：词录：昭君怨：送春，《铁路月刊：津浦线》1931年第1卷第6期，第257页。

11. 颜重威：十美吟：昭君、貂蝉，《师亮随刊》1931年第四集，第68页。

12. 春生：诗录：近体：昭君，《铁路月刊：津浦线》1931年第1卷第10期，第226页。

13. 太华：观小云出塞剧作：反昭君怨，《天津商报图画半周刊》1931年第2卷第10期，第2页。

14. 梅花道人：景阳宫怀古（四绝）：西施、昭君，《师亮随刊》1931年第109期，第2页。

15. 冯淑兰：诗文：暮春经景山下，昭君，曲壮阅墓，香冢，《北京女子高等师范文艺会刊》1919年第2期，第7页。

16. 诗歌：咏王昭君月夜归汉：和唐时杜甫韵，《南星杂志》1931年第1卷第4期，第51页。

17. 绿蕖画展特刊：苏吉亨画王昭君像，《北洋画报》1931年第14卷第672期，第2页。

18. 名画师谢之光先生绘名妓文第之昭君出塞图，《上海画报》1931年第680期，第1页。

19. 咏霓：中外东西：塞外风光：凄凉凉那昭君娘娘墓：平地涌出甘泉，《时时周报》1931年第2卷第33期，第7—9页。

1932年

1. 顾一樵：西施及其他序，《国风（南京）》1932年第10期，第79—80。

2. 侯幼坡：昭君，《师亮随刊》1932年 第122期，第3页。

3. 方寸园：昭君，《师亮随刊》1932年第122期，第6页。

4. 张效渠：昭君，《师亮随刊》1932年第124期，第7页。

5. 刘金如：昭君，《师亮随刊》1932 年第126期，第3页。

6. 李香野 ：昭君，《师亮随刊》1932年 第145期，第3页。

7. 刘金如：昭君，《师亮随刊》1932 年第130期，第7页。

8. 珊姑：词录：山坡羊（昭君），《国立浙江大学校刊》1932年第104期，第967页。

9. 今可词稿：昭君怨（登庐山），《新时代》1932年第2卷第2—3期，第281页。

10. 卢振逵：诗：凌云轩吟草、昭君出塞等，《民立学生》1932年第2期，第214—216页。

11. 龙仲良：昭君怨（和固安元旦试笔原调），《师亮随刊》1932年第131期，第6页。

12. 陈支屏：诗：王昭君：不怨毛生误我身，《学生文艺丛刊》1932年第6卷第10期，第128页。

13. 李尧生：绥远昭君墓，《北洋画报》1932年第17卷第838期，第2页。

14. 一月来之时事漫画（十）：新昭君出塞，《时事月报》1932年第6卷第2期，第1页。

15. 林汝福：绥远五塔寺上之游侣及王昭君墓前之伍朝枢氏：照片二幅，《北洋画报》1932 年第18卷第854期，第1页。

1933年

1. 昭君怨（一），《娓娓集》1933年第1期，第30页。

2. 昭君怨（二），《娓娓集》1933年第1期，第31页。

3. 昭君怨（三），《娓娓集》1933年第1期，第32页。

4. 昭君怨（四），《娓娓集》1933年第1期，第32页。

5. 昭君怨，《庠声》1933年第11期，第44页。

6. 张学芳：诗：咏昭君，《女师学院季刊》1933年第2卷第1/2期，第97页。

7. 勖吾：春情：寄调昭君怨，《海滨》1933年第7/8期，第24页。

8. 罗彦光：诗：昭君怨（月下怀人），《大夏周报》1933年第9卷第30期，第668页。

9. 叶恭绰：遐庵诗存：昭君（以下丙申至丁酉），《新上海》1933年第1卷第1期，第177页。

10. 本校同人韵文旧作：王昭君（排律），《大中月刊》1933年第4期，第17页。

11. 巫孙仲：闻温郸作战有作昭君怨二首，《化报》1933年第39期，第1页。

12. 寒外风光：内蒙景物写真：汉王昭君墓，《申报月刊》1933年第2卷第11期，第1页。

13. 陈大法，任睦宇，方楫：昭君怨，《中国语文学丛刊》1933年创刊号，第98—101页。

1934年

1. 西谛：昭君墓——西行书简，《水星》1934年第1卷第1期，第72—75页。

2. 吕仁甫：昭君怨，《师亮随刊》1931年第3集，第46页。

3. 杨景云：诗：咏昭君。《学生文艺丛刊》1934年第8卷第4期，第79页。

4. 宪：昭君怨，《河南大学校刊》1934年第16期，第1页。

5. 陶甄：文苑：诗词：昭君怨，《大道半月刊》1934年第12期，第2页。

6. 陶甄：文苑：诗词：昭君怨，《大道半月刊》1934年第22期，第1—2页。

7. 郭沫若：昭君出塞曲，《光芒》1934年第1卷第1期，第2页。

8. 昭君传（一至四）（再版），《乐闻》1934年第1卷第3期，第40—42页。

9. 西谛：昭君墓：西行书简，《水星》1934年第1卷第1期，第72—75页。

10. 钟熙懿：剧本：昭君和番（又名和北番），《乐剧月刊》1934年第1卷第6期，第4—7页。

11. 徐希祖：诗：昭君：生云和戎死不回，《学生文艺丛刊》1933年第7卷第4期，第114页。

12. 旧词五则：昭君怨，《成师月刊》1934年第1卷第7期，第12页。

13. 顾青海：王昭君：三幕剧，《文学季刊（北平）》1934年第1卷第2期，第251—270页。

14. 塞外风光：绥远城南三十里之青冢：昭君墓，《东方杂志》1934年第31卷第5期，第1页。

15. 冯邦杰：剧画（第五十六期）：坤伶花萃兰：昭君出塞，《天津商报画刊》1934年第10卷第44期，第2页。

16. 朱陈村，六阶：昭君怨：典尽春衣不悔。深耻次箫吴市，《大丰昌月刊》1934年第9期，第51页。

17. 中国妇女服装变迁史：汉朝王昭君，《大众画报》1934年第11期，第30页。

18. 李绪守：塞外杂咏古今体九首：青冢（即昭君墓在蹄绥城西南十余里），《采社杂志》1934年第11—12期，第127页。

1935年

1. 大刀王五：昭君与毛延寿，《社会新闻》1935年第12卷第2期，第62—67页。

2. 梁：写在《昭君》前面，《天津商报画刊》1935年第13卷第40期，第2页。

3. 英雄墓畔：王昭君冢，《良友》1935年第102期。

4. 昭君出塞，《播音潮》1935年第1期，第38页。

5. 昭君冢，《新亚细亚》1935年第9卷第5期，第10页。

6. 汉代昭君墓全景，《天津商报画刊》1935年第13卷第17期，第1页。

7. 汉明妃昭君墓，《绥远农村周刊》1935年第53期，第5页。

8. 插图：（6）塞北“昭君墓”，《南开高中》1935年第2期，第4页。

9. 塞上名胜：昭君坟（青冢），《长城（绥远）》1935年第1卷第1期，第1页。

10. 黄昏青冢（绥远昭君墓），《中国学生（上海1935）》1935年第1卷第10期，封2页。

11. 英雄墓畔：王昭君冢，《良友》1935年第102期，第21页。

12. 西北摄影队昭君墓前合影，《天津商报画刊》1935年第13卷第17期，第1页。

13. 丁谛：人物：书昭君怨旷思维歌后，《人间世》1935年 第30期，第21—23页。

14. 曲乐说明：昭君出塞，《音乐教育》1935年第3卷第1期，第36—37页。

15. 朱湘，邱望湘：昭君出塞，《音乐教育》1935年第3卷第1期，第9—13页。

16. 徐家珍：诗词：昭君怨，《之江附中学生自治会会刊》1935年第2期，第135页。

17. 钟成甫：词林：咏昭君出塞，《通问报：耶稣教家庭新闻》1935年第1669期，第16页。

18. 胡友三：词曲：昭君怨：寂寂月明窗下，《诗经》1935年第1卷第3—4期，第18页。

19. 兆枢：姑存手钞：昭君（七绝），《沪江附中季刊》1935年创刊号，第223页。

20. 雨花台怀古：调寄昭君怨，《宪兵杂志》1935年第2卷第12期，第151页。

21. 徐棨：词律笺榷卷三：昭君怨，《词学季刊》1935年第2卷第4期，第83页。

22. 今可词稿：春尽（昭君怨），《新时代》1932年第2卷第4—5期，第144页。

23. 述先：题画：美人观石头记、昭君陛辞，《真光杂志》1935年第34卷第1期，第57—58页。

24. 蓬飘：昆曲名旦白云生昭君出塞之剧照，《风月画报》1935年第5卷第12期，第2页。

25. 金幼石：词录：昭君怨（题杨母经声镫影图），《虞社》1935年第214期，第44页。

26. 黄奋生：漠外风光：归绥城南之汉明妃王昭君墓，《新中华》1935年第3卷第13期，第16页。

27. 工元龙：绥远汉代昭君墓摄影，《天津商报画刊》1935年第13卷第40期，第2页。

28. 子通：戏剧专刊（第十九期）：题马祥麟昭君出塞照片，《天津商报画刊》1935年第13卷第40期，第2页。

29. 洁忶：戏剧专刊（第二十五期）：评马祥麟之昭君出塞，《天津商报画刊》1935年第14卷第7期，第2页。

30. 大刀王五：随笔：昭君与毛延寿，《社会新闻》1935年第12卷第2期，第62—67页。

31. 筱月珍：昭君，《申声月刊》1935年 第2期，第62页。

1936年

1. 骧：诗：昭君，《海王》1936年第9卷第11期，第183页。

2. 董莲枝：大鼓：昭君，《民间文艺（杭州）》1936年第3卷第24期，第51—54页。

3. 李丽莲：昭君怨，《粤曲》1936年第2期，第47页。

4. 生：诗词：（六）昭君怨，《上海留英同学会月刊》，1936年第4卷第1期，第35页。

5. 金天翮：秦蜀游草：昭君村，《文艺捃华》1936年第3卷第3期，第22页。

6. 茅录：校园：昭君怨，《市师周刊》1936年第40期，第9页。

7. 绥远之昭君冢，《蒙藏月报》1936年第5卷第1期，第11页。

8. 杨斌生：昭君怨（送春），《宪兵杂志》1936年第4卷第1期，第201页。

9. 蜀游诗：昭君村，《艺文》1936年第1卷第6期，第25页。

10. 元甲：连环图画，昭君（二）（附图），《逍遥》1936年第2期，第17页。

11. 元甲：连环图画，昭君（三）（附图），《逍遥》1936年第3期，第1页。

12. 曼琪：昭君怨（忆别），《大邑县立女子初级中学校外同学会会刊》1936年第1期，第11页。

13. 陈永年：丙子词草：昭君怨，《河南政治》1936年 第6卷第11期，第10页。

14. 查龙光：添字昭君怨：感怀，《宗文学生》1936年第2期，第74页。

15. 王志刚：词录：昭君怨：郊游即事，《进德月刊》1936年第2卷第1期，第76页。

16. 白毫子：鼓枻词：昭君怨（宫词），《词学季刊》1936年第3卷第2期，103页。

17. 陈杰：边疆通讯：绥远名胜昭君墓调查，《边事研究》1936年第4卷第4期，第82页。

18. 青冢：汉明妃王昭君之墓，《中国农民银行月刊》1936年第1卷第9期，第176页。

19. 王昭君与琵琶（野客丛书卷十），《剧学月刊》1936年第5卷第6期，第30页。

20. 归绥西南二十里的王昭君墓，《新少年》1936年第1卷第3期，第1页。

21. 周干庭：词录：昭君怨：游中山公园赠中山图书馆长崔君耘青，《进德月刊》1936年第2卷第4期，第133—134页。

22. 王部长视察绥远司法由李财政厅长等陪同至昭君墓游览摄影：［照片］，

《现代司法》1936年 第1卷第7期，第1页。

23. 王鲁彦与赛昭君的一段爱史，有野心的人终不免失败，《电声（上海）》1936年第5卷第40期，第1045页。

24. 小翠花小放牛，荀慧生探寒窑，章遏云昭君，马艳秋，马艳云，马上缘：［四幅照片］，《戏剧旬刊》1936年第17期，第1页。

25. 茗君：王昭君，《妇女与儿童》1936年第20卷第10期，第2—8页。

26. 茗君：王昭君（续），《妇女旬刊》1936年第709期，第1页。

27. 台水：昭君墓，《中国学生（上海1935）》1936年第2卷第23期，第23页。

28. 元魁：凭吊昭君墓，《星华》1936年第1卷第10期，第21页。

29. 清白：昭君出塞：刘荷影塞外成亲，《星华》1936年第1卷第8期，第10页。

30. 王昭君与琵琶（《野客丛书》卷十），《剧学月刊》1936年第5卷第6期。

1937年

1. 云涛：昭君墓，《正风（北平）》1937年第4卷第5期，第455页。

2. 昭君曲，《崇实季刊》1937年第22期，第126—127页。

3. 春闺（调寄昭君怨），《潭冈乡杂志》1937年第18卷第3期，第76页。

4. 韩世昌之"昭君出塞"，《影与戏》1937年第1卷第31期，第18页。

5. 陈本玉：绥远景象：昭君墓，《交通职工月报》1937年第5卷第1期，第135页。

6. 弹出心里怨："昭君和番"，《北碚月刊》1937年第1卷第9/10期，第1页。

7. 叶浅予：我所见的绥远：绥远近郊去昭君墓途中，《新牛画报》1937年第2期，第24页。

8. 吴江金，天翮松岑：秦蜀游草：昭君村，《中外文化》1937年创刊号，第80页。

9. "王昭君"摄制完竣后，黎明晖即返梓省亲，《影与戏》1937年 第1卷第27期，第8页。

10. 刘示耳：诗歌：词四首：长相思、昭君怨（北冈独眺），《梅州学生半月刊》1937年第3—4期，第19页。

11. 陈国琦：晋绥一瞥：归绥郊外王昭君墓，《东方杂志》1937年第34卷第9期，第1页。

12. 出塞昭君，《十日戏剧》1937年第1卷第8期，第1页。

13. 碧遥：阴山下的青冢：昭君与昭君墓，《妇女生活（上海1935）》1937年第4卷第6期，第32—33页。

14. 封禾子：昭君，《青年界》1937年第11卷第4期，第87—90。

1938年

1. 马如飞时调开篇:昭君传,《闲书》1938年 第1卷第1期,第15页。

1939年

1. 张逸哉：谈谈昭君和番，《晨风（上海1939）》1939年第1卷第5期，第11页。

2. 牧之：咏昭君墓诗汇纪，《文化专刊》1939年第3期，第34—35页。

3. 罗罗：昭君和番 琵琶春怨 奸贼代胡奴作伥 美人为帝子蒙冤，《现代家庭》1939年第3卷第1期，第30—32页。

4. 王昭君，《爵士歌选》1939年第3期，第47—48页。

5. 沈达：昭君怨本意，《道南期刊》1939年11月，第46页。

6. 傅增湘：题昭君墓，《朔风（北京1938）》1939年第14期，第71页。

7. 李子琴：文艺：青冢（昭君墓），《厚和税务监督署署报》1939年第2期，第24页。

8. 张静芬：诗：王昭君，《立言画刊》1939年第29期，第12页。

9. 云史：题绥远昭君青冢图照，《天文台》1939年第253期，第1页。

10. 天得晓馆词钞：思乡（调寄昭君怨），《晨风（上海1939）》1939年第1卷第1期，第10页。

11. 胡卢：恋爱之箭：文姬远嫁昭君塞，小青又续风流债，《立言画刊》1939年第33期，第24页。

1940年

1. 春晖：昭君，《中国妇女》1940年第2卷第2期，第25—29页。

2. 春晖：昭君：第二幕：金殿辞行，《中国妇女》1940年第2卷第3期，第32—34页。

3. 春晖：昭君：第三幕：琵琶出塞，《中国妇女》1940年第2卷第4期，第34—37页。

4. 春晖：昭君（续）：第四幕：胡廷夜宴，《中国妇女》1940年第2卷第5期，第30—32页。

5. 春晖：昭君（续完）：第五幕：以身殉礼，《中国妇女》1940年第2卷第6期，第31—35页。

6. 宋华曼，显名杨，潘小桃：送昭君，《光明之歌》1940年第2期，第58—59页。

7. 魏如晦，宣刚，顾兰君：王昭君，《青青电影》1940年第5卷第5期，第10页。

8. 马徐编写“王昭君”，《青青电影》1940年 第5卷第21期，第5页。

9. 朱镜清：词：昭君怨，《之江中国文学会集刊》1940年 第5期，第6页。

10. 薛觉先，上海妹：王昭君（舞台名剧），《新兴粤曲集》1940年第3期，第162—163页。

11. 翁偶虹：脸谱勾奇：真假昭君之一气道人，《立言画刊》1940年第78期，第11页。

12. 丰子恺：凯歌马上清吟曲，不似昭君出塞时，《大路（泰和）》1940年第3卷第1期，第1页。

13. 王昭君：出塞和番，万古流芳，《新华画报》1940年第5卷第12期，第3—4页。

14. 江寄萍：昭君及其歌咏，《中国公论（北京）》1940年第2卷第4期，第211—213页。

1941年

1. 昭君墓，《新民报半月刊》1941年第3卷第3期，第26页。

2. 昭君坟，《新民报半月刊》1941年第3卷第12期，第35—36页。

3. 吴灵万：商籁：咏昭君，《宇宙风：乙刊》1941年第48期，第27页。

4. 秋翁：秋斋夜读抄：咏昭君诗，《万象》1941年第1卷第5期，第148—149页。

5. 和平的祖国之行：昭君墓（厚和城外），《华文大阪每日》1941年第6卷第2期，第1页。

6. 庄蝶：曲坛小咏：咏仙霓社五旦朱传茗昭君剧，《弹词画报》1941年第69期，第1页。

7. 蔡声武，吕文成，赵威林：新兴粤曲集：可怜的昭君，《新兴粤曲集》1941年纪念特大号，第132页。

8. 薛觉先，上海妹：王昭君（舞台名剧），《新兴粤曲集》1941年纪念特大号，第110页。

9. 薛觉先，上海妹：王昭君（舞台名剧），《新兴粤曲集》1941年纪念特大号，第31—32页。

10. 芸斋：诗词：霜夜闻角（昭君怨），《乐文社文会文刊》1941年第1期，第100页。

11. 仁初：昭君怨，《正言文艺月刊》1941年第2卷第2期，第17—19页。

12. 曹洞：闲话昭君帽，《吾友》1941年 第1卷第25期，第10页。

13. 昭君坟，《新民报半月刊》1941年第3卷第12期，第35—36页。

1942年

1. 艳史八截，廉山：王昭君，《中信通讯》1942年第2期。

2. 王昭君，《中信通讯》1942年第2期，第28页。

3. 李桂埏：昭君出塞图横卷，《三六九画报》1942年第1期，第30页。

4. 兰村词：昭君怨：题落花蝶扇，《三六九画报》1942年第3期，第27页。

1943年

1. 朱洪九：昭君怨，《工商生活》1943年第18期，第9页。

2. 过昭君故里，《艺苑丛刊》1943年第2期，第65页。（诗词）

3. 实言：新乐剧"昭君和番"，《新天津画报》1943年第11卷第20期，第2页。

4. 陆游：夏之讴歌（迎夏选）：词：昭君怨，《紫罗兰》1943年第4期，第86页。

5. 故慈：诗余纱："昭君怨"：红楼、"醉花阴"，《华文北电》1943年第3卷第12期，第7页。

6. 娱园老人：什锦杂耍：趣评：王二姐替代王昭君，《游艺画刊》1943年第7卷第6期，第26页。

7. 妇女史话：王嫱：王嫱字昭君，汉湖朝北归秭县人，《福建妇女》1943年第1卷第3期，第36页。

8. 达戈：王昭君，《新生（汉口）》1943年第5卷第8期，第62—68页。

9. 过昭君故里，《艺苑丛刊》1943年第2期，第65页。

1944年

1. 砚斋：戏剧杂记：题昭君图，《立言画刊》1944年第300期，第8页。

2. 王昭君不合时令，《中国周报》1944年第137期。

1945年

1. 雁：昭君怨，《岭中校刊》1945年第9期，第32页。

2. 韵三：文艺：昭君咏，《大众（莆田）》1945年第1卷第9期，第14页。

3. 金藻：昭君怨（秋雨），《上海妇女（上海1945）》1945年第1期，第28页。

1946年

1. 季：昭君怨，《吉普丛书》1946年第1期，第0页。

2. “四大美人”：落雁昭君，《联合弹词开篇集》1946年第2期，第32页。

3. 高风，陈子祯：弹词：新开篇选录：昭君和番（双挡对白唱），《胜利无线电》1946年第8期，第22页。

4. 梁秋水：昭君一首，《再生》1946年第144期，第13页。

1947年

1. 鲍明珊：昭君怨，《中国口琴界》1947年第13卷第8期，第16—17页。

2. 于小莲：故事图画连载：昭君和番（附图），《中外春秋》1947年新10期，第2页。

3. 于小莲：故事图画连载：昭君和番，《中外春秋》1947年第11期，第5页。

4. 于小莲：故事图画连载：昭君和番，《中外春秋》1947年第12期，第5—6页。

5. 于小莲：故事图画连载：昭君和番（五）（附图），《中外春秋》1947年第13期，第5页。

6. 于小莲：故事图画连载：昭君和番（续）（附图），《中外春秋》1947年第14期，第5—6页。

7. 于小莲：故事图画连载：昭君和番，《中外春秋》1947年第15期，第5—6页。

8. 于小莲：故事图画连载：昭君和番（十一）（附图），《中外春秋》1947年第16期，第7—8页。(故事图画)

9. 于小莲：故事图画连载：昭君和番（十三），《中外春秋》1947年第17期，第7—8页。(故事图画)

10. 于小莲：故事图画连载：昭君和番（续），《中外春秋》1947年第18期，第7—8页。

11. 于小莲：故事图画连载：昭君和番（十七），《中外春秋》1947年第19期，第3—4页。

12. 于小莲：故事图画连载：昭君和番（十九）（附图），《中外春秋》1947

年第20期，第7—8页。

13. 于小莲：故事图画连载：昭君和番（二三）（附图），《中外春秋》1947年第22期，第5—6页。

14. 于小莲 ：故事图画连载：昭君和番（二五），《中外春秋》1947年第23期，第5—6页。

15. 于小莲 ：故事图画连载：昭君和番（二七），《中外春秋》1947年第24期，第5页。

16. 武鄂生：旧诗词一束：昭君，《社会评论（长沙）》1947年第45期，第16页。

17. 孤血：金缕曲：题率英先生绘昭君，《一四七画报》1947年周年号，第4页。

18. 归绥八景：青冢拥黛昭君墓，《南北（北平）》1947年新8期，第2页。

19. 李侠文：塞外纪行（七首）：至归绥访昭君墓，《国防月刊》1947年第3卷第4期，第61页。

20. 王元魁：绥远风光：绥远境内王昭君墓，《南京中央日报周刊》1947年第2卷第8期，封2页。

21. 瘦鹃：嘤鸣词：昭君怨：客忆中故园芙蓉鸟，《乐观》1947年创刊号，第20页。

22. 丝丝：关于昭君，《现代周刊（槟榔屿）》1947年复版第60期，第7页。

23. 王季思：卓文君与王昭君，《胜流》1947年第5卷第6期，第24—26页。

1948年

1. 昭君和蕃，《艺海画报》1948年第13期，第2页。

2. 陈懋恒：昭君怨，《世说（南京）》1948年第2卷第2/3期，第16页。

3. 王昭君墓：王昭君之墓，《中国边疆》1948年创刊号，第18页。

4. 昆曲：昭君出塞，《民治周刊》1948年第4卷第1期，第5页。

5. 踉跄：昭君怨（题照），《学与习》1948年第1期，第24页。

6. 章珏：文艺：咏史诗抄：昭君和番，《赣风》1948年第16期，第9页。

1949年

1. 张痓光:诗:昭君,《生活月刊(广州)》1949年第8期,第13页。

(三) 报纸

1912 年

1. 题昭君出塞图,《顺天时报》1912 年 12 月 7 日第 0005 版。

1914 年

1. 昭君出塞，《顺天时报》1914 年 1 月 25 日第 0005 版 。
2. 吊昭君墓，《顺天时报》1914 年 2 月 25 日第 0005 版。
3. 拟昭君怨，《顺天时报》1914 年 2 月 25 日第 0005 版。
4. 咏昭君，《顺天时报》1914 年 5 月 16 日第 0005 版。
5. 咏昭君敬步铁盦先生原韵，《顺天时报》1914 年 5 月 31 日第 0005 版。
6. 昭君，《申报（上海版）》1914 年 6 月 24 日第 0014 版。

1915 年

1. 昭君，《顺天时报》1915 年 10 月 5 日第 0005 版。
2. 昭君，《顺天时报》1915 年 11 月 7 日第 0005 版。

1916 年

1. 五色丝题昭君出塞图用尤西堂韵,《申报(上海版)》,1916 年 3 月 31 日第 0014 版。

1917 年

1. 文苑昭君:《益世报》1917 年 9 月 8 日第 0011 版。
2. 昭君，《大公报》1917 年 11 月 12 日第 0009 版。

1918 年

1. 鼎足力敌之昭君出塞，《顺天时报》1918 年 3 月 6 日第 0005 版。
2. 尚郎小云新排昭君出塞赋此赠之，《顺天时报》1918 年 7 月 4 日第 0005 版。

1919 年

1. 尚富霞之昭君出塞，《顺天时报》1919 年 2 月 25 日第 0005 版。
2. 王昭君，《顺天时报》1919 年 3 月 6 日第 0005 版。
3. 王昭君，《顺天时报》1919 年 11 月 7 日第 0005 版。

1920 年

1. 昭君村,《益世报》1920 年 1 月 26 日第 0009 版。

1921 年

1. 前人:昭君墓游览记 ,《大世界》1921 年 9 月 27 日第 0002 版。

1922年

1. 观共舞台昭君剧记，《申报（上海版）》1922年11月2日第0019版。

2. 同乐园韩世昌之昭君出塞，《顺天时报》1922年12月2日第0005版。

1923年

1. 文苑诗题昭君出寨图，《益世报》1923年8月18日第0013版。

2. 昭君无半点轻狂，《顺天时报》1923年8月22日第0005版。

1924年

1. 今词选添字昭君，《大公报》1924年6月26日第0007版。

2. 杂俎爱吾庐随笔（续）三昭君两孔明两玄德两四皓（滦县□静专辑），《益世报》1924年8月6日第0015版。

3. 今词选昭君怨秋夜，《大公报》1924年9月20日第0007版。

4. 今诗□溱字昭君，《大公报》1924年10月31日第0007版。

5. 今词选昭君怨题王郎瑶卿查梅，《大公报》1924年12月2日第0007版。

1925年

1. 咏古三章昭君，《益世报》1925年5月23日第0013版。

2. 昭君怨，《大公报》1925年9月27日第0006版。

3. 昭君怨，《大公报》1925年10月24日第0006版。

1926年

1. 昭君怨前题，《申报（上海版）》1926年8月24日第0017版。

2. 昭君怨（题伤记病图），《申报（上海版）》1926年9月14日第0013版。

1927年

1. 陈次三：游记王昭君墓，《时报》1927年3月6日第0008版。

2. 陈次三：游记王昭君墓，《益世报（天津版）》1927年3月23日第0016版。

3. 陈次三：游记王昭君墓（续），《益世报（天津版）》1927年3月24日第0016版。

4. 尚小云新编之明妃艳史（一名王昭君）（上），《顺天时报》1927年1月28日第0005版。

5. 昭君，《益世报》1927年4月3日第0014版。

6. 回顾录（二六）绥远纪程（昭君墓），《益世报》1927年4月15日第0013版。

7. 回顾录（二七）绥远纪程（昭君墓），《益世报》1927年4月16日第0013版。

8. 回顾录（二八）绥远纪程（昭君墓），《益世报》1927年4月17日第0008版。
9. 题汉明妃昭君墓影片，《顺天时报》1927年6月13日第0005版。

1928年

1. 王昭君判为徐妾，《申报》1928年4月2日第0017版。
2. 骥：昭君出塞，《大公报（天津）》1928年11月1日第0011版。
3. 昭君怨，《大公报（天津）》，1928年11月7日第0011版。

1930年

1. 王昭君的上演，《民国日报》1930年9月10日第0011版。
2. 许德佑：王昭君与歌剧，《民国日报》1930年9月10日第0012版。
3. 天涯沦落者：观《王昭君》后，《申报》1930年9月11日第0013版。
4. 昭君出塞曲谱之审订，《京报》1930年10月12日第0005版。
5. 昭君戏，《京报》1930年12月7日第0005版。
6. 关于王昭君的故事，《京报》1930年12月7日第0005版。

1931年

1. 守异：昭君墓合诗碑，《大公报（天津）》1931年3月9日第0009版。
2. 昭君之墓，《大公报》1931年3月28日第0004版。
3. 王昭君剧本（一）第一幕御园，《京报》1931年8月9日第0010版。
4. 韩世昌之昭君出塞，《京报》1931年8月9日第0010版。
5. 王昭君剧本（二），《京报》1931年8月23日第0010版。
6. 王昭君剧本（三），《京报》1931年9月6日第0010版。
7. 王昭君剧本（四），《京报》1931年9月13日第0010版。
8. 王昭君剧本（五），《京报》1931年9月20日第0010版。
9. 王昭君剧本（六），《京报》1931年10月4日第0010版。
10. 王昭君剧本（七），《京报》1931年10月18日第0010版。
11. 王昭君剧本（八），《京报》1931年10月25日第0010版。
12. 王昭君剧本（九），《京报》1931年11月1日第0010版。
13. 王昭君剧本（十），《京报》1931年11月15日第0010版。

1932年

1. 汉昭君墓，《大公报》1932年2月7日第0006版。
2. 介绍王昭君，《京报》1932年6月12日第0010版。

3. 唐氏所刻的昭君出塞和戎，《京报》1932年6月12日第0010版。
4. 呆呆瘦竹：一夜豪华之王昭君，《罗宾汉》1932年7月7日。

1934年

1. 饮光：昭君冢能变，《晶报》1934年3月25日第0002版。
2. 归蓬：王昭君与燕然碑，《中央日报》1934年8月23日第0012版。
3. 中央公园王昭君与燕然碑，《中央日报》1934年8月23日第0012版。
4. 昭君怨重九，《大公报》1934年10月23日第0012版。

1935年

1. 昭君小杨月楼今晚起演，《大公报》1935年2月22日 第0016版。
2. 蒋竹山昭君怨词，《京报》1935年7月6日第0009版。
3. 王昭君 故乡（长篇连续图书），《世界晨报》1935年8月11日。
4. 王昭君 警报（长篇连续图书），《世界晨报》1935年8月12日。
5. 王昭君 逼亲（长篇连续图书），《世界晨报》1935年8月13日。
6. 王昭君 骂奸（长篇连续图书），《世界晨报》1935年8月14日。
7. 王昭君 苦离（长篇连续图书），《世界晨报》1935年8月15日。
8. 王昭君 计算（长篇连续图书），《世界晨报》1935年8月16日。
9. 王昭君 被贬（长篇连续图书），《世界晨报》1935年8月17日。
10. 王昭君 独坐（长篇连续图书），《世界晨报》1935年8月18日。
11. 王昭君 月夜（长篇连续图书），《世界晨报》1935年8月19日。
12. 王昭君 听琴（长篇连续图书），《世界晨报》1935年8月20日。
13. 王昭君 相遇（长篇连续图书），《世界晨报》1935年8月21日。
14. 王昭君 警觉（长篇连续图书），《世界晨报》1935年8月22日。
15. 王昭君 图逃（长篇连续图书），《世界晨报》1935年8月23日。
16. 王昭君 跑逃（长篇连续图书），《世界晨报》1935年8月24日。
17. 王昭君 装醉（长篇连续图书），《世界晨报》1935年8月25日。
18. 王昭君 投番（长篇连续图书），《世界晨报》1935年8月26日。
19. 王昭君 求荣（长篇连续图书），《世界晨报》1935年8月27日。
20. 王昭君 出兵（长篇连续图书），《世界晨报》1935年8月28日。
21. 王昭君 震恐（长篇连续图书），《世界晨报》1935年8月29日。
22. 王昭君 投降（长篇连续图书），《世界晨报》1935年8月30日。

23. 王昭君 牧羊（长篇连续图书），《世界晨报》1935年8月31日。

24. 王昭君 危急（长篇连续图书），《世界晨报》1935年9月1日。

25. 王昭君 和番（长篇连续图书），《世界晨报》1935年9月2日。

26. 王昭君 哭别（长篇连续图书），《世界晨报》1935年9月3日。

27. 王昭君 自恨（长篇连续图书），《世界晨报》1935年9月4日。

28. 王昭君 怀念（长篇连续图书），《世界晨报》1935年9月5日。

29. 王昭君 面番（长篇连续图书），《世界晨报》1935年9月6日。

30. 王昭君 收军（长篇连续图书），《世界晨报》1935年9月7日。

31. 王昭君 和汉（长篇连续图书），《世界晨报》1935年9月8日。

32. 王昭君 除奸（长篇连续图书），《世界晨报》1935年9月9日。

33. 王昭君，《益世报》1935年12月1日第0014版。

34. 咪咪剧团今午播音：王昭君 郭沫若作汉代悲剧，《益世报（天津版）》1935年12月1日。

1936年

1. 绥远城外的昭君墓，《中央日报》1936年6月12日第0009版。

2. 剧谈谈“昭君出塞”，《益世报》1936年12月6日第0015版。

3. 剧谈谈“昭君出塞”，《益世报》1936年12月7日第0014版。

1937年

1. 过宜：昭君抱琵琶，《金钢钻》1937年1月4日第0002版。

2. 剑尘：昭君墓，《申报》1937年2月2口第0018版。

3. 昭君墓，《申报（上海版）》1937年2月2日第0018版。

4. 昭君啼出玉门关，月霞欢聚盘丝洞，《京报》1937年4月3日第0005版。

1938年

1. 吴天放:昭君墓,《晶报》1938年3月14日第0003版。

1939年

1. 白苹:艳妇洗冤录 六 王昭君,《小说日报1939—1941》1939年9月1日。

1940年

1. 一得：记王昭君墓，《盛京时报》1940年1月27日。

2. 归化王昭君墓，《盛京时报》1940年3月30日。

3. 王昭君生地在香溪，《盛京时报》1940年4月6日。

1941年

1. 汉明妃墓与王昭君传说,《盛京时报》1941年10月10日。

1942年

1. 陈云裳与王昭君,《品报（上海）》1942年5月1日。

2. 永基：乌孙公主与王昭君,《中央日报扫荡报联合版》1942年9月5日第0006版。

3. 乌孙公主与王昭君,《中央日报扫荡报联合版》1942年9月5日。

1944年

1. 青子:巴人小语 王昭君,《社会日报》1944年6月28日。

1945年

1. 卓文君与王昭君,《新华日报》1945年3月12日第0004版。

1946年

1. 昭君怨,《中央日报》1946年7月6日第0007版。

1947年

1. 在昭君墓前思往代边事,《中央日报》1947年7月19日第0007版。

2. 巽公：一曲王昭君，周淑贤落泪,《时事新报晚刊》1947年10月5日。

1948年

1. 王昭君（一),《益世报（上海）》1948年6月1日。

2. 王昭君（二),《益世报（上海）》1948年6月4日。

3. 王昭君（三),《益世报（上海）》1948年6月7日。

4. 王昭君（四),《益世报（上海）》1948年6月10日。

5. 王昭君（五),《益世报（上海）》1948年6月13日。

6. 王昭君（六),《益世报（上海）》1948年6月16日。

7. 王昭君（七),《益世报（上海）》1948年6月19日。

8. 王昭君（八),《益世报（上海）》1948年6月22日。

9. 王昭君（九),《益世报（上海）》1948年6月25日。

10. 王昭君（十),《益世报（上海）》1948年6月28日。

11. 王昭君（十一),《益世报（上海）》1948年7月1日。

12. 王昭君（十二),《益世报（上海）》1948年7月4日。

13. 王昭君（十三),《益世报（上海）》1948年7月7日。

14. 王昭君（十四），《益世报（上海）》1948年7月10日。
15. 王昭君（十五），《益世报（上海）》1948年7月13日。
16. 王昭君（十六）退番兵昭君出塞，《益世报（上海）》1948年7月16日。
17. 王昭君（十七），《益世报（上海）》1948年7月19日。
18. 王昭君（十八），《益世报（上海）》1948年7月22日。
19. 王昭君（十九），《益世报（上海）》1948年7月25日。
20. 王昭君（二十），《益世报（上海）》1948年7月28日。
21. 王昭君（二十一），《益世报（上海）》1948年7月31日。
22. 王昭君（二十二），《益世报（上海）》1948年8月3日。
23. 王昭君（二十三），《益世报（上海）》1948年8月6日。
24. 王昭君（二十四），《益世报（上海）》1948年8月9日。
25. 王昭君（二十五），《益世报（上海）》1948年8月12日。
26. 王昭君（二十六），《益世报（上海）》1948年8月15日。
27. 王昭君（二十七），《益世报（上海）》1948年8月18日。
28. 王昭君（二十八），《益世报（上海）》1948年8月21日。
29. 王昭君（二十九），《益世报（上海）》1948年8月24日。
30. 王昭君（三十），《益世报（上海）》1948年8月27日。

1949年

1. 桑予：王昭君在杭州，《真报》1949年1月11日。

附录2　国外昭君题材部分文艺资料

日本

1. 池田桃川著：『王昭君（支那香艶叢書，第6册）』，東京：支那香艶叢書刊行會，1923年。

2. 陳德来编；谷峰夫编注：『中国四大美女：西施・楊貴妃・王昭君・貂蝉』，東京：同学社，1991年。

3. 藤水名子著：『王昭君』，東京：講談社，1996年。

4. 堀江キョウ子著：『王昭君：異鄉に永眠る悲劇の美人』，東京：白帝社，2003年。

5. 陳舜臣著：『中国美人伝』，東京：新潮社，2004年。

韩国

1. 김광주：《王昭君》，正音社，1959年。

2. 沈致烈翻譯：《王昭君 新昭君傳》，誠信女子大學出版部，2002年。

3. 컬툰스토리：《중국 왕소군과 채문희 초원으로 간 여인들》，태믹스，2015年。

越南

1. 青松阮进康撰:《昭君新传》,[出版地出版社不详],1922年。

法国

1. Kwong Hing Foon(邝庆欢):《王昭君(法文本)》,法国法兰西学院高级汉学研究所(Collége de France，Institut des Hautes Études Chinoises),1986年。

英国

1. Deng，Yinke，Martha Avery，and Pan Yue.*History of China*.Cambridge：

Cambridge University Press，2007.

2. Dauglas，R. K. *Chinese Stories*. London：Willian Blackwood and Sons，1883.25—29.

3. Budd，Charles. *Chinese Poems*. London：Oxford University Press，1912.158—161.